教育部人文社会科学重点研究基地
（华东师范大学俄罗斯研究中心）重大项目
“中俄与中澳资源合作模式的比较研究”（11JJDGJW006）
最终研究成果

SASSP Think Tank Study 智库研究

侯敏跃 田春生 杨佩桦 黄丽 郝宇彪 / 著

中俄与中澳资源合作比较研究

上海社会科学院出版社

目　　录

导论 …………………………………………………………………… 1

一、中国学术界对中俄能源合作的研究与评述 ………………… 1

二、俄罗斯政府与学界对中俄能源合作的观点与评述 ………… 5

三、中国学术界对中澳资源合作的研究与评述 ………………… 6

四、澳大利亚政府与学界对中澳资源合作的观点与评述 ……… 9

五、本研究的内容和特色 ………………………………………… 11

第一章　中俄与中澳资源合作的历史 ………………………………… 15

第一节　俄罗斯和澳大利亚资源经济的形成和发展 ……………… 15

一、俄罗斯资源经济的形成和发展 ……………………………… 15

二、澳大利亚资源经济的形成和发展 …………………………… 18

第二节　中俄与中澳资源合作的缘起 ……………………………… 24

一、中俄资源合作的起源 ………………………………………… 24

二、中澳资源合作的起源 ………………………………………… 28

第三节　中俄与中澳资源合作的发展 ……………………………… 31

一、中俄资源合作的发展概况 …………………………………… 31

二、中俄资源合作的典型项目 …………………………………… 32

三、中俄资源合作的基本动因 …………………………………… 33

四、中俄资源合作的前景 ………………………………………… 37

五、中澳资源合作的发展概况 …………………………………… 43

六、中澳资源合作的典型项目 …………………………………… 47

七、中澳资源合作的动因与条件 ………………………………… 48

第二章　中俄资源合作主要领域 …………………………………… 53
第一节　中俄资源合作:结构、战略与政策 …………………… 53
一、中俄资源合作的结构 ……………………………………… 54
二、中俄资源合作的战略 ……………………………………… 58
三、中俄资源合作的务实政策 ………………………………… 64
第二节　中俄石油资源合作 ………………………………………… 67
一、中俄石油合作的发展进程 ………………………………… 67
二、中俄石油合作主要项目 …………………………………… 70
三、中俄石油合作的前景 ……………………………………… 74
第三节　中俄天然气资源合作 ……………………………………… 74
一、中俄天然气合作的发展历程 ……………………………… 75
二、中俄天然气合作项目 ……………………………………… 77
三、中俄天然气合作的前景 …………………………………… 79
第四节　中俄煤炭资源合作 ………………………………………… 80
一、中俄煤炭贸易合作的进程 ………………………………… 81
二、中俄煤炭合作的主要项目 ………………………………… 82
三、中俄煤炭合作的前景 ……………………………………… 84
第五节　中俄在电能领域的合作 …………………………………… 86
一、中俄电力合作进程 ………………………………………… 86
二、田湾核电站:中俄核电合作的重要项目 ………………… 88

第三章　中澳资源合作主要领域 …………………………………… 89
第一节　中澳资源合作:结构、战略与政策 …………………… 89
一、中澳资源合作的结构 ……………………………………… 89
二、中澳资源合作的战略 ……………………………………… 91
三、中澳资源合作的务实政策 ………………………………… 93
第二节　铁矿石贸易与投资关系 …………………………………… 95
一、中澳铁矿贸易 ……………………………………………… 95

二、中国对澳大利亚铁矿业投资 …… 100
第三节　天然气资源合作 …… 107
一、澳大利亚液化天然气对中国的意义 …… 107
二、中澳天然气合作主要项目 …… 111
三、中澳天然气合作的迅猛发展 …… 115
第四节　煤炭领域合作 …… 117
一、中澳煤炭贸易 …… 117
二、中国对澳大利亚煤业投资 …… 121
三、中澳煤炭领域技术合作 …… 124
第五节　其他重要资源合作 …… 126
一、铀矿 …… 126
二、铜矿 …… 127
三、铝矿 …… 129
四、原油 …… 132
第六节　中澳资源合作:问题与困难 …… 133
一、矿业集中度差异导致中国议价能力薄弱 …… 133
二、长期购销合同带来价格矛盾风险 …… 134
三、竞争因素的影响 …… 135
四、政治制度和市场经济体制差异导致的问题 …… 135
五、澳环保与原住民保护政策带来的挑战 …… 136

第四章　中俄与中澳资源合作模式的实践比较 …… 137
第一节　中、俄、澳资源经济的重点和布局 …… 137
一、资源的种类状况 …… 137
二、资源的构成与进出口布局 …… 146
第二节　中俄与中澳资源合作的领域和结构 …… 156
一、中俄与中澳资源合作的领域 …… 156
二、中俄与中澳资源合作的结构 …… 158

第三节　俄罗斯与澳大利亚资源出口对经济发展的贡献 …………… 163
一、俄罗斯资源出口对经济发展的直接贡献 …………………… 163
二、俄罗斯资源出口对经济发展的间接贡献 …………………… 167
三、澳大利亚资源出口对经济发展的直接贡献 ………………… 168
四、澳大利亚资源出口对经济发展的间接贡献 ………………… 170
第四节　俄罗斯与澳大利亚资源经济面临的问题与困难 ………… 172
一、俄罗斯资源经济发展面临的问题与困难 …………………… 173
二、澳大利亚资源经济发展面临的问题与困难 ………………… 175
三、俄、澳资源经济中的问题与困难的比较分析 ……………… 178

第五章　中俄与中澳资源合作模式的理论比较 …………………… 189
第一节　“超绝对利益”视角的解读 ………………………………… 189
一、“超绝对利益”的含义 ………………………………………… 189
二、中俄资源合作模式的“超绝对利益”视角 …………………… 191
三、中俄资源合作模式的现实判断 ……………………………… 194
四、中澳资源合作模式的“超绝对利益”解释 …………………… 195
五、中澳资源合作模式的现实判断 ……………………………… 196
第二节　资源合作模式的基础 ……………………………………… 199
一、俄罗斯的能源资源 …………………………………………… 200
二、俄罗斯的其他自然资源 ……………………………………… 209
三、中澳能源资源禀赋比较 ……………………………………… 212
四、中澳矿产资源禀赋比较 ……………………………………… 221
第三节　资源合作模式的路径 ……………………………………… 227
一、中俄能源合作的现实发展路径 ……………………………… 227
二、中澳资源合作的现实发展路径 ……………………………… 235
第四节　资源合作中的安全及其延伸问题 ………………………… 242
一、资源合作中的安全问题 ……………………………………… 242
二、能源资源多元化 ……………………………………………… 246

三、资源国际合作 …… 248
四、可持续发展 …… 250

第六章　中国与俄、澳资源合作的特点、前景及中国的选择 …… 252
第一节　俄罗斯、澳大利亚对华资源合作模式的主要特点 …… 252
一、中俄能源合作的主要特点 …… 252
二、中澳资源合作的主要特点 …… 255
第二节　俄罗斯、澳大利亚对华资源合作面临的问题与挑战 …… 257
一、俄罗斯对华资源合作面临的问题与挑战 …… 260
二、澳大利亚对华资源合作面临的问题与挑战 …… 262
第三节　中国对俄罗斯、澳大利亚资源合作的战略选择 …… 268

主要参考文献 …… 275
后记 …… 281

导　论

中国与俄罗斯和澳大利亚的能源、矿产资源合作，已成为中国与俄、澳两国经济关系的重要支撑。近年来，中国与两国加快了能矿资源合作的进程，在2008年国际金融危机特别是乌克兰事件后，中俄在石油和天然气领域的合作取得实质性进展，并在一些资源经济领域取得重要突破；中澳的资源经济与贸易合作得到进一步发展，中国对澳大利亚的资源投资前所未有。因此，对中俄、中澳资源合作的研究，尤其是对这两对重要资源合作关系的历史、发展、现状与合作领域，对它们合作关系的优劣与合作中的经验和教训的比较研究，对于中外资源合作的路径与中国的资源保障，具有重大的现实和理论意义。

在中、俄、澳三国，政府和学界均重视中俄、中澳资源关系的研究，文献著述颇丰，但均限于分别对两对合作关系的研究和评估，对于中、俄、澳资源经济和中俄—中澳两对资源合作关系之间的比较和研究尚显不足，本研究为弥补这一缺憾略作尝试。

“资源”概念内涵丰富、涵盖面广、界定复杂、看法不一，从中俄、中澳资源合作现实出发，本研究中的资源仅包括具有较好的经济价值和所占较高的资源贸易比重的石油、天然气、煤炭、铁矿石等能源和矿产资源。

在此基础上，作者构建本书的架构、方向、内容与特色。

一、中国学术界对中俄能源合作的研究与评述

在中国学术界，关于中俄资源合作的研究，以中俄能源合作为主，大致分五个类型与研究层面。

第一，从中俄经贸合作角度论述两国能源合作的现状、进展、问题、合作方式与发展前景。该层面的重点是对中俄能源合作进程中的积极因素与不利方

面予以分析，就中俄能源合作中出现的问题，提出解决的构想、思路与对策。

第二，自俄罗斯能源外交和中俄能源战略的视角，论述中俄能源资源合作的影响因素。研究中，中国学者较为深入地对俄罗斯能源外交和能源战略、俄罗斯的能源发展与能源政策进行分析，目的在于提出中国所应采取的对外政策、中俄经贸合作与中国的能源战略。代表性论著包括：《俄罗斯能源外交与中俄油气合作》，[①]该书被认为是中国研究俄罗斯能源外交的开山之作，它论证了俄罗斯利用其独特的能源潜力以实现振兴本国经济和增进国民福利；《俄罗斯的能源战略与外交》[②]一书也有学术地位，该书阐述了俄罗斯在国际能源格局中的定位、俄能源战略与能源外交、影响和制约俄战略的主要因素、俄罗斯石油天然气公司的对外政策等五大问题。其他论著，如《中俄能源合作——战略与对策》、[③]《跨世纪中俄资源合作》、[④]《新世纪的油气地缘政治——中国面临的机遇与挑战》、[⑤]《能源外交概论》[⑥]等，都集中反映了中国学者对中俄能源合作的认知。

第三，从中俄经贸具有的"经济互补性"和"相互依赖性"的视野，论证中俄能源合作的互利共赢与合作前景。诸多学者将中俄资源合作的经济互补性和利益的共赢性，视为中俄能源合作的现实基础，认为中俄能源合作是"天生的一对"，从国际大环境与大背景看，中俄能源合作非常有利。[⑦]

第四，自扩大能源合作有助于促进中俄全面合作的立场加以展述，认为中俄能源合作是两国经济合作的优先领域。[⑧]冯玉军提出了中俄能源合作对俄的利益：首先，中俄能源合作满足了俄的资金需求，使其得以完成重要的能源战略部署；其次，开发远东和东西伯利亚是俄罗斯 21 世纪面临的重要战略任务，能源开发与利用是这两个地区实现经济腾飞的重要途径，中俄能源合作符合俄开发远东和东西伯利亚的战略安排；再者，有助于俄实现能源出口多元化，

① 郑羽、庞昌伟：《俄罗斯能源外交与中俄油气合作》，世界知识出版社 2003 年版。

② 袁新华：《俄罗斯的能源战略与外交》，上海人民出版社 2007 年版。

③ 戚文海：《中俄能源合作——战略与对策》，社会科学文献出版社 2006 年版。

④ 宋魁：《跨世纪中俄资源合作》，哈尔滨出版社 2000 年版。

⑤ 徐小杰：《新世纪的油气地缘政治——中国面临的机遇与挑战》，社会科学文献出版社 1998 年版。

⑥ 王海运、许勤华：《能源外交概论》，社会科学文献出版社 2012 年版。

⑦ 黄佳音：《创新思路　推进中俄油气合作》，《国际石油经济》2013 年第 7 期。

⑧ 李福川：《从地缘政治看中俄能源合作》，《俄罗斯中亚东欧市场》2005 年第 9 期。

降低油气出口市场过于单一的风险。①

第五，以俄罗斯能源型经济（或说“能源依赖型”经济）为抓手，对俄经济中的所谓“能源化”趋势与特征加以论述，因为，俄能源依赖型经济的特点，在中俄经济合作与能源合作中得到充分的体现。有学者认为，中俄经济合作应立足于资源禀赋的差异，在此基础上，选择各自具有比较优势的领域进行分工与交换。中俄经济和产业结构特征，对双方经济关系有两方面影响：一是决定了自发贸易（即市场主导的商品交换）的空间，即产业互补，中国的劳动密集型产品交换俄罗斯的资源密集型产品；二是这样的经济合作结构，引发了两国经济合作的长期可持续性问题，使得两国经济关系须从互补性贸易走向战略性合作。②一些研究者认为，俄近年来的经济表现出了对能源依赖的“资源陷阱”、“荷兰病”及“资源诅咒”等特点，俄经济发展形成了同质的“俄罗斯病”。

从中国学界对中俄资源合作的研究内容看，总体上中国学者对现阶段的中俄能源合作给予肯定。多数学者认为，中俄战略协作伙伴关系的核心内容之一是双边能源合作。中俄能源合作和其他领域的合作一样，既具有互补、互利和互需的内在要求，也具备发展和深化合作的良好外部环境和条件。尤其是，中俄两国是近邻，在能源合作的地理条件和安全方面有独特的保障性优势。能源合作既是中俄两国经贸合作与投资合作的重要组成部分，也是充实与发展两国战略协作伙伴关系的重要领域，中俄双方存在能源利益的契合点。③

针对影响中俄能源合作的因素与问题的研究，归纳学者们的观点，大致有：(1)中俄能源合作中的地缘政治因素。有论点称，中俄能源领域出现的问题与其说经济因素是主要障碍，不如说是地缘政治目标对地缘经济目标渗透的结果，导致政治问题在经济层面表现出来。中俄合作更多关注安全领域，而非经济领域。中国和俄罗斯都是重视政治（安全）利益、而不重视经济利益的国家。④(2)能源合作中存在经济利益差异和利益分歧。⑤一些制约因素短时间内难以消除，对今后中俄能源合作的影响不容低估；中俄都需要推进两国的能

---

① 冯玉军：《中俄能源合作的现状与前景》，《中国社会科学报》2010年6月3日。

② 曲文轶：《中俄经济结构异同及其对两国经济关系的影响》，《俄罗斯研究》2008年第1期。

③④ 方婷婷：《中俄能源合作影响因素与现实选择》，《当代世界与社会主义》2011年第3期。

⑤ 田春生：《中俄经贸合作关系新析——经济利益的视角》，《俄罗斯研究》2010年第1期。

源合作，使能源合作成为两国战略协作与和平发展的支撑。①还有学者以中俄“安大线”之争为例说明，俄在能源管线上的摇摆态度完全是从其国家利益考虑，站在俄罗斯的立场上看，“安纳线”或“泰纳线”比“安大线”对俄罗斯更为有利。“俄罗斯的能源外交思想，直接影响了中俄输油管线的建设，也将对中俄能源合作带来长远影响。”②(3)能源合作中的价格问题。中、俄在油气价格上的纷争是中俄合作面临的难题之一，以何种价格向中国出口能源成为困扰俄罗斯的一大问题，也是阻碍中俄能源合作快速发展的重要因素。③(4)能源合作中缺少技术合作。合作的领域和方式较为单一，以石油天然气为主，主要采取能源贸易的合作方式，而电力、煤炭等领域的合作相对滞后，缺少能源技术合作的支撑。(5)对于中俄能源合作模式的质疑。有学者提出，中国亟须重新审视中俄能源合作模式。现有的中俄能源合作模式偏离了市场原则和商业逻辑，政府和企业被捆绑在一起，使双方企业的合作在政治上拥有支持和保障。从中俄天然气谈判的艰难历程可见，坚持以政代商的“一盘棋”合作模式，结果可能会“赔了夫人又折兵”。④(6)中俄能源合作的障碍被认为有：双方互信不足，例如“中国威胁论”仍以不同的方式存在于俄部分精英中；俄罗斯方面依然没有摒弃“老大哥”的思想；中俄两国转型期间在改革不到位的情况下考虑自己的稳定发展，造成短期内价格不易谈拢；中俄都在进行改革，调整产业结构，转变发展方式，在两国的发展思路尚未完全确定的情况下，难以很快在谈判中达成一致；两国内部利益集团存在矛盾；两国文化差异较大，表现在谈判过程中，双方文化碰撞时有发生；美国因素、日本因素、韩国因素、蒙古因素、印度因素等外部因素对中俄合作造成干扰。⑤因此，中国亟须再度审视中俄能源合作模式。

对于中俄能源合作的前景，一些学者以为，中俄两国互为重要的战略协作伙伴，深化中俄全面战略协作伙伴关系在两国外交棋局和对外关系中占据优先的战略地位，在这一国家关系大前提下，中俄经济关系以及两国的能源合作

---

① 王海运：《中俄能源合作的有利因素与制约因素》，《俄罗斯学刊》2011 年第 3 期。

② 柳树：《俄罗斯能源外交思想对中俄能源合作的影响》，《云南财经大学学报》2008 年第 2 期。

③ 方婷婷：《中俄能源合作影响因素与现实选择》，《当代世界与社会主义》2011 年第 3 期。

④ 朱玥、李毅：《检讨中俄能源合作》，《财经》2013 年第 26 期。

⑤ 黄佳音：《创新思路　推进中俄油气合作》，《国际石油经济》2013 年第 7 期。

将会持续发展。有些学者看好中俄对俄罗斯远东地区的资源合作开发，认为无论从中俄要素互补性还是从资源开发的国际化看，中俄合作开发西伯利亚与远东自然资源是21世纪中俄经贸合作的热点之一。也有学者提出，俄罗斯正在实施向东看战略，中国应抓住这一战略机遇，与俄罗斯共同打造能源经济共同体。①但也有学者认为，俄罗斯与中国开展能源合作首先考虑的是俄罗斯的国家利益，而俄罗斯通过能源外交获取最大的政治经济利益时，有时并不顾及中国的利益。对此，我们要有清醒的认识。

二、俄罗斯政府与学界对中俄能源合作的观点与评述

俄罗斯研究中俄能源关系的机构，集中在两个地域。一是莫斯科，以俄罗斯科学院远东研究所、世界经济与国际关系研究所和东方学研究所，以及国际关系学院和外交学院为主；另一是远东地区，以俄罗斯科学院远东分院为主，其研究领域更多关注俄罗斯的资源及其出口。

俄罗斯学界近年来的主要论点大致包括：

第一，对中俄能源合作持积极肯定的论点。一些俄学者和政府官员认为，中俄能源合作潜力巨大，特别是石油和天然气领域的合作，这种合作应建立在共赢的基础上。②俄能源外交和地缘政治研究中心主任日兹宁认为，“俄中两国在加强能源合作方面有利益契合点”，持续而快速发展的中国能源市场，有利于俄扩大能源出口，也有利于其扩大相关技术设备和服务的出口。日兹宁还认为，俄罗斯实施扩大亚太地区能源供给政策和加快国家现代化发展规划，中国经济稳定发展，俄中两国在许多国际问题上战略利益一致等诸多因素，促使两国彼此成为“重要而自然”的能源合作伙伴。

俄杜马能源委员会主席格拉乔夫充分肯定中俄合作的进展，同时指出，在能源方面，双方还需协同努力，不仅要在量的方面有新的发展，在质的方面也要有所突破。③俄科学院西伯利亚分院能源研究所副所长萨涅耶夫认为，俄同东北亚地区的能源合作对俄十分重要，这是俄能源战略中“东方策略”的重要

---

① 怀畅：《中俄有必要构建能源共同体》，《环球时报》2013年1月16日。

② 段鸿彦、董宣：《中俄能源合作互利共赢》，《中国石油报》2013年4月9日。

③ 贾渊培：《中俄能源合作需要质变》，《中国能源报》2013年6月5日。

组成部分，不但可提升俄能源安全，还可帮助解决地区间矛盾。①俄一些学者和企业家认为，中俄合作有助于俄摆脱对资源型经济模式的依赖和资金短缺的困境，②能使俄摆脱能源出口过多依赖欧洲市场的局面，这对中俄两国政治、外交都能产生积极影响。

第二，对中俄能源合作持质疑或负面的评论。俄国内对于与中国发展资源型经济合作存在担心和戒心。主要论点可概括为：(1)中国附庸论。一些俄罗斯人认为，俄能源战略将使俄沦为初级能源供应国，从而“被定格在附庸地位上”。该观点指出，资源出口、资源型经济和依赖资源拉动经济增长，并非俄经济发展的长远之计。(2)中国威胁论。俄罗斯的疑虑和问题之一是挥之不去的“中国威胁论”，或者说，俄对中国企业对俄投资心理上有戒心，担心中国强大的经济实力对俄经济构成威胁。莫斯科大学亚非国家研究所教授、著名汉学家格尔布拉斯表达了对中国移民进入远东及当地俄罗斯人“中国化”的忧虑。(3)中国掠夺资源论。俄一些人始终担心中国“掠夺”其资源，害怕中国的崛起进一步拉大两国经济差距。在行动上表现为，俄能源公司并不愿意让中国的油企参与竞拍俄石油企业股份。俄能源政策研究所所长米洛夫说“俄罗斯对外国在自然资源领域直接投资进行限制，首先考虑的是‘中国因素’”。③

第三，承认中俄间的利益博弈和价格分歧。诸多俄专家认为，中俄能源合作中存在不同的利益诉求，主要体现在两国的石油管道之争和天然气价格争议方面。俄向中国输送天然气项目，由于双方在价格上存在分歧而搁置多年，直至 2014 年双方才达成一致，这说明两国在能源合作中有各自的利益诉求，需通过相互博弈达成一致，而并非一味地迎合对方，这也符合市场的运作规则。④

三、中国学术界对中澳资源合作的研究与评述

中国学术界关于中澳资源合作的研究，大致可分为五个类型与研究层面。

---

① 张琪：《中俄能源合作：互信才能互利》，《中国能源报》2013 年 1 月 10 日。

② 段鸿彦、董宣：《中俄能源合作互利共赢》，《中国石油报》2013 年 4 月 9 日。

③ 宋魁：《中俄石油天然气合作中存在的主要问题》，见 http://www.chinavalue.net/Biz/Article/2010-12-8/193502.html。

④ 任瑞恩、张言：《中俄能源合作是“互利共赢”而非“附庸”》，《经济参考报》2013 年 5 月 31 日。

第一，研析中澳资源合作的现状、进展、问题与前景。在研究论著中，既有以中澳代表性矿产资源合作为分析对象，也有以中澳能源合作为探索对象。这是因为中澳资源合作不仅包含多种重要的矿产资源的贸易，如铁矿、铝矿，也包含能源贸易，如煤炭、液化天然气和新兴能源。

第二，论述中澳资源合作的方式，尤其是矿业投资合作的现状、问题与前景。有研究认为，中澳资源合作的方式渐趋多样化，如主要贸易方式从现货贸易走向长期合同、简单的贸易渐渐让位于参股和共同开发（主要表现为矿业投资），以及合作领域的延伸（从铁矿、氧化铝为主的矿产到液化天然气和煤炭等能源）。不少学者研究中国企业对澳矿企的投资，总结相关问题和经验，认为中国企业选择投资澳大利亚矿业，要从了解"当地的法律法规、澳矿产资源的开发和审批程序出发，秉着互利共赢原则"，①选择合适的合作伙伴②和股权策略。③

第三，从中澳经济贸易具有的"互补性"角度，论证中澳资源合作的互利共赢与合作前景。学者们认为，资源互补性是中澳资源合作互利共赢的重要保障，由于这种互补性的存在，中澳资源合作空间广阔，前景光明。

第四，研究中澳两国能源政策，分析其对于中澳能源合作的影响，提出中国所应采取的能源战略。在2005年博鳌亚洲论坛上，国家发改委主任马凯分别就中国的能源政策和中澳能源合作问题发表了演讲，指出"增强国际合作"是中国能源政策的特点之一，"解决中国问题，要在立足国内的同时，扩大与世界能源国的合作，适度利用国外资源，作为国内能源供应的补充"。④文章"澳大利亚能源安全政策演进研究"⑤论证了澳大利亚的能源安全政策的演进过程——从战后的国家主义能源安全政策到后来的自由主义能源安全政策，再到21世纪初倾向于国家主义能源安全的政策。"澳大利亚能源新战略评析"⑥

① 姜宝才：《新形势下中国对外矿产资源领域投资形势分析及建议》，《冶金管理》2008年第11期。

② 康淑云：《澳大利亚新南威尔士州——中国企业投资的热土》，《中国煤炭》2008年第8期。

③ 唐大千、靳茂勤：《对澳大利亚矿产投资：机会与策略》，《国际经济合作》2009年第6期。

④ 马凯：《中国能源政策与中澳能源合作》，在博鳌亚洲论坛2005年年会上的演讲，见 http://www.sdpc.gov.cn/nyjt/nyzywx/t20050810_41380.htm。

⑤ 李刚：《澳大利亚能源安全政策演进研究》，《资源与产业》2010年第2期。

⑥ 唐小松：《澳大利亚能源新战略评析》，《国际观察》2010年第3期。

一文,则详细解析了澳能源新战略的三个内涵:一是加大能源资源基础设施建设,促进能源市场的发展和能源使用多样化;二是强调能源技术革新和可再生能源的使用;三是继续参与国际多边、双边能源协议,加强国际能源合作。上述两文均分析了澳能源战略调整对中国的启示,提出了涉及中澳能源合作的建议。

第五,从中澳资源合作视角,论述澳大利亚矿业现状、问题及发展趋势,尤其是中国对澳资源业的投资。中国学者通过对澳重要矿产资源现状和问题的分析,提出中国实行资源储备的重要性以及中澳重要矿产领域合作的前景,特别是中国投资澳能矿产业的现状和前景。例如,有学者通过研究澳铁矿资源、生产和发展计划,分析中澳铁矿贸易和合作的必要性和条件,[①]以及在对中国投资澳铁矿业现状分析的基础上,探析中国企业所遇到的问题并给出相应的对策。[②]

中国学界总体上对中澳资源合作持肯定态度,认为澳大利亚是中国发展资源国际合作的恰当选择,两国经济尤其是资源结构上具有高度的互补性,资源的互补和互需的内在要求以及互利共赢的目标,促进了中澳资源合作。学者们认为,在政治层面,澳大利亚稳定的政局,与中国总体友好的外交关系,是发展和深化中澳资源合作的良好外部环境和政治条件。[③]资源合作既是中澳两国经贸合作与投资合作的重要组成部分,也对充实与发展两国战略协作伙伴关系有重要意义。

学者们也指出了中澳资源合作中存在的一些问题,主要包括:(1)价格问题。澳矿企规模大,在定价上有优势,卖方垄断已成气候,其引发的价格争议和分歧,成为影响中澳资源合作的因素之一。如 2003 年中海油与澳大利亚高庚液化天然气项目谈判失败,以及铁矿价格曾经的连年攀升,导致中国钢企与澳矿企之间的价格战等,主要为价格矛盾所致。[④](2)资源合作机制较为松散。有学者提出,相较中俄两国关系,中澳两国间资源合作的政府间对话、谈判层级较低,有关资源合作方面的机制功能性不够显著,也成为影响两国资源合作

---

① 方宗旺:《澳大利亚铁矿开发现状及未来趋势分析》,《现代矿山》2009 年第 1 期。

② 孙少勤:《中国投资澳大利亚铁矿石资源的现状、主要问题与应对策略》,《市场周刊》2008 年第 11 期。

③ 黄庐进、周锡飞:《浅析中澳能源合作问题》,《经济论坛》2007 年第 16 期。

④ 侯敏跃、韩冬涛:《中俄、中澳能源合作比较研究——合理性、有效性、可持续性探析》,《俄罗斯研究》2012 年第 1 期。

的重要因素。[①](3)国际因素的竞争或干扰。首先,澳大利亚是美国的同盟,在国际事务上美澳两国常持相同观点,中国开展与澳大利亚的资源合作,难免有时要考虑美澳关系的影响。其次,日澳、韩澳资源关系也对中澳资源合作的进程构成影响。2003年中海油与澳高庚液化天然气合作项目败于日本是这个影响的最好例证。(4)中澳资源合作的障碍还有:双方互信有欠缺,尤其是澳方对中国的信任尚待提高;"中国威胁论"也以不同的方式存在于澳大利亚,比如澳方对中国投资澳矿业持矛盾心态,限制中国投资的呼声在澳国内时有泛滥;此外,澳方对中国经济高速发展的可持续性的忧虑,对澳大利亚资源受制于中国的担忧,以及中方企业缺少对澳方的法律法规和各种政策的了解等,都在不同程度上对两国资源合作构成影响。

四、澳大利亚政府与学界对中澳资源合作的观点与评述

澳大利亚资源研究机构主要有两类:以高校为主体的研究机构,如澳大利亚国立大学、悉尼大学、墨尔本大学;政府部门所属的研究单位。总体而言,学者和政府机构比较一致地认为,澳大利亚丰富的资源是国家得以富裕的源泉,澳应该也能够为全球尤其是亚太地区的经济发展,提供可靠的资源供应。

澳政府研究部门出版了诸多专著、论文和报告,关注中国能矿产业的各领域,旨在为对华合作提供指导。20世纪90年代中期,澳外交贸易部就预测中国对澳大利亚的经济和战略未来将愈益重要。[②]数年后,澳外交贸易部进一步预测,未来几十年,中国持续健康的发展、巨大的人口数量与日益的开放性必将令其成为澳大利亚愈加重要的商业伙伴,[③]中国对澳原材料尤其是能矿产品的需求将持续攀升,由此得出的结论是:澳大利亚因与中国经济的互补性将更多地从中国的发展中受益,而非在与中国的竞争中受害。[④]

---

① 侯敏跃、韩冬涛:《中俄、中澳能源合作比较研究——合理性、有效性、可持续性探析》,《俄罗斯研究》2012年第1期。

② East Asia Analytical Unit, DFAT(Department of Foreign Affairs and Trade), *Iron & Steel in China & Australia*, Canberra: Commonwealth of Australia, 1995, p.12.

③ Economic Analytical Unit, DFAT, *China Embraces the World Market*, Canberra: Commonwealth of Australia, 2002, p.215.

④ Economic Analytical Unit, DFAT, *China's Industrial Rise: East Asia's Challenge*, Canberra: Commonwealth of Australia, 2003, p.63.

澳大利亚国内关于中澳资源合作的研究观点大致包括：

第一，重视与中国的资源合作，希望成为中国稳定可靠的资源供应国，同时拓展其他领域的合作，尤其是加深在低碳清洁能源开发领域的合作。矿业专家赫加特表示，中国企业投资澳矿企，既能为资金紧缺的澳企业解困，又能为中国提供丰富的资源供应，双方合作是一种完美的"婚姻"。澳学者和专家还认为，澳大利亚已经绑上了中国经济列车，中国已取代日本，成为影响澳大利亚未来几十年繁荣和发展的最重要国家，双方都承受不起资源合作关系的破裂或倒退，因此对中澳资源合作持积极肯定的态度。

第二，对中国发展和中澳资源合作有一些担忧。这些担忧可概括为：

（1）由中国崛起论演变到中国威胁论。中国实力的快速增长，被部分澳学者和官员视为中国已经全面崛起，由此产生在安全领域对中国的担心。2009年澳政府公布的《国防白皮书》，直指"中国威胁"；在资源合作领域，他们对中国企业投资澳能矿业存在心理障碍，担心中国强大的经济实力会对澳经济构成威胁；澳知名经济学家哈珀的观点体现了澳对待中国投资的复杂心态，他一方面表示"正是'同中国的密切联系'使得澳大利亚避免陷入西方国家在危机爆发后普遍遭受的经济衰退"；另一方面他提出澳大利亚应当重新审视《1975年外国收购与接管法》，尤其是"国家利益"条款，以适应"变化了的情况"，应对中国国有企业的大规模投资。①

（2）中国资源附庸论。澳大利亚有人认为，澳已成为亚洲国家尤其是中国的"俘虏"，或是"中国后院的采石场"。②他们担心，随着中澳资源合作的深入，澳资源慢慢受控于中国，因而在中澳资源合作进程中，出现了一些反对或阻挠的声音。如在2009年中铝收购力拓股权一事上，一些反对者频频以"担心中国控制澳大利亚国家资源"为由呼吁政府阻止收购。当时澳独立参议员色诺芬声称，中铝收购成功意味着"中国政府对澳大利亚资源的占有"。

（3）对中国经济高速发展的可持续性的忧虑。近年来，中国经济的发展状况直接影响着澳大利亚经济的发展，这使得一部分学者和官员担心中国经济能否持续高速增长，忧虑中国经济增速放缓，将对澳大利亚构成冲击。

---

① 傅云威：《中国在澳大利亚投资陷迷局　中国威胁论升温》，《中国证券报》2010年6月1日。

② 尼尔·休姆：《澳大利亚遭遇资源诅咒?》，2012年6月25日，见 http://www.ftchinese.com/story/001045172/?print=y。

(4) 对于澳资源经济与资源出口拉动经济的特点，以及对澳是否遭遇"荷兰病"表示担忧。主要由中国资源饥渴促动的澳矿业繁荣和前几年过高的澳币汇率带来了对生产力的腐蚀，工资和商品价格上涨，劳动力短缺。一些学者担心澳经济已患上"荷兰病"，认为矿业繁荣过后，发展滞后的制造业将无法承担矿业潮退却造成的经济滑坡。①

五、本研究的内容和特色

(一) 本研究的理论和现实价值

在理论层面，本研究探讨和回答以下问题：(1)在当今世界经济秩序发生变革、金砖国家经济崛起、全球资源品价格波动的背景下，对于资源型经济的经济属性、商品属性和金融属性的特征，需要重新加以认识。为此，本课题选择俄罗斯和澳大利亚这两个资源禀赋和资源出口大国作为分析和比较对象，以了解资源经济的作用以及它们对中国经济的影响。(2)资源经济的基本特征是依赖资源的出口实现国家经济增长，俄罗斯和澳大利亚对于资源的依赖程度有多大，用什么样的经济学理论可以说明这一现象？本研究运用"超绝对利益"(即超比较利益)学说，对资源出口型经济进行分析，因为在国际贸易中，国与国就某些自然资源产品进行交易时，具有这些自然资源的国家享有超绝对利益。在这些自然资源产品中，石油作为必需和难以替代方面较为突出的产品，其超绝对利益表现得比较明显。②本研究认为，诸如俄罗斯和澳大利亚这样的依赖资源出口的经济，享有超绝对利益；只要国际市场上具有超绝对利益的资源型产品没有替代商品，资源产品就具有绝对的价格优势。(3)资源型经济与市场经济是一种什么样的经济关系，是否以资源经济为主实现经济发展的国家难以使市场经济得到充分的发展？这是本课题需要解答的重点理论问题之一。本研究提出，正是因为具有超绝对利益的资源型产品的非替代性，而其开采又需巨额投入，在俄罗斯，国家对这些产品一般实行国家控制和价格垄断，从而导致这些领域的市场竞争难以充分展开。(4)最后，本研究对于中国与这样的资源经济国家经济合作模式的特点和影响，以及中国与这样的资源

---

① 郑讴、张梦颖：《澳大利亚寻求破解资源诅咒之道》，《中国社会科学报》2012年11月2日。

② 关于国际贸易中的超绝对利益，参见李翀：《论国际贸易中的超绝对利益》，《国际贸易问题》2005年第3期。按照李翀教授的解释，超比较利益与超绝对利益的内涵大致相同。

经济国家的经济合作采取什么样的合作方式更加适宜，提出了见解。

本研究也具有现实意义。中俄、中澳经济合作以资源合作为主要方式和内容。当前，全球资源品随着需求的增减，其价格在上下波动，而中国由于经济发展的需要，已经成为全球最大的资源品进口国。但俄、澳出于自身利益和资源不可再生等因素考虑，不可能无限度地生产和出口资源，因而在未来，这些国家资源出口的比重、资源出口对经济的拉动、产业结构和经济结构的变化等问题均须加以关注。同时，由于经济、社会、文化、政治等因素的影响，在中俄、中澳资源合作中，始终存在一些问题和矛盾，需要中国给予充分关注与加强研究。只有在中国充分掌握他们的资源存量、基本现状、结构构成与发展战略等的情况下，才能够了解俄罗斯和澳大利亚资源经济对中国所产生的主要影响、影响因素和程度等，以利于我们未雨绸缪，为中国的政策制定提供依据。

（二）本研究的观点与特色

本研究的突出特色是，着重于中俄、中澳资源合作及其比较分析，而不限于对俄、澳资源经济本身的分析。俄罗斯与澳大利亚都是中国重要的资源合作伙伴，但中俄与中澳资源合作的领域和方式既有共同点，亦存在差异，本研究将比较和论述这些共性与差异。

共同点主要表现为：中俄与中澳都是近年来与中国经贸关系发展较快的国家，俄、澳与中国的贸易交往，都主要体现为两国与中国的资源合作，以向中国出口资源产品作为主要的出口商品，中国是这两个国家最大的资源出口对象国；一旦中国削减自两国的资源进口，将直接影响两国的经济增长；或者，一旦中国经济增长呈现下行趋势，这两个国家的经济就会受影响，经济增长减弱。

差异性主要体现在以下方面：

第一，能源战略层面。俄罗斯能源外交的基调是："在全球和地区层面，俄罗斯能源外交的主要任务是保证长期而稳定的能源供应，以及世界能源市场的可预测性。"①传统上，俄更重视对欧洲的能源战略，但俄 2003 年公布的《2020 年前俄罗斯能源战略》和 2009 年出台的《2030 年前俄罗斯能源战略》指

① C.日兹宁：《俄罗斯在东北亚地区的对外能源合作》，温刚译，《俄罗斯研究》2010 年第 3 期，第 71 页。

出，俄将加大向亚太地区出口油气的力度和步伐。俄推进中的“能源外交”重心东移和“新东方战略”，以及中国日益重视并推动的“走出去”能源发展战略，为中俄双方扩大能源资源合作创造了有利条件。而澳大利亚多年来制订的能源和外交战略，均突出了加入亚太经济发展进程的构想。2009 年，澳政府公布了《国家能源安全评估 2009》，2010 年，又颁布了评估和指导性文件《澳大利亚能源 2010》和《澳大利亚能源资源评估》。澳联邦和州政府制定的所有指导文件均认为，澳应该为全球尤其是亚太地区经济发展提供可靠的资源供应，继续参与国际多边和双边能源合作，尤其是更有效地与中国和印度进行合作。

第二，合作主体与机制方面。中俄、中澳能源合作机制的差异最为突出的一点，在于政府作用的不同，这种差异主要是因为俄、澳在能源市场经济上的体制不同。中俄能源合作的突出特点是政府主导和推动，在这种“政府导向型”合作模式下，中俄能源合作机制的系统性结构，有利于两国政府集中商讨双方所关心的问题，更有效地实现能源合作的互利共赢。中澳资源合作则主要依托企业和民间，采取以市场交易为主的方式，由企业自主决定和自主协商资源品的进出口。很多人认为，相较于中俄合作机制，中澳能源合作机制类型多样，较为松散，双方推动能源合作的资源较难聚合，各个合作机制之间有待于加强协调和沟通；此外在中澳两国于 2013 年 4 月宣布建立国家领导人定期会晤机制之前，有关能源合作的政府间对话、谈判层级较低，功能性不够显著，有针对性地解决合作难题的能力较弱，不利于中澳之间的长期能源合作。但实际上，中澳资源合作的规模长期来一直大于中俄资源合作。这是否意味着我们的认知产生了偏差。放眼全球，有多少国家需要国家领导人和政府来主导与他国的经济贸易合作呢？中俄两国都处转型期，市场经济制度有欠缺和不足，正是由于中俄两国市场经济制度的不成熟，以及国有经济成分占合作中的比重较大，才要求双方领导人或政府更多的参与、支持和协调双边经济合作。比较中俄、中澳经济合作，有助于我们进一步看清市场经济制度的优势所在，增强我们推进市场经济改革的决心。

第三，资源出口结构方面。俄罗斯主要向中国出口石油、天然气和煤炭。俄罗斯的石油、天然气储量和产量巨大，而人口只占世界总人口的 2.5%，本国的能源消耗相对较小，其石油、天然气产出很大部分用于出口。中澳能源合作的重点在煤炭、天然气、铀矿和能源技术。虽然澳大利亚的煤炭、天然气储量不算高，但其人口相对其能源储产量而言小得多，因此其产出大多用于出口。此外，澳大利亚在清洁煤技术、煤层气生产和煤层气转产液化天然气、可再生能源技术的研发等方面处于世界领先水平。同时，澳大利亚是全球铁矿、铝土矿、铜矿等金属矿生产和出口大国，中澳矿产资源领域的合作，是中澳两国资源合作的重要构成。

第四，决策与管理机制方面。在俄能源决策机制中存在着联邦政府、主管部门、地方政府、油气利益集团之间的利益博弈，因此俄在能源合作谈判、签订协议、合同执行等方面往往受到多方掣肘。中石油被迫退出收购斯拉夫石油公司、收购斯基姆尔石油公司股权争端、中俄石油天然气管道建设的久拖不决，都不同程度地受到上述因素的影响。澳大利亚的市场经济制度较为发达，在政府层面主要有联邦和州两级政府的决策机制，各级政府负责国家、州或地区产业发展规划和指导原则的制定，旨在鼓励、促进和扶持相关产业发展，为产业进步提供政策支持，对重大的投资项目予以审核。但企业的规划、生产、贸易、投资、对外合作等具体营运事务，由企业自己承担和负责，政府不予干预。政府与企业间的职责较为分明，管理机制相对较为成熟，更反映市场竞争机制的需要。巩固和提升中澳经济合作特别是资源合作，不仅有助于中国资源的长期稳定供应，亦有益于推进和完善中国市场经济体系建设。

第一章　中俄与中澳资源合作的历史

第一节　俄罗斯和澳大利亚资源经济的形成和发展

一、俄罗斯资源经济的形成和发展

众所周知，俄罗斯广袤的国土面积、大跨度的地理位置和特殊的地质结构，使其具有得天独厚的自然资源和矿产资源。俄罗斯的人均土地资源占世界第三位，仅排在澳大利亚和加拿大之后。俄罗斯自然资源总量居世界首位，特别是在全球各国短缺的森林、土地、矿产、水等资源方面，俄罗斯的自然资源优势非常明显。俄拥有占全球22%的森林资源，国土的森林覆盖率达69%，有全球20%的地表淡水资源和地下水资源。俄国家辽阔富饶的土地资源、蕴藏丰富的自然资源和极低的人口密度，为俄形成“资源型经济”提供了优越的条件。

苏联解体后的俄罗斯“资源型经济”的形成，是由国内经济和国际因素两方面的原因促成。转轨时期，俄曾经历了长期的经济衰退，然而随着国际油价的一路上行，1999年俄经济开始表现快速增长的态势，1999—2008年GDP年均增长6.98%，其中2000年的增长率达到两位数的10%。理论界认为，俄经济的快速发展主要得益于其拥有的石油天然气资源及国际油气价格的不断上涨，资源领域特别是石油、天然气出口，逐渐成为支撑俄经济发展和国家财政收入的支柱产业，俄经济步入了新的增长期。由此，俄资源依赖型经济模式在这一过程中逐渐形成并强化。

表1.1　　2000—2013主要年份俄罗斯国内生产总值增长率　　(%)

年　份	2000	2005	2006	2007	2008	2009	2010	2011	2012	2013
GDP增幅	10	6.4	8.2	8.5	5.2	−7.8	4.5	4.3	3.4	1.4

资料来源：俄罗斯联邦国家统计局网站，http://www.gks.ru/wps/wcm/connect/rosstat_main/rosstat/ru/statistics/accounts/。

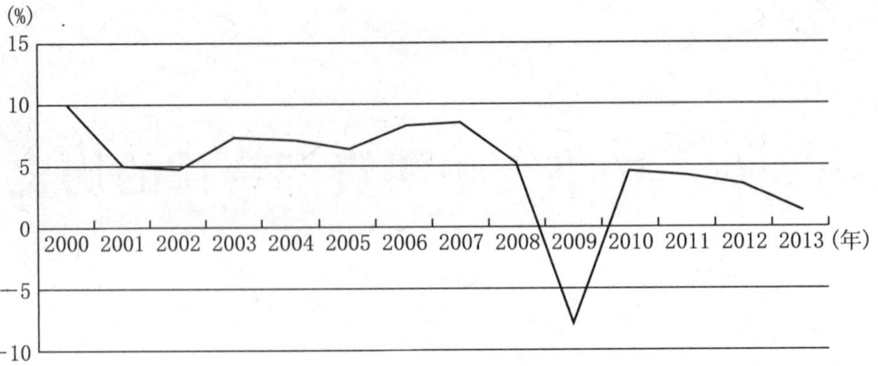

图 1.1　2000—2013 年俄罗斯国内生产总值增长率

资料来源:同表 1.1。

从国内原因看,俄转型以后,面临的首要任务是恢复经济,走出“转轨型衰退”的困境,将促进经济增长与实现发展作为国家的基本国策和首要目标。在此情况下,俄政府推动并发挥俄在能源资源方面的比较优势,使能源的生产、开采和出口都得到迅速发展,能源资源不仅成为拉动俄经济的重要部门,也成为吸引外资的主要领域。据估计,这一领域吸纳了俄外来投资的近 40%,外国投资约 70%集中在燃料动力和原材料两大领域。从国际因素看,国际市场高油价幸运地为俄资源出口提供了历史机遇。1998 年后,国际石油价格持续高涨,巨额“石油美元”拉动了经济的持续强劲增长,石油资源的出口,成为拉动俄经济复苏与增长的主要力量。

显然,俄罗斯的能源资源禀赋为俄提供了比较优势和竞争优势,使俄能很快走出危机,实现增长。俄经济增长始于 21 世纪初,是以所出口的燃料能源和资源品价格的上涨为条件的。截至 2005 年,俄国内生产总值已经超过了荷兰,且非常接近巴西、墨西哥和韩国。同时,能源原材料部门的快速发展,为俄赚取了大量的外汇,这对于稳定俄罗斯社会,弥补经济转型的成本,促进经济的恢复与发展,发挥了积极有益的作用。进入 21 世纪,俄罗斯的能源业成为经济发展的重要支柱产业,油气及其他资源品的生产与出口,对俄经济发展的巨大拉动作用日益显现,形成了俄罗斯的“能源型经济”或资源依赖型发展模式,表现出一些典型的特征。

其一,经济增长中资源产业占据主导地位。1990 年代以来,俄政府在金融、财税等方面对能源产业实行倾斜政策,资源型企业占俄总投资额的 3/4。

近年来，俄预算的约 50％、GDP 的 30％、外汇收入的 64％，来自石油和石油制品的生产加工及出口。这些指标表明石油、天然气等产品的出口决定了俄罗斯的经济和出口态势。

其二，资源依赖性的经济结构。俄罗斯的石油开采业等燃料动力部门的比重进一步上升，特别是能源开发与原材料产业已经成为国民经济运行的支柱产业，在 1992—2010 年仅石油和石油产品便出口了大约 50 亿吨。目前，俄出口商品结构中，原料占 89％，其中能源占 64％。原料性商品所赚取的外汇不仅帮助俄应付了经济危机，而且获得了偿还外债和进行改革所需要的大部分资金。不仅如此，俄政府制定国家年度预算收支的重要依据，便是国际市场的油价行情以及俄罗斯的石油价格，俄政府根据对每一年度的油价预测，对国内生产总值的增长率和财政预算收支数额确定不同的方案。当政府对油价预计在高位时，就调高国内生产总值的增长率和政府开支，反之则予以调低。最近几年，俄罗斯经济增长的现实也表明，国际油价的起伏波动，对俄经济和财政收入产生了直接的影响。

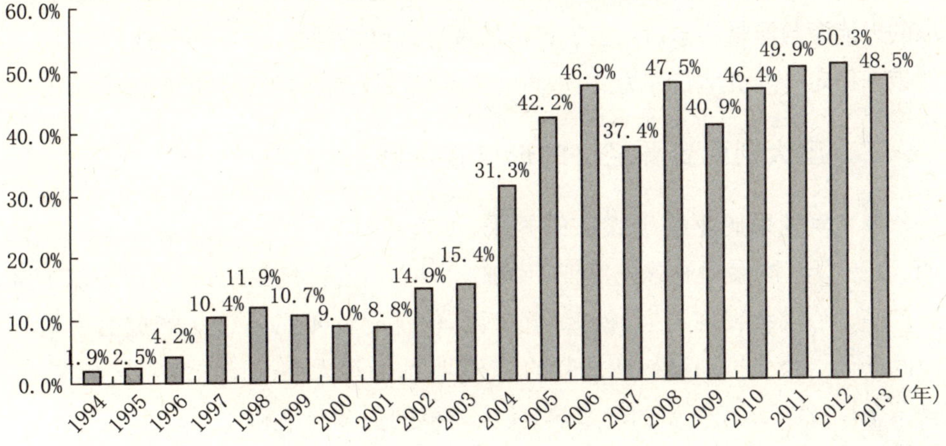

图 1.2　俄罗斯石油天然气在财政预算中的份额(1994—2013)

资料来源：俄罗斯国家财政部：The Geopolitics of Russian Natural Gas，February 21，2014。

其三，经济中一直保持能源生产与出口的较高比重。俄罗斯经济中的“能源化”趋势和能源型发展模式，造成俄经济受到外部因素的严重影响，对国际原油市场的高度依赖，成为俄经济发展中不确定性和不稳定性增加的重要根源。这种现象在俄外贸出口结构上表现得尤为突出，包括能源在内的原料出口占俄 2007 年出口总额的 85%以上，其中燃料能源产品占 56.8% ，金属及其制品占 16.9%，化工产品占 6.6%，而机械产品出口只占 7.5%。俄加工工业的产值高于采掘业产值，加工工业的增加值中很大一部分来自石油加工、天然气加工、金属冶炼，并且其中大部分加工产品用于出口。由于俄能源生产和出口的巨大利益和利润，外国直接投资在 2007 年有 50%余集中于采掘部门，流向加工部门的不足 15%。而行业之间收入的巨大差距，也吸引着国家的高级专业技术人才纷纷向能源行业流动。

但是，2014 年以来，由于乌克兰危机和西方对俄罗斯实施的经济制裁，特别是国际能源价格的跳水，导致俄经济陷入困境，其能源拉动经济增长的效应已经不在，而其能源型经济的弊端却日益凸显，即俄经济增长和财政收入主要依赖能源类商品的生产与出口，也被俄学者称为“经济的结构性放缓”的矛盾，严重影响到俄罗斯的经济前景。普京坦承，西方国家就乌克兰问题对俄实行多轮制裁的影响只占“25%或者 30%”，他说，造成俄当前经济困境的主要因素来自外部，但俄自身也需摆脱依赖能源出口，实现经济多元化。[①]梅德韦杰夫表示，俄以往采取的以能源与原材料出口为主的经济发展方式已走到尽头，不利于技术进步，不能带来稳定的经济增长。为此，俄将着力推动技术创新，创造新的经济增长点。

二、澳大利亚资源经济的形成和发展

澳大利亚采矿业始于煤矿的开采，可追溯到 18 世纪后期殖民地建立初期。1791 年，澳大利亚首先发现了煤矿，为早期经济发展和对外输出提供了资源产品。后陆续发现了银、铅、铜等矿藏，但那时尚不具备使矿产成为支柱产业的条件。最先推动澳矿业繁荣的，不是目前的最大宗出口产品铁矿和煤，而是黄金。1850 年代肇始的淘金热，使大规模的黄金开采和加工延续了几十年，并为国民经济贡献巨大。澳大利亚联邦成立之初的 1901 年，采矿业产值占 GDP 的 10%，其中四分之三由黄金产业贡献。第一次世界大战后，国际初级产品价格暴跌，澳黄金产量急剧萎缩，从 1901 年的 103 吨降至 1921 年的 24 吨和 1931 年的 19 吨，采矿业在 GDP 中占比跌至2%。[②]

---

① 《普京：不会有宫廷政变　因为俄罗斯根本无宫廷》，见 http://news.qq.com/a/20141219/013722.htm。

② Australian Bureau of Statistics (ABS), 100 years of change in Australian industry, January 2005, ABS Cat NO.1301.0.

第二次世界大战期间，澳成为英美在远东地区的兵工厂，由此带动了其军火、冶金、造船等工业的发展，资源的开发和开采受到重视。

20 世纪 60 年代，包括煤矿、铝土和铁矿石的大量矿藏被发现，开启了澳大利亚由资源开发促成的经济繁荣期。1960 年，澳年产铁矿石仅为 440 万吨，至 1972 年，铁矿石产量达到 6 300 万吨。铁矿石原本完全用于国内钢铁生产，后逐步大量出口。在铁矿石产业发展过程中，澳政府与企业注重吸引外来投资，主要是来自美国、日本、英国的投资。

20 世纪 50 年代中期前，澳尚依靠进口来满足本国对于铝土的需求。1955 年，在昆士兰发现了一处规模大、品质高的铝土矿区。这一矿区于 1963 年投入生产，1972 年，铝土的年产量已达 1 050 万吨。西澳和北部地区也相继发现了大规模矿区。截至 1973 年，澳已探明铝土矿储量达 47 亿吨，年产量 1 580 万吨，均居世界首位。由此形成了澳大利亚矿业煤、铁矿以及铝土三足鼎立的局面。

同期，澳大利亚石油天然气也相继得到开发。1961 年，澳首个石油项目在昆士兰投产，为澳美合资。随后在西澳的巴罗岛以及巴斯海峡启动了开发项目。此外，澳大利亚的铜、铅、锌等的生产在这一阶段也得到了快速发展。

自 20 世纪 50 年代中期到 70 年代初，澳采矿业产值明显增长，其中净产值增长了 357%，总产值增长了 459%。

表 1.2　　澳大利亚采矿业主要经济指标

年　度	雇佣人数	净产值（百万澳元）	总产值（百万澳元）
1955/56	56 045	28.0	35.3
1960/61	46 125	27.4	310.3
1965/66	48 589	51.2	62.5
1967/68	51 774	69.8	85.3
1968/69	55 225	73.6	114.1
1970/71	62 191	128.1	197.4

资料来源：南开大学经济研究所世界经济研究室：《澳大利亚经济》，北京：人民出版社 1975 年版，第 26 页。

虽然 20 世纪 70 年代澳大利亚经济发展遭遇一定困难，但矿业投资开始复苏，资源产业进一步发展。除煤矿、铁矿、铝土矿之外，天然气产业异军突起。1971 年，西澳州西北大陆架发现气田；1979 年，联邦和西澳州两级政府核准生产和出口天然气；经多年建设，1989 年，向日本输出首船液化天然气，宣告了澳大利亚进入液化天然气出口国行列。

20 世纪 90 年代，澳经济稳定发展，但产业结构发生明显变化，服务业迅猛崛起，至 2000 年，服务业在国民经济中的比重已逾 70%。同期，制造业的比重下降较快，农业、矿业以及建筑业在经济中的占比相对稳定，波动有限。

表 1.3　1991—2000 年澳大利亚各产业占国民经济的比重　(%)

年　度	农业	矿业	服务业	制造业	建筑业
1991	3.2	7.5	67.9	14.5	7.0
1992	3.3	7.9	68.1	14.2	6.5
1993	3.1	8.2	69.2	13.6	5.9
1994	3.2	8.0	69.1	13.6	6.1
1995	3.2	7.8	69.4	13.5	6.2
1996	2.6	8.0	70.1	13.2	6.2
1997	3.0	8.3	69.8	12.9	6.0
1998	3.1	8.1	70.2	12.6	6.0
1999	3.0	8.1	70.2	12.5	6.3
2000	3.1	7.6	70.6	12.1	6.6

资料来源：根据澳大利亚统计局历年数据整理所得。

进入 21 世纪，澳经济继续稳步前行。虽然 2008 年后金融危机肆虐全球，但依靠新兴经济体尤其是中国对资源的强劲需求，澳成为西方发达经济体中受到此次金融危机影响最小、经济恢复最快的国家。最近 10 年，澳大利亚经济表现出以下几个特征：

首先，经济发展平稳，但增长速度有所下降。据世界银行提供的数据计算得出，20 世纪 90 年代，澳经济年均增长率为 3.28%，2001 至 2012 年的年均增速为 2.98%；90 年代澳经济增速的标准差为 1.75，近十年来增速的标准差为 0.93。①增速标准差的降低表明经济增长波动较小，稳定性趋强。

① 数据来自世界银行：World Bank Data Bank。

表 1.4　　2000—2012 年部分发达国家 GDP 增长率　　(%)

年　份	澳大利亚	日　本	美　国	英　国
2001	2.07	0.36	1.09	3.15
2002	3.9	0.29	1.83	2.66
2003	3.27	1.69	2.55	3.52
2004	4.16	2.36	3.48	2.96
2005	2.96	1.3	3.08	2.09
2006	3.08	1.69	2.66	2.61
2007	3.56	2.19	1.91	3.47
2008	3.83	−1.04	−0.36	−1.1
2009	1.45	−5.53	−3.53	−4.37
2010	2.26	4.44	3.02	2.09
2011	1.85	−0.7	1.7	0.65
2012	3.4	1.95	2.21	0.27

资料来源：World Bank Data Bank。

其次，相比大部分发达国家，澳大利亚保持了较高增长率。2001 至 2012 年，日本的年均增长率为 0.75%，美国和英国分别是 1.64%和 1.5%，澳大利亚则为 2.98%。2008 年由美国次贷危机引发的全球经济危机，使发达国家经济严重受挫。当年和第二年，日本、英国、美国的经济皆为负增长。而澳却分别在 2008 年以及 2009 年保持了 3.83%和 1.45%的增长率，和其他发达国家形成鲜明对比。这段时期，澳矿产品出口，尤其是对中国的出口，对经济增长的拉动作用突出，澳大利亚迎来了新一波矿业繁荣。

表 1.5　　澳大利亚矿业产值及在国民生产总值中占比

年　　度	矿业产值(百万澳元)	国民生产总值(百万澳元)	占比(%)
2002—2003	76 546	1 045 578	7.3
2003—2004	74 312	1 088 946	6.8
2004—2005	78 194	1 123 646	7.0
2005—2006	79 688	1 157 782	6.9

续表

年　度	矿业产值(百万澳元)	国民生产总值(百万澳元)	占比(%)
2006—2007	86 446	1 201 563	7.2
2007—2008	88 193	1 246 899	7.1
2008—2009	90 508	1 263 934	7.2
2009—2010	96 106	1 293 380	7.4
2010—2011	97 473	1 318 026	7.4
2011—2012	101 755	1 363 217	7.5

资料来源:Geoff Armitage, *Resources and Energy Statistics 2012*, Canberra: Bureau of Resources and Energy Economics(BREE), 2012.

澳大利亚是世界上资源出口大国,资源品输出在其对外总输出中优势明显。表1.6显示,自2002至2012年,澳资源品出口占出口比重均在50%以上,且逐年上升,2011—2012年度升至72.2%。

表1.6　　澳大利亚资源出口贡献率

年　度	资源产业出口值(百万澳元)	占总出口比重(%)
2002—2003	109 880	57.3
2003—2004	108 029	56.2
2004—2005	111 853	59.2
2005—2006	111 074	62.1
2006—2007	118 231	63.0
2007—2008	123 928	62.4
2008—2009	128 171	68.2
2009—2010	137 703	66.5
2010—2011	138 031	71.2
2011—2012	145 623	72.2

资料来源:Geoff Armitage, *Resources and Energy Statistics 2012*, Canberra: BREE, 2012.

澳大利亚资源经济发展历程揭示,国际市场需求是其资源经济发展的主要驱动因素。20世纪60、70年代,世界经济进入快速发展期,国际市场对矿产品的需求急速增加，同时矿产品价格趋于攀升。就澳大利亚而言，当时，日本经济大发展对澳资源产业的推动无与伦比。澳地处亚太地区，具备地缘优势，对日贸易运输成本相对较低。恰逢此时，澳大利亚发现了大型矿藏，包括铁矿、铝矿、铀矿等。澳当时实行的进口替代战略失败，正受到经济可能衰退的威胁。面对国际市场对资源需求的良机，政府和企业抓住机遇，选择了外向型资源开发战略，在资源产业发展方面充分和合理地利用外部机遇，以资源业腾飞推动整体经济的发展。

外向型资源开发战略的首要任务，是吸收外资投入资源产业。众所周知，矿业发展前期需要投入巨资，实施大规模基础设施建设，矿场开发，设备购置和研发等，且投资周期长，见效慢。即便澳大利亚矿藏条件十分优越，想在短期内建立起面对国际市场的超大规模采矿业和矿产加工业，仍不可能仅靠澳大利亚本国的经济实力。于是，吸引外资成为澳大利亚采取的政策之一。当时的国际金融市场处黄金时期，发达国家的资金加速外流。随着外资的流入，澳矿业在短期内取得了长足发展，带动并维持了经济的稳定增长。矿产品的大量出口，改善了对外贸易结构，为澳赚取了大量外汇。借此契机，澳在国际贸易中的地位得以提升。同时国内产业结构调整，整体国民经济稳步发展。虽然在日后的发展过程中，澳大利亚的经济有起伏变动，但其依靠自身资源优势作为经济推动力之一的发展模式得以持续。

澳大利亚资源产业的增长也得益于技术的进步。新技术的发展为资源商业化以及市场化奠定了基础。例如，澳大利亚的天然气开采始于 19 世纪 70 年代，由于天然气体积庞大，运输成本高，最初仅限于国内使用。然而，随着天然气液化技术的发展，运输成本降低，天然气成为主要出口产品之一。天然气液化技术可使天然气体积减小 600 倍，天然气储罐的发明使得天然气的运输变得安全经济。这些相关技术的推广推动了澳大利亚天然气的勘探、开采和出口。近十年来澳大利亚煤层气产业的推进，也是源于技术上的进步与应用。

多年来，澳大利亚相继建立了诸多研究机构，如 1949 年成立的联邦科学与工业研究组织。此类研究机构的设立，在技术领域为资源产业发展提供巨大支持，有力地促进了产业的发展。

澳大利亚保持资源经济持续发展的另一原因，在于其资源产业不是“独立”发展，而是在发展过程中保持与其他产业的互动，在相互作用之下持续繁荣。其他产业领域尤其是知识密集型产业为资源产业的创新打下基础。一批专业型工程公司的出现形成了创新型工业，为矿业的发展提供了先进设备和技术。因此，澳大利亚不仅是矿产品出口大国，也是矿业生产技术以及相关专业知识和技能的主要输出国。也就是说，澳大利亚建立了确保产业间互动的制度，形成了技术变革推动资源产业发展的机制。

第二节　中俄与中澳资源合作的缘起

一、中俄资源合作的起源

1991 年苏联解体后，中俄之间开始探索两国在新的历史条件下的政治关系与经济合作。开拓中俄之间以能源合作为主的资源合作，成为中俄贸易的重要领域。俄罗斯有丰富的天然气资源，能源出口是俄经济增长的重要支柱；中国有庞大的投资和消费市场，中国经济快速增长需要能源供给的保障，随着中国经济规模的日益扩大，中国逐渐成为世界石油进口第一大国和全球第二大石油消费国。

20 世纪 90 年代中期起，中俄能源合作呈现快速发展的态势，中俄正式将资源合作提上两国的经贸合作日程。以 1996 年叶利钦访华时签署的《两国关于共同开展能源领域合作的协定》为标志，两国高层领导和政府部门、地方与企业都开展了大量的工作，制定了较为详尽的方案，并签署有关协议。1996 年，中俄决定设立政府首脑定期会晤委员会，开启两国能源外交序幕。此后，中俄开展原油管道建设相关谈判，并于 2009 年最终达成中俄“贷款换石油”协议，两国在能源合作领域实现互利双赢。

20 世纪以来，中俄两国加快了以能源合作为主要内容的资源合作进程。特别是近年来，中俄能源领域的合作不断加强，石油、天然气、核能、煤炭、电力、新能源、能源勘探、能源开发、能源精加工和销售等领域的合作稳步推进。尤其是 2009 年以来，中俄在石油领域合作取得了实质性进展。2010 年 9 月中俄原油管道全线竣工；2011 年 1 月 1 日，中俄原油管道正式投入商业运营，中国东北方向的原油进口战略要道正式贯通。中俄也已就深化石油上下游合作达成一致，并在一些关键领域取得实质性突破。2014 年 5 月，中俄两国签署了《中俄东线天然气合作项目备忘录》和《中俄东线供气购销合同》。

尽管中俄以能源合作为主的资源合作并非一帆风顺，但难以否认的是，两国间的经济合作是主流，互利共赢是大趋势，合作稳定向前、不断推进。最为重要的是，中俄两国在资源禀赋、能源合作和市场供需等方面体现着很强的互补性，这种供给与需求之间的互补是中俄市场经济中经济发展的产物，它使两国的资源合作持续发展。

中俄资源合作的发展历程大体可划分为如下三个阶段：

（一）合作起始阶段（1996—1999）

1996 年 4 月俄罗斯总统叶利钦访华，双方签署《中俄联合声明》，建立战略协作伙伴关系，开辟了中俄关系史的新纪元。双方签署了《两国关于共同开展能源领域合作的协定》等 14 个双边合作的文件，正式拉开了中俄能源合作的序幕，使得中俄能源合作，成为巩固中俄战略协作伙伴关系的基础。随后几年里，中俄签署了一系列能源合作协议，如《从俄联邦东西伯利亚地区铺设天然气管道和开发科维克京斯克凝析油田备忘录》（1997 年 11 月）、《关于铺设从伊尔库茨克州科维克京斯克气田到中国的输气管道的技术经济依据总协定》（1999 年 2 月）以及《俄罗斯统一电力公司与中国国家能源公司签署的电力合作协议》（1999 年 2 月）等。

这一时期，是俄罗斯主动求助于与中国发展资源合作的阶段。这一阶段的特征可归纳为，俄拟借助中国开发以能源为主的资源，"俄罗斯有求于中国"大于"中国有求于俄罗斯"。在这个阶段，俄前总统叶利钦曾积极、主动地与中国方面进行谈判，希望中国能够购买东西伯利亚的油田，任何一个油田都可以。与此同时，中石油组团赴俄考察油田开发事宜，中俄两国石油部门进行了初步接触。但在该阶段，中俄能源合作进展不大。一方面，中国经济增长对能源需求的压力尚有限，中俄之间的能源合作发展缓慢；另一方面，中国当时未能从俄罗斯拿到油气田的股权，未能与俄罗斯就油气管道建设达成具有法律效力的最终协议，中国有关方面的想法与俄罗斯的实际现实存在差距。

（二）徘徊探索阶段（2000—2005）

这一阶段中俄能源合作处于徘徊和探索的阶段。最为典型的事件是从"安大线"、"安纳线"到"泰纳线"的谈判与结果，它标志着两国间的能源合作处于胶着状态，能源领域的合作进展缓慢。2001 年 7 月 16 日，中俄在莫斯科签署了《中俄睦邻友好合作条约》，以法律形式强化了两国"世代友好，永不为敌"的国家关系，进一步发展了两国的战略协作伙伴关系，为中俄永做好邻居、好伙伴、好朋友奠定了法律基础。中俄国家关系以法律形式确立下来,促进了两国间的经贸合作关系。

同期,中俄两国的经济情况均发生了很大变化。就俄罗斯而言,第一,世界各国对能源的需求增加以及国际油价的上升使得俄罗斯的能源外汇收入大幅增长,弥补了国内经济发展的资金短缺。第二,俄罗斯开始实施能源出口多元化战略,一方面减少对欧盟能源市场依赖;另一方面,将目光转向整个亚太地区,包括日本、韩国等,而不仅仅是中国。第三,日本利用自身的资金优势,积极同俄展开能源合作谈判。基于上述原因,俄对中俄能源合作的积极态度有所减缓。

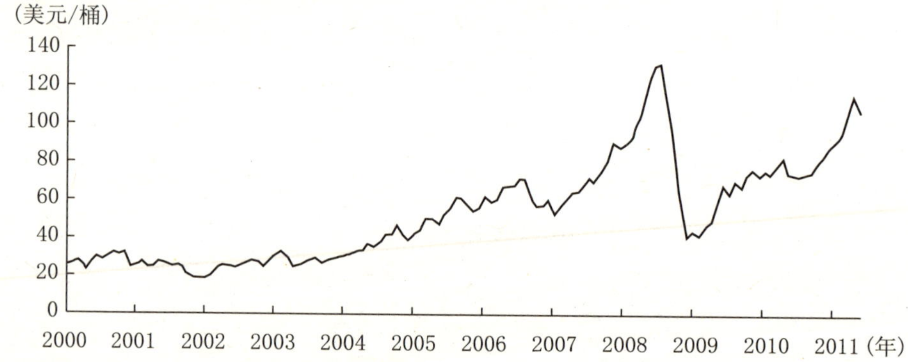

图 1.3　国际石油价格走势

资料来源:IMF International Financial Statistics.

就中国而言,随着经济的持续发展和粗放型经济发展模式的显现,中国的能源需求不断扩张,石油进口依存度愈益走高。在该阶段,据专家预测,中国国内的石油供给缺口从 2005 年的 8 800 万吨,将增加到 2020 年的 2 亿—2.5 亿吨,国内石油自给率从 2005 年的 66%下降到 2020 年的 50%。中国对石油需求量上升的同时,世界原油价格也不断上涨,由此导致中国每年为购买石油支付巨额美元。此外,当时中国石油进口的主要来源地为中东,中东地区局势持续动荡,对中国的能源安全构成潜在威胁。由此,中国有意积极推进同俄罗斯等周边国家的合作。

(三)稳步发展阶段(2006 年以来)

2008 年金融危机以前,中俄两国的能源合作集中在能源和原料贸易层面。经过两国政府数年的经贸合作谈判,中俄能源合作在 2006 年发生重大转折。

一方面，2006 年 4 月，中俄石油管线计划实施，泰舍特—斯科沃罗季诺—大庆输油管线计划动工；另一方面，中石油与俄气签署天然气供应备忘录，俄方同意从东、西两条线路向中国每年供应 680 亿立方米天然气。

2008 年金融危机爆发以后，国际油价一度大幅下跌，俄经济遭受重创。面对国际经济局势的动荡，2008 年，中俄两国政府建立副总理级能源谈判机制。随着两国建立起能源对话机制，以及石油管道建设的顺利完成，中俄两国在能源领域的合作呈现出新的特征，即：从单纯原料进出口贸易关系逐渐发展成全面的投资开发合作伙伴。

2009 年中俄石油管道合作最终取得突破性进展，原因颇多，主因有二：其一，俄罗斯和西方国家关系比较紧张；其二，俄罗斯加快实施对外出口多元化战略。2009 年，俄罗斯紧急出台了《2030 年前能源发展战略》，提出能源出口市场多元化，不再紧盯欧洲市场，制定“东进”战略。按照该战略，到 2030 年，亚太地区占俄罗斯能源出口的比重从 3%提升至 26%左右。

2010 年以来，中俄两国在能源领域的合作范围从石油、电力贸易和核电站建设扩大到了煤炭和可再生能源等领域，几乎涵盖了所有的能源形式，中方出资金、俄方出资源的“能源联盟”之势凸显。

2013 年 3 月，中国国家主席习近平首访俄罗斯，两国首次提出中俄“能源同盟”。访问期间，中俄政府就电力、天然气输送、石油勘探、开采、销售以及炼油等方面签署了一系列重要协议。在天然气合作方面，经过多年的谈判，中俄双方最终达成备忘录。其中指出，俄罗斯将在 30 年间，经由东线向中国出口天然气 380 亿立方米/年。分析认为，促使莫斯科改变“优先考虑从阿尔泰出口天然气（即西线供气）”态度的，是中国提出的“预付款”方式，这种支付方式不仅可以减轻俄罗斯面临的巨额贷款压力（建设 3 200 公里的天然气管道，费用至少为 250 亿美元），而且有助于降低亚洲买家（尤其是日本、韩国和中国买家）的天然气溢价。当前，美国希望出口液化天然气至亚洲市场，这也是莫斯科优先考虑从符拉迪沃斯托克出口液化天然气的原因。中俄能源合作不仅限于双边能源关系，而且具有区域和全球影响。这些都为中俄之间的能源合作不断注入发展的动力。

2014 年的乌克兰危机和国际市场的能源价格接连下跌，使俄罗斯的经济和能源形势更为严峻，因而，俄罗斯不得不对其能源战略再行调整，即：加速推进俄罗斯能源面向东方，加强与中国的能源合作，将俄的石油和天然气市场、资金与技术的依靠重点转向中国,在与中国的能源合作上更加积极主动,在与中国的能源谈判上更趋务实,在与中国的能源合作领域方面更为宽泛。总之,俄罗斯面向东方的能源战略调整不仅惠及中俄两国,而且也将对欧亚和世界能源格局、地区和大国关系产生深远的影响。这将给中国、俄罗斯以及世界各国以明确的提示:中俄能源合作已经跨入"能源联盟"的崭新发展阶段,它标志着中俄能源合作步入全面发展新阶段。自此,中俄能源合作进入一个以互利共赢为基础、加快合作步伐的新时期。

二、中澳资源合作的起源

中澳资源合作可视为起始于 1973 年两国签署中国自澳大利亚购买铁矿石的协议。但是,当时中国资源短缺的现象尚未显现,中国也是铁矿等资源丰富的国家,20 世纪最后 30 年大部分时间内中国的外汇储备并不宽裕,并依然强调依靠本国资源的理念,所有这些因素限制了中国从澳大利亚等国大规模进口资源产品,澳对华输出呈现平缓增长态势。进入 21 世纪后,中国自澳进口商品总额一路飙升、增势迅猛。

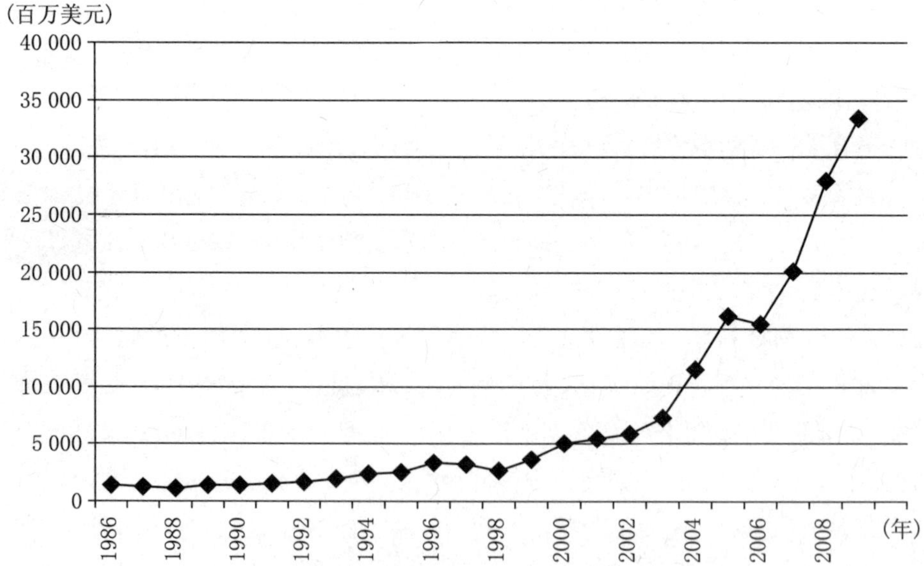

图 1.4　中国自澳大利亚进口商品总额(1986—2009)

资料来源:黄梅波、魏嵩寿、谢琪:《澳大利亚经济》,北京:经济科学出版社 2011 年版,第 384 页。

导致这一现象的最大原因，是中国自澳大利亚资源进口的爆炸式增长。因此，中澳能矿资源合作大致以2000年为界，可分为2000年之前的稳步发展期与之后的全面快速发展期两个阶段。

（一）合作的起始与稳步发展阶段（1973—1999）

1972年12月21日中澳建交，政治关系的改善使两国关系得到较快发展，也拓展了双边经贸合作。在两国政府的关心和支持下，1973年，澳大利亚哈默斯利矿业公司与中国有关部门经多次洽谈，双方签署了两国关系史上具有里程碑意义的铁矿石贸易合同，规定中国自澳购买300万吨铁矿。该协议正式开启了中澳矿产资源合作，拓宽了双边商品贸易。

1978年，中国开始实行对外开放政策，推动了双边贸易（包括资源产品贸易）的发展。20世纪80年代，澳政府奉行积极友好的对华政策，采取一些鼓励措施，推进双边贸易和中国对澳资源投资。当时，中国两个最大的海外资源投资项目落户澳大利亚的恰那铁矿和波特兰炼铝厂，其后一直运行良好，为两国带来经济效益的同时提升了双边互信。

1997年，中国时任副总理朱镕基率团访澳和澳大利亚总理霍华德访华期间，两国政府和企业领导人重点探讨了加强和扩大能源、矿产资源领域互补合作关系。两国政府的重视与支持助推了双边能矿产品贸易的进一步发展。

（二）合作的全面快速发展阶段（2000年以来）

进入21世纪后，中国现代化建设和城市化进程在使经济保持持续快速增长的同时，对资源供应量提出更高的要求，国内巨大的能矿资源产量远不能满足更为旺盛的能矿资源消费需求，由此，2000年以来，中国对澳能矿产品的需求大幅增加。与此同时，中国于2001年12月加入世贸组织后，为兑现承诺，逐步消除对外贸易障碍，贸易环境愈益自由和便利化。上述因素的叠加作用，为中澳资源合作尤其是澳大利亚向华输出资源步入快速发展通道提供了强大的动力。据澳方资料，截至2012年的五年间，澳矿产品对华输出年均增长率高达30%，其矿产品出口收入的56.5%来自中国。①据中方资料，在资源贸易

① Department of Foreign Affairs and Trade(DFAT), Australia, *Trade in Primary and Manufactured Products Australia 2012*, DFAT, 2013, p.38.

强劲发展的推动下，2012 年澳对华出口超过 845 亿美元，其中能矿产品的贡献率 6—7 成，当年，中澳双边贸易额攀升至 1 223 亿美元，[①]是 1972 年两国建交时双边贸易额的 1 000 多倍。

另外，两国资源合作形式趋于多样化。主要合作形式包括以下三大类：第一，能矿产品贸易，包括铁矿、煤炭、石油、液化天然气、铜矿、铝矿产品等。第二，中国对澳能矿业投资，以便进入产业链上游，保障国内资源的长期稳定供应。2008 年的世界金融危机为中国能矿企业投资澳矿业提供了契机，使得之后几年中国的对澳投资出现井喷式增长。第三，能源技术合作，包括碳捕集与封存等清洁能源技术以及风能和太阳能等可再生能源技术领域的合作。

两国政府也愈益认识到双边资源合作正日益成为两国经贸合作的重点与亮点，并不遗余力地积极推动双边资源合作的不断深化。2003 年 10 月，在胡锦涛主席访澳期间，两国签署《中澳天然气技术伙伴关系基金管理和实施谅解备忘录》；2006 年 4 月，温家宝总理访澳期间，双方签署了《中澳和平利用核能合作协定》与《核材料转让协定》，为澳大利亚向中国出口铀矿扫清了障碍，也为两国资源合作领域增添了铀矿这一能源资源品种；两国企业还签订了关于化工、矿产、天然气、石油和电力等领域合作的一系列商务合同及文件。

2010 年 6 月，在时任中国国家副主席习近平访澳期间，两国签署了《中华人民共和国国家能源局与澳大利亚资源、能源和旅游部关于加强能源领域合作的谅解备忘录》，以及总额达 100 亿澳元（约合 600 亿元人民币）的十项协议，这十项协议中多达七项涉及能矿资源领域，如中国国家开发银行与阿奎拉资源有限公司签署的项目开发合作谅解协议，中海油新能源国际（澳大利亚）有限公司与阿卡林加能源有限公司签署的《成立阿卡林加非法人合资实体协议》，中国中冶、进出口银行、中电国际与澳大利亚源库公司签署的《“中国第一”动力煤项目四方合作协议》等。此外，中广核集团与澳大利亚北部地区政府资源部签署了战略合作协议。这些协议的签署，丰富了上述谅解备忘录的内容，体现了两国全方位开展资源合作的积极态度。

---

① 中国国际贸易促进委员会：《中方统计：2012 年中澳贸易额突破 1 200 亿美元》，见 http://www.ccpit.org/Contents/Channel_54/2013/0118/353681/content_353681.htm。

第三节　中俄与中澳资源合作的发展

一、中俄资源合作的发展概况

多年来，以中俄能源合作为主体的资源合作得到迅速的发展。自图1.5可知，1995年以来，俄罗斯对中国的能源出口额及在其能源总出口中的比例呈现不断提升的态势。1995年俄对华能源出口总额为341.23万美元，2008年增至110.7亿美元。随后，受国际金融危机的影响，2009—2010年出口额有所下滑，但近两年来大幅反弹，2012年俄对中国的出口额约为249亿美元。在出口占比方面，1995年中国在俄能源出口中的比例为0.1%，普京执政后加大对中国贸易出口，2008年中国在俄能源出口中的比例增至3.6%，2012年进一步上升至6.57%。

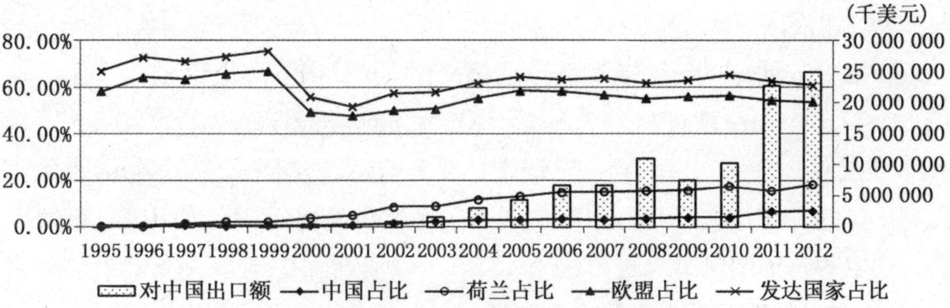

图1.5　俄罗斯对主要贸易伙伴能源出口占比

资料来源：根据联合国贸发会议数据库相关数据整理。

其中，在石油方面，俄对华石油出口呈快速增长趋势，1995—2012年年均增长率达50%，[①]1995年俄对中国的石油出口额2 272.8万美元，到2012年已增至226亿美元，出口数量为2 432.943 7万吨，相比2011年增长4.2%，占其石油总出口的7.92%。

在天然气以及核能等方面，俄对华出口也取得重要进展。特别在天然气方面，2014年5月21日，俄天然气工业公司与中石油最终签署了中俄天然气

① 该数据根据联合国贸发会议相关出口数据测算得出。

供应协议，协议为期 30 年，总金额为 4 000 亿美元(约合 2.5 万亿元人民币)。按照协议，自 2018 年起，俄开始通过中俄天然气管道东线向华供气，最终年供气量 380 亿立方米。这条天然气管道总长 4 000 公里，从俄罗斯的伊尔库茨克州经雅库特和哈巴罗夫斯克到符拉迪沃斯托克，在斯沃波德内伊与布拉戈维申斯克之间将建造对华输气管道分支。该天然气协议不仅是中俄之间签署的最大一笔能源供应合同，而且是中国有史以来签署的最大单笔合同。2014 年 9 月 1 日，中国和俄罗斯东线天然气管道俄方境内段开工仪式在位于俄西伯利亚的雅库茨克市举行，这意味着，2014 年最受瞩目的中俄能源合作项目正式进入实施阶段。

在煤炭方面，俄对中国的煤炭出口同样呈快速增长态势，2012 年中国是俄第一大煤炭出口对象国，出口额 20.8 亿美元，出口量逾 1 800 万吨，占俄煤炭总出口的 15.23%。就中国煤炭进口来源而言，2012 年俄罗斯是中国煤炭进口的第四大来源国，占比为 7%左右，仅次于印度尼西亚(40.7%)、澳大利亚(19.6%)和蒙古(9.4%)。

在电力方面，2008 年国际金融危机之后，俄对华电力出口呈现飞跃式增长。2009 年中国自俄进口电力超过 7 亿千瓦时，贸易额 3 371.7 万美元，较 2008 年增长 316 倍；2012 年升至 26.1 亿千瓦时，贸易额 1.287 亿美元，占俄电力总出口的 12.62%。另外，根据中国海关总署的统计，2012 年中国自俄罗斯进口的电力占中国电力总进口的 25.35%。俄罗斯为中国第一大电力进口来源国，中国也是俄电力出口的主要市场。

二、中俄资源合作的典型项目

中俄资源合作的项目主要集中在能源领域，重要项目如下：

(一) 从安大线到泰纳线

2001 年 9 月 7 日，中俄两国签署《中俄输油管道可行性研究工作协议》，决定合作修建一条从俄罗斯安达尔斯克到中国东北大庆的输油管道，称为安大线，每年可为中国输送石油 2 000 万—3 000 万吨。2003 年 5 月 26 日，俄罗斯尤科斯公司同中石油正式签署了《关于“中俄原油管道原油长期购销合同”的基本原则和共识的总协定》，协定内容包括铺设安大线项目。2002 年底，俄石油管道运输公司提出了主要向日本供油的北线方案，即修建从安加尔斯克至纳霍德卡的长达4 000多公里的输油管线，简称安纳线。后俄罗斯石油管道运输公司又提出一个新方案：将这条石油管道的起点置于东西伯利亚的泰舍特，途经贝加尔湖北部，然后沿着贝加尔—阿穆尔大铁路和中俄边境地区，一直通往俄罗斯的远东港口纳霍德卡。这条建议中的石油管道通常简称为泰纳线。

（二）中俄东方石化（天津）有限公司合作项目

该项目于2009年签约，是中俄“贷款换石油”谈判的重要组成部分，也是中俄两国第一个石油加工合作项目，将推动中俄石油产业链上下游一体化合作。该项目年产1 300万吨炼油，由中石油与俄石油合资成立的中俄东方石化（天津）有限公司负责建设，总投资300多亿人民币，其中，中石油占51%的股份，俄石油占49%的股份。2010年9月21日，项目在天津正式动工兴建。

（三）田湾核电站项目

位于中国江苏省的田湾核电站，是依据中俄两国政府协议合作建设的大型核能项目，是中国“九五”期间开工建设的重点核电建设工程之一。田湾核电站厂区按4台百万千瓦级压水堆核电机组规划，并留有扩建三、四期余地，一期工程建设2台核电机组。该核电站设计寿命40年，年发电量140亿千瓦时，是目前国内单机容量最大的核电站。目前，1、2号机组自2007年投入商业运行以来，状态良好。2010年9月27日，中核集团江苏核电有限公司、中国核电工程有限公司、中国原子能工业有限公司与俄罗斯原子能建设出口公司在北京签署了《田湾核电站3、4号机组技术设计合同》，这标志着中俄合作建设田湾核电站扩建工程3、4号机组项目进入实质性推进阶段。

（四）中俄煤炭领域合作

2010年8月31日，中俄两国签署“贷款换煤炭”协议，正式启动了扩大两国煤炭合作的进程。根据该协议，在未来25年合作中的前5年，中国每年将从俄罗斯进口至少1 500万吨煤炭。之后20年，进口煤炭量将增至2 000万吨。与此同时，中国将为俄罗斯提供总共60亿美元的贷款，帮助俄发展远东地区矿产资源开采项目，修建铁路、公路等煤炭运输通道，购买矿产挖掘设备等。

三、中俄资源合作的基本动因

（一）资源禀赋与结构互补是中俄资源合作的重要基础

俄罗斯是全球自然资源禀赋最丰沛的国家之一。俄人口不到世界的

2.5%，却拥有超过全球12%的国土面积；俄境内蕴藏着世界上1/3的天然气、近1/3的石油、1/5的煤炭和14%的铀。据估计，俄罗斯石油总储量约440亿吨，天然气储量约127万亿立方米，煤炭可采储量超过2 000亿吨，占世界储量的12%。俄罗斯的石油、天然气产量和出口量均居世界前列，为世界上主要的能源生产国和出口国。而中国人口基数庞大，人均资源少，工业化进程的加快，使得资源短缺日益凸显，俄罗斯在中国资源供应格局中的地位日显重要。

（二）中国能源消费对外依存度的提高是中俄能源合作的重大驱动因素

中国经济快速发展及其粗放发展方式，使得中国的能源和资源品的消费迅猛增加。就原油而言，自1993年中国首次成为石油净进口国后，原油对外依存度由1993年的6%不断上升，2000年为24.8%，2006年突破47%，其后每年都以2—3个百分点的速度攀升；2009年中国原油进口依存度首破国际警戒线的50%，达到51.29%；2012年中国进口原油2.710 9亿吨，同比增长7.3%，原油对外依存度高达56.4%。①牛津能源研究所东北亚油气问题高级研究员白根旭（Keun-Wook Paik）先生认为，中俄石油合作主要受中国需求驱动——中国大庆生产能力下降，是俄中达成为期20年、每年1 500万吨原油合同的驱动力。②面对中国能源消耗的快速增加，中国能源问题专家林伯强指出："如果按照这样的速度发展下去，到2015年，中国石油的进口依存度预计将达到65%，到2020年可能达到70%以上。"③

就天然气而言，中国的进口依存度同样呈快速上升的趋势，2007年至2012年，依存度从2%提高到27%，平均每年提高5个百分点。另外，据中方数据，天然气在一次能源消费结构中的比例从2003年的2.4%上升至2012年的4.7%，但世界平均水平为24.1%。对此有关专家指出："天然气在一次能源消费结构中的比例，如果按照节能减排、应对气候变化以及降低煤炭在消费结构中比例的要求计算，在2020年达到10%到12%的话，那么即使当年天然气

① 《中国石油对外依存度涨至56%　创下历史新高》，见 http://finance.qq.com/a/20130205/000653.htm。

② 黄佳音：《创新思路　推进中俄油气合作》，《国际石油经济》2013年第7期。

③ 沈汝发等：《中国原油进口依存度首超警戒线　加剧能源安全风险》，《经济参考报》2010年3月29日。

产能达到2 200亿立方米，中国仍然有一半需要依靠进口，也就是说当年天然气消费量将在4 500亿立方米左右。”[①]由此看来，按照中国的能源消费趋势，未来中国的油气消费对外依赖度会越来越大。中俄能源贸易在中俄贸易中的地位和作用将愈益加强。

（三）合作意愿加深是中俄资源合作的基本保障

1991年苏联解体后，中俄关系步入稳步发展阶段。1996年4月，双方宣布建立“平等信任、面向21世纪的战略协作伙伴关系”；2001年7月，中俄签署《睦邻友好合作条约》；2012年6月，两国签署并发表《关于进一步深化平等信任的中俄全面战略协作伙伴关系的联合声明》；2013年3月，两国进一步达成《中俄关于合作共赢、深化全面战略协作伙伴关系的联合声明》，批准了《〈中俄睦邻友好合作条约〉实施纲要（2013—2016年）》。至此，中俄两国互为主要战略协作伙伴，是大国关系中最为成熟、最具建设性的国家关系，政治互信不断加强，战略协作与务实合作不断深化。[②]

在两国政治关系不断发展的同时，双方“政府导向型”的经贸合作模式逐步形成。在此基础上形成了一系列的机制建设，促进了双方的政治、经贸等领域的合作，这极大地加强了两国之间的经济合作意愿。所建设的机制包括：(1)首脑定期会晤机制。其中，在能源合作方面，中俄两国于2008年7月开启了中俄副总理级能源谈判机制，是中俄总理定期会晤机制在能源领域的延伸，以统筹安排和促进两国之间在能源领域的合作。(2)高层对话谈判机制。近年来，以外交手段解决贸易纠纷成为解决国家间贸易争端的一种有效方式。回顾过去，中俄之间的经济贸易纠纷也是通过外交途径和高层对话的机制加以解决，其中两国财长对话发挥了重要作用，成为中俄两国高层对话机制的主要体现。(3)贸易协调磋商机制，即解决贸易争端和磋商协调的主要机制。该贸易磋商机制在两国元首定期会晤机制基础上，对于两国在经贸合作过程中产生的纠纷、矛盾与问题，双方政府通过制定相应的政策，以磋商的手段和方式予以调节。

除上述合作机制外，中俄之间还建立了地方领导人对话机制和地方合作

---

① 《中国未来天然气一半靠进口　专家吁制定长远战略》，见 http://www.chinanews.com/ny/2011/08-17/3265584.shtml。

② 王海运：《中俄能源合作的有利因素与制约因素》，《俄罗斯学刊》2011年第3期。

机制。中俄相继建立的多形式、多渠道的沟通与合作机制，为双方能源合作提供了重要机制和政治保障。对此时任中国国务院总理温家宝指出："中俄在能源领域开展全面、长期、稳定的合作，是两国战略协作伙伴关系的重要内容，是两国政治互信、双边关系稳定发展的必然结果。"①

（四）国际能源格局变化是中俄能源合作的催化剂

冷战结束后，经济全球化和地区经济一体化迅猛发展，各国在经济上相互合作，相互依赖不断加深。与此同时，能源市场的全球化也在加强，全球各地区、国家之间，无论是能源消费国还是生产国，以及消费国内部和生产国内部之间的相互依赖都在加深，促使国家间的能源关系从早期的"零和博弈"向"相互依赖与合作"的模式转换。②

伊拉克战争爆发后，石油业的全球化趋势进一步加强，国际能源格局加速调整。石油进口国和消费国积极推行多元化，即世界石油消费国，特别是美国、中国这样的石油消费大国，积极实行石油进口多元化政策，摆脱对单一石油供应国的依赖，在全球寻找更多的供给来源地；世界主要石油生产国则积极实行石油出口多元化政策，在全球寻找更多的能源消费市场，摆脱对单一市场的依赖，提升本国在石油市场中的地位。美国发动伊拉克战争的目的之一，是改变长期对沙特阿拉伯石油供应依赖的局面，控制伊拉克的石油资源，从而服务于自身的能源战略；欧洲国家则是试图摆脱对俄罗斯能源的过分依赖，扩大从非洲及中东地区的石油进口；而中国的能源主要进口来源地为中东地区，伊拉克战争使中国进一步认识到需要转变能源进口来源单一化的局面，避免个别地区的地缘政治冲突对中国能源安全的威胁，这促使中国更为积极地开展与中亚以及俄罗斯等东欧国家的能源合作。

长期以来，俄罗斯的石油出口地主要在欧洲地区，然而欧洲国家进口多元化的战略转变以及美国在中东地区的能源布局，迫使俄罗斯重新考虑能源出口战略，实施出口市场多样化策略。随着亚太地区经济在全球重要性的提高，俄罗斯也更加重视对亚太的战略。在亚太地区，石油主要消费国为中日韩三国，日、韩作为经济发展方式相对成熟的经济体，其能源需求拓展的空间有限，

---

① 《中俄启动能源谈判机制　开展全面长期稳定合作》，见 http://www.chinanews.com/gn/news/2008/07-26/1325318.shtml。

② 余建华：《全球能源战略格局的可能演进》，《文汇报》2011 年 8 月 29 日。

因此从市场占有的角度出发，俄罗斯需要加强同中国的能源合作，增加其在中国能源消费中的份额。

需要指出的是，21 世纪以来，随着美国页岩气开采技术的逐步成熟，页岩气革命对国际能源格局造成冲击可能给中俄能源合作带来机遇。其一，在页岩气革命的催化作用下，美国凭借资源主导优势在能源外交方面有了更多主动权，未来美国将会与俄罗斯争夺天然气贸易伙伴，排挤它在欧亚大陆的能源供应垄断地位。①面对美国的竞争，俄罗斯必然会采取更为积极的态度考虑与中国的能源合作问题。其二，页岩气革命提高了美国的天然气产量，未来在美国天然气出口的冲击下，俄罗斯在欧洲天然气市场的强硬定价权以及市场份额将继续遭到削弱。而且，在页岩气开发新技术的带动下，欧洲丰富的页岩气资源可能得到释放，对俄罗斯天然气的依赖会下降。这种能源格局演变所带动的市场供求局势的变化，会促使俄罗斯更加重视中国市场。其三，页岩气革命会导致全球天然气价格下降，在此背景下，中俄之间关于天然气合作的价格分歧可望得到更好、更快的解决。

四、中俄资源合作的前景

在上述因素的驱动下，中俄能源合作保持稳定发展。著名学者卜若柏认为，中俄能源合作是俄罗斯对欧洲经济萎缩的反应。中国拥有足够的资本推动其能源进口多元化战略。尽管中俄双方之前在石油管线协议签订过程中出现过波折，但中俄两国的有识之士都清醒地认识到，中俄能源合作不仅有利于两国的国家利益，而且有利于世界的稳定和安全。对此，俄罗斯科学院经济研究所第一副所长索罗金认为，从对外经济合作多元化的角度看，建设东西伯利亚到中国大庆的分支石油管道“对俄罗斯是有益的”。索罗金认定，“中国是可靠的伙伴，对俄罗斯的能源经济来说，中国是有发展前途的消费国”。②

但是，在中俄能能源合作中，仍然存在一些短期内较难消除的障碍。

（一）俄罗斯对中俄资源合作仍心存疑虑

由于历史上的领土争端、政治理念分歧等问题，“中国威胁论”等在俄国以

---

① 崔守军：《页岩气革命推动世界能源格局调整》，《东方早报》2013 年 3 月 19 日。

② 栗国强：《打造中俄能源共同体》，《现代工业经济和信息化》2013 年第 7 期。

及苏联时期就已广泛传播，[①]至今仍然是影响中俄能源合作的一个因素。由于中俄经济实力差距、地缘政治因素以及西方的舆论导向等，导致俄罗斯从民众到官员中的部分群体（主要是亲西方人士和极端民族主义者）心理失衡，使“中国威胁论”在俄难以根除。这种“中国威胁论”主要目的就在于阻挠中俄经贸合作，在资源合作方面主要体现为：担心中国控制俄罗斯的能源市场，减少对中国的能源供应，避免成为中国崛起的原料附庸国。对此，尽管俄总统普京多次在不同场合驳斥这种观念，并表示“中国不构成威胁，我们长期为邻，知道如何互相尊重”。然而，对于日益强大的中国，俄部分官员还是颇感担忧，导致对华能源合作采取不积极、不合作的姿态。

（二）俄罗斯对中国资本进入资源领域的限制

俄罗斯是中国能源来源的重点地区，对俄能源进行投资开发或合作开发，是中国能源战略的重要组成部分。目前，俄罗斯资金短缺，不仅无力更新能源的基础设施，还需要投入巨资开发新的油气田，以提高油气生产能力，弥补成熟油气田产量递减造成的缺口。特别是由于能源资源丰富的俄罗斯远东地区，自然条件严酷，油气单位产量成本较高，所需开发投资数额巨大，需要较高的油气实现价格。国际能源署报告称，在 2035 年前，俄罗斯仅维持产量就需要花费 7 300 亿美元。但是，当前世界经济复苏乏力，国际原油供过于求，国际原油价格呈现不断下跌的态势。加之普京坚持资源领域的国有化政策，限制外国石油公司参与俄能源领域的投资，俄油气行业面临的投资不足的问题将进一步加剧。从俄罗斯自身的投资环境看也还不尽如人意，尽管普京执政后俄罗斯投资环境有所改善，但尚存在阻碍俄罗斯投资环境的诸多因素，诸如政府效率较低、贪污腐败现象严重、各利益集团之间的恶性竞争、对外资进入战略性行业的排斥，以及最近时期因乌克兰事件导致的西方对俄罗斯的经济制裁等。

（三）中俄资源合作（特别是天然气贸易谈判）中的价格瓶颈

俄罗斯向中国出口能源的价格瓶颈长期来困惑两国的资源谈判，并被认为是“最难解决的问题”。以中俄西线天然气出口谈判为例。西线天然气之所以长期难以达成协议，其面临的最大障碍是价格瓶颈。俄天然气工业公司希

---

① 于鑫：《俄罗斯的“中国威胁论”：历史与现实》，《西伯利亚研究》2010 年第 6 期。

望将西线作为俄在欧洲和亚洲之间随时切换供气的工具。一旦西西伯利亚至中国新疆的 2 000 公里天然气管道建成,俄即可将出口至欧洲天然气的余量转运至中国,这使俄在与欧洲天然气买家谈判时占据优势。尽管中方认为,俄西线气价应低于东线气价,因为西线供气远离中国消费市场,且中国在这个方向还有其他可替代气源,但俄政府和俄气公司并不这样看,他们认为未来达成的东线供气价格公式将同样适用于西线。①最终,在乌克兰危机期间的 2014 年 11 月,中俄双方签署了政府间协议,计划在开始阶段通过西线每年对华供气 300 亿立方米。在中国石油天然气集团和俄罗斯天然气工业公司达成的协议中规定,俄方将从西伯利亚西部通过阿尔泰管道向中国每年供应额外 300 亿立方米天然气,为期 30 年。俄天然气工业公司首席执行官米勒表示,根据与中石油的协议,俄罗斯可能在 4—6 年内开始向中国供应天然气。

（四）美日因素对中俄能源合作深入发展的影响

美国一直把中国在俄的能源合作,看作是对美全球能源战略以及地缘战略的威胁。美国国会美中经济与安全评估委员会在 2005 年提交给国会的报告中指出:“中国日益增长的能源需求,特别是对石油进口的依赖,对美国构成了经济、环境和地缘战略等方面的挑战。”②为了应对这一挑战,美国曾以美俄能源合作为由,极力阻挠中国与俄罗斯、中亚等国能源合作计划的实施,挑拨双、多边关系,试图通过控股、参股等形式,控制中国油气供应的俄罗斯和中亚源头。

除美国之外,日本也是影响中俄资源合作的一大障碍。英国牛津能源研究所著名能源问题专家白根旭教授解释,俄罗斯希望其亚洲出口市场多元化,而不仅仅依赖中国。例如东西伯利亚—太平洋石油管道(ESPO)项目,俄最终决定将管道修建至科兹米诺港,以向日本、韩国和美国等出口原油,只修建斯科沃罗季诺至大庆的支线向中国出口原油。在天然气出口方面,俄也采取相同的策略,提出在符拉迪沃斯托克(海参崴)建设液化天然气出口项目,希望借此建立向亚洲买家出口液化天然气的基准价格。中俄石油管道安大线的搁浅在很大程度上就是日本搅局的结果。为了与中国争夺俄罗斯的油气资源,日

① 黄佳音:《创新思路　推进中俄油气合作》,《国际石油经济》2013 年第 7 期。
② 王联合:《竞争与合作:中美关系中的能源因素》,《复旦学报》(社会科学版)2010 年第 2 期。

本充分利用自身的资金和技术优势拉拢俄罗斯，为俄罗斯提供资金支持以及各项技术援助，同俄罗斯签订诸多油气开发项目协议。

对中俄能源合作前景担忧的论点，会对两国的能源合作产生一定影响。但笔者认为，两国之间的能源合作趋势将会持续，其主要依据如下：

首先，地缘经济毗邻是中俄能源合作的刚性优势。根据区域经济学的有关理论，选择能源丰富而距离较近的地区作为能源供应地，可节省能源运输时间，提高物流速度，降低运输成本，增加经济效益，减少运输风险。①中俄两国地理位置毗邻，长达 4 300 公里的共同边界将两国紧密相连。目前，中国能源进口主要来源地首先是中东，其次是西(北)非，最后是俄罗斯及中亚地区。相比其他国家，俄罗斯的地理优势明显。俄罗斯的资源主要分布在西伯利亚地区，随着俄远东港口的不断开放，中俄能源运输距离会缩短，能源运输的成本和风险也会大幅降低。另外，管道运输是国际货物运输方式之一，相对海运或陆运而言，具有运量大、不受气候、地面以及人为等因素限制、可连续作业以及成本低等优点，特别是对于具有易燃易爆特性的油气运输而言，管道运输更具安全性高、密闭性强的特点。在运输成本方面，尽管管道运输的成本高于海运，但远低于陆运。交通运输协会有关专家通过计算得出，与修建同一长度的铁路相比，沿着中国成品油流向建设一条长 7 000 公里的管道，它所产生的社会综合经济效益，仅降低运输成本、节省动力消耗、减少运输中的损耗 3 项，每年就可以节约资金数十亿元。②

目前，作为俄罗斯“东西伯利亚—太平洋”石油管道的支线，中俄石油管道已投入运营，始于俄远东斯科沃罗季诺原油分输站，经中国漠河入境，止于大庆站，管道全长约 1 000 公里。在天然气管道方面，截至 2014 年底，俄已经确定将修建东、西两条通往中国的天然气管道。东线管道将萨哈林地区开采的天然气，经俄远东地区输送到中国东北地区。西线“阿尔泰”管道设计全长 2 800公里，预计 2015 年完工，建成后将运送西西伯利亚开采的天然气，由俄罗斯阿尔泰共和国出境，进入中国新疆，并与西气东输管道相连。上述两条管道总输气量为每年 680 亿立方米。相比而言，中国从西非或中东地区进口能源

---

① 韩立华：《中俄能源合作若干问题探索》，《西伯利亚研究》2006 年第 2 期。

② 央视网：《中俄石油管道可绕赤道 1 周半 管道成第五大运输业》，见 http://finance.cctv.com/20090427/102796.shtml。

的运输距离长达上万公里，以海运为主，运输风险与运营成本增大。

其次，中俄能源合作是两国经济利益诉求的基本体现。就俄罗斯而言，能源出口是拉动其经济增长的重要动力。1995 年以来，能源出口在俄贸易总出口中的比例逐年升高，1995 年为 43.1%，2000 年为半壁江山，目前该比例已上升至 70.3%；就能源贸易对 GDP 的贡献率而言，1995 年能源贸易对俄 GDP 的贡献率为 8.2%，1999 年大幅提高至 15.4%，此后这一比例呈现稳步上升趋势，最高时为 2005 年的 19.3%，截至 2012 年这一比例达 18.1%。另外，俄政府预算收入的 54%、外汇收入的 45%来自能源产业，政府制定年度预算时首先要考虑国际能源市场价格的走势。[①]由此可见，能源出口对于俄经济发展至关重要。而且从俄能源政策的未来走向看，能源对于俄经济的作用仍然难以忽视。

从中国的角度看，资源问题已成为中国经济发展的掣肘。中国人均能源消费量逐年提高，能源消费总量仅次于美国。2013 年 4 月，联合国环境规划署的报告指出，亚太地区已成为全球资源消耗最高的地区，按照现有的消耗速度，其资源基础将不足以支撑快速增长的经济和不断变化的生活方式。中国是亚太地区物质资源消耗增长最快的国家，2005 至 2008 年间，人均物质资源消耗量上升了 25%，其物质资源、特别是石油净进口国的地位进一步强化。[②]由此可见，中俄能源合作符合两国未来的经济利益诉求，而经济利益的一致性将推动两国能源合作不断发展。

最后，页岩气革命将为中俄能源合作提供机遇。金融危机后，随着美国页岩气开采技术的逐步成熟，页岩气革命对天然气出口国的俄罗斯构成威胁。据美国能源信息管理局数据，2015 年美国天然气产量将超过俄罗斯，跃居全球第一，而价格只相当于欧洲市场的1/3。[③]页岩气革命对中俄能源合作既是挑战，更是机遇。美国的页岩气革命或许可从以下几方面促进中俄能源合作：其一，在页岩气革命的催化作用下，美国凭借资源主导优势在能源外交方面有了更多主动权，未来美国必将与俄罗斯争夺天然气合作伙伴，挑战俄在欧亚大陆

---

① 网易财经：《能源：俄罗斯国力的生命支柱》，见 http://money.163.com/09/0107/19/4V337A5900251LBO.html。

② 联合国新闻：《环境署：亚太物质资源消耗世界最高》，2013 年 4 月 24 日，见 http://www.un.org/chinese/News/story.asp?NewsID=19669。

③ 中国石油新闻中心：《"天然气欧佩克"角力"页岩气革命"》，见 http://news.cnpc.com.cn/system/2013/08/13/001442318.shtml。

的能源供应垄断地位。[①]面对美国的竞争，俄可能会采取积极的姿态促进与中国的能源合作。其二，页岩气革命提高了美国的天然气产量，在美国天然气出口的冲击下，俄在欧洲天然气市场的强硬定价权以及市场份额将遭到削弱。在页岩气开发技术带动下，欧洲丰富的页岩气资源将得到释放，对俄天然气的依赖会趋于下降。这种能源格局变动所带来的市场供求变化，将有可能促使俄向中国出口天然气。其三，页岩气革命已经导致全球天然气价格的下降，在此背景下，俄也将考虑其天然气的产量、出口地域、成本与价格等，而中国将会在此轮的页岩气革命中获得更低的进口价格。

综上所述，得益于中俄之间资源禀赋的结构互补性、合作意愿和政治互信的加深、地缘经济毗邻、两国经济利益诉求与互利共赢的目的等因素，未来，中俄以能源合作为主体的资源合作，仍然能够在目前的基础上保持稳定。无论从经济基础、政治利益，还是结合区位和地缘因素而言，加强中俄能源合作都是彼此实现互利双赢的选择。总的看，相对于中俄两国广阔的资源合作空间与前景，中俄之间的合作尚有很大的拓展空间。这是因为，第一，中俄两国的资源合作目前主要是能源合作，而能源合作主要集中在石油贸易领域，电力、天然气、煤炭以及矿石等领域的合作相对滞后；第二，中俄贸易以能源贸易为核心，其他方面的资源合作及其技术合作相对匮乏；第三，中俄能源和资源领域的合作主要以政府间贸易为主体，民间与企业之间的合作规模较小；第四，由于中国经济快速发展的需要，中国对于俄罗斯的能源资源的出口颇感兴趣，但是对于其他领域的贸易和经济合作的兴趣相对较低，单纯以能源贸易方式来实现中俄能源合作，具有很大的脆弱性和较高的敏感性，俄罗斯方面对此始终抱有疑虑。之所以出现这些情况，原因颇多。其中最为主要的是被广为认可的“中俄两国之间的经济互补性”，即：中国是世界上最大的能源消费国，俄罗斯是主要的能源出口国，两国在能源领域的互补性明显而又现实。中国因其自身的能源结构、经济现代化的发展进程等所决定，需要俄罗斯的能源；俄罗斯因其拥有丰富的资源、拉动经济增长的需要、国际能源价格波动的推动等，能够实现向中国出口其资源。因此，双方很容易选择能源领域合作作为突破口。

从中俄能源合作的动因看，今后的发展道路曲折，前途可期。我们要用新

---

① 崔守军：《页岩气革命推动世界能源格局调整》，《东方早报》2013 年 3 月 19 日。

的思路去开拓市场，创新能源合作模式，这是两国能源合作进一步发展的基本思路。目前，中国企业境外资源合作有八种基本模式，即合资开发、股权购并、风险勘探、联营体、购买产能、租赁经营、工程换资源以及战略联盟。[①]在能源领域，中国自 1993 年开始实施“走出去”战略，政府通过提供优惠贷款等方式大力支持国有油气企业在全球开拓海外市场，以对外直接投资、兼并和收购等方式积极参与国际能源合作，也就是通常说的股权并购模式。然而，中俄能源合作只有在煤炭、电力等非主要能源领域实施了股权并购以及合资开发等模式，而在油气领域，由于俄罗斯严格限制外资参与俄油气资源开发，因此双方合作主要采取了普通的能源贸易方式。[②]近年来，中俄能源贸易形式有所创新，例如“贷款换石油”的方式已经成为中国获取俄石油资源的重要方法，这也是两国资源贸易与合作的一个重要突破。

但这种方法仍然只是注重贸易形式的变化，中俄资源合作方式还需从以贸易为主、转向贸易和项目共同投资、合作开发并重。因为，以能源贸易为主的贸易合作形式具有较大的脆弱性和敏感性，容易受到国际局势和各国政治因素的影响，而共同的投资与技术开发则能更好地将双方的利益联系在一起，加强彼此间能源合作的稳定性。目前，俄罗斯在欧洲和西西伯利亚地区的油田已过了开采峰值，位于远东的东西伯利亚地区虽然公认蕴藏着丰富的油气资源，但目前尚未进入实际的勘探开发阶段，在勘探开发、管道修建、产品出口等方面，俄罗斯亟需合作伙伴的技术与资金支持。因此，中国能源企业还需积极研究俄能源开发的相关政策法规，丰富中俄能源合作模式，将合作范围延伸至整个产业链上下游，提高彼此的利益共同性。

五、中澳资源合作的发展概况

历年来，中澳双边贸易基本保持着这样一个特征：中国向澳大利亚出口的产品以制成品为主；澳大利亚向中国出口的产品以能源和矿产品以及农产品等初级产品为主（见表 1.7），其中能矿产品（包括矿产和燃料）出口额在澳对华商品加服务出口总额中的占比由 2006 年的 47.8%升至 2013 年的 67.7%。这

---

① 何腊柏：《中国企业境外资源合作模式选择》，《世界有色金属》2010 年第 2 期。

② 夏义善：《中俄能源合作的现状和前景》，《和平与发展》2007 年第 3 期。

反映了中国能矿资源需求的不断攀升。

表 1.7　　澳大利亚与中国贸易额　　(单位:百万澳元)

对华出口

年份	初级产品						所有制成品	其他产品	服务	出口总额
	未加工食品	加工食品	矿产	燃料(能源)	其他初级产品	所有初级产品				
2006	492	368	10 338	980	2 252	14 430	2 471	3 474	3 327	23 702
2007	223	502	12 295	965	2 513	16 497	2 646	4 649	3 968	27 760
2008	369	751	21 949	1 281	2 395	26 745	2 423	3 169	4 780	37 117
2009	471	702	25 426	6 614	2 326	35 540	3 621	3 365	5 396	47 922
2010	689	889	39 357	7 033	3 037	51 004	3 482	3 936	5 683	64 104
2011	958	985	49 007	7 456	4 685	63 092	3 979	4 380	6 145	77 596
2012	1 477	1 121	43 476	9 252	4 805	60 132	3 817	9 025	6 287	79 260
2013	2 027	2 086	58 716	10 055	5 005	77 932	4 618	12 105	6 881	101 536

自华进口

年份	初级产品						所有制成品	其他产品	服务	进口总额
	未加工食品	加工食品	矿产	燃料(能源)	其他初级产品	所有初级产品				
2006	154	334	25	248	74	837	24 231	415	1 073	26 556
2007	160	393	35	60	86	733	27 790	491	1 309	30 323
2008	112	584	54	136	68	954	33 465	839	1 588	36 846
2009	133	615	25	181	75	1 029	34 259	492	1 458	37 238
2010	163	570	31	162	70	996	37 720	539	1 654	40 910
2011	170	645	80	184	75	1 155	40 272	717	1 886	44 030
2012	178	658	31	129	85	1 082	42 506	874	1 940	46 402
2013	191	742	31	142	95	1 201	45 348	701	2 079	49 329

资料来源:根据 Trade Advocacy and Statistics Section, Australia's Department of Foreign Affairs and Trade, *Australia's Trade with East Asia* 历年卷所供数据整理所得。

2009 年,中国超越日本成为澳大利亚最大的出口市场,且截至目前一直保持着这一地位。以 2013—2014 财年为例,澳出口到中国的商品金额约为 1 000.9亿澳元,占澳出口商品总额的36.7%。[①]事实上,能矿产品贸易在中澳双边贸易中占有举足轻重的份额。2013 年澳大利亚出口到中国的产品中,出口额列前十位的商品有多达八种属于能矿产品,分别是:铁矿石及其精矿、煤炭、黄金、原油、其他矿石及其精矿、铜矿砂及其精矿、铜、镍矿砂及其精矿[②](见表 1.8)。这八种能矿产品中,铁矿石及其精矿、煤炭、原油、铜矿砂及其精矿尤其是中国所短缺和急需的。除原油外,中国对澳大利亚的铁矿石及其精矿、煤炭、铜矿砂及其精矿都高度依赖,目前,中国自澳进口这三种能矿产品的数量在各自进口总量中的占比分别高达约 50%、20%和 40%。显然,澳输华能矿产品缓解了中国资源供应的紧张。

表 1.8 **澳输华前十大商品** (单位:百万澳元)

2013 年排名	商　　品	2011 年	2012 年	2013 年
1	铁矿石及其精矿	43 960	38 440	52 653
2	煤　　炭	4 543	6 783	9 082
3	黄　　金	1 284	5 529	8 074
4	铜	1 211	938	2 069
5	其他矿石及其精矿	1 845	1 549	2007
6	羊毛及其他动物毛	2 022	1 877	1 944
7	铜矿砂及其精矿	1 500	1 364	1 896
8	棉　　花	1 470	1 788	1 733
9	原　　油	2 902	2 448	946
10	镍矿砂及其精矿	553	921	846

资料来源:Economic Diplomacy, Trade Advocacy and Statistics Section, DFAT, *Australia's Trade with East Asia* 2013, DFAT, 2014, p.60.

① Economic Diplomacy, Trade Analysis and Statistics Section, Australia's Department of Foreign Affairs and Trade(DFAT), *Composition of Trade Australia 2013—14*. Canberra: DFAT, 2014, p.78.

② Economic Diplomacy, Trade Advocacy and Statistics Section, DFAT, *Australia's Trade with East Asia 2013*, Canberra: DFAT, 2014, p.60.

随着中澳两国能源和矿产品贸易合作的不断深入，双方在能矿资源方面的合作领域也在不断拓宽，合作形式趋于多样化。

中国是全球最大的煤炭生产国和消费国，澳大利亚是世界最大的煤炭出口国。煤炭是中澳两国消费量最大的一次能源。然而，在保障两国经济发展的同时，过度依赖煤炭致使能源利用效率低下，能源可持续供应能力堪忧，而且造成环境污染，导致气候恶化。因此，两国的能源结构都需要调整和优化。具体措施包括：加快能源技术发展，以提高能源利用效率、减少二氧化碳排放；开发可再生能源，以使能源体系多元化。澳大利亚在洁净煤、煤制清洁液体燃料、碳捕集和封存、风能、太阳能等方面的技术较为领先，中国则具备强大的设备制造能力、巨大的市场、廉价的劳动力等优势。上述因素为两国间开展清洁能源技术的合作提供了基础。此外，双方政府也大力搭建各种合作机制的平台，以促进和深化两国的能源技术合作。这些平台包括："中澳高层经济合作对话机制"、"中澳年度战略对话机制"、"中澳资源合作双边对话机制"与《中澳贸易与经济框架》、"中澳能源合作联合工作组"、"中澳煤炭峰会"与"中澳洁净煤技术联合协调小组"、"中澳气候变化伙伴关系"等。

除技术合作外，中澳能矿领域的另一合作形式是投资。澳大利亚以其丰富的能源和矿产资源、较为完备的矿业基础设施、不断加大的政府投入、趋于宽松的外资政策、稳定的政治经济环境、健全的法律体制，成为中国能矿企业进行海外投资的一大选择。

进入21世纪以来，中国经济的快速发展以及不断加速的城市化进程，使得能源的供需矛盾愈发突出。另外，全球海运铁矿石贸易几乎被澳大利亚必和必拓集团、力拓集团以及巴西淡水河谷公司这三大巨头垄断，使得中国在一年一度的铁矿石价格谈判中总是非常被动、举步维艰。于是，向日本和韩国企业学习，投资海外的能源和矿产资源，掌握上游资源，以维持资源价格的稳定，满足国内旺盛的资源消费需求，成为中国企业的必然选择。而2009年席卷全球的金融危机给中国企业提供了良好的投资契机。所以，全球金融危机期间迎来了中国企业投资澳大利亚能矿资源领域的高潮。

不容置疑，澳大利亚为中国经济的持续快速发展提供了有力的支撑，中国也为澳大利亚带来了可观的经济收益。双方在能矿资源领域的合作互利双赢，且在不断拓展和深化。

六、中澳资源合作的典型项目

如前所述，中澳资源合作既有能源合作，也有矿产资源合作。前者主要包括中澳煤炭、液化天然气、铀矿贸易和投资，以及清洁能源和可再生能源技术合作；后者主要包括铁矿、铜矿和铝矿产品贸易和投资等。中澳资源合作的典型项目如下：

（一）中澳合营恰那铁矿项目

1987 年 11 月，中国冶金进出口总公司（现中钢集团）与力拓旗下的哈默斯利铁矿公司签署了中澳合营恰那铁矿协议。项目总投资 4.2 亿澳元，中方持股 40%。恰那铁矿 1988 年初开工建设，1990 年建成投产。从中方角度看，按照协议规定，合营企业每年可为中国输送 1 000 万吨价廉物美的铁矿石。对澳方而言，合资企业为澳政府的各类税收以及国民就业作出了贡献。恰那铁矿项目为双方带来了可观的经济效益。鉴于合营期限为 20 年的恰那铁矿于 2011 年到期，对合营效果甚为满意的中钢和力拓于 2004 年启动项目延期谈判。2010 年 12 月，双方正式签署了恰那合营企业延期协议。根据协议，恰那铁矿项目自 2012 至 2017 年延续 5 年，其间恰那矿区将开采 5 000 万吨的铁矿资源，所产铁矿由中钢集团负责在中国市场销售。中澳合营恰那铁矿项目既是中国对澳大利亚铁矿业的首次投资，也是中澳合营企业的成功范例。

（二）大鹏项目

位于广东深圳大鹏湾的这一项目是中国首个进口液化天然气试点项目。经过 5 年的调研，1999 年末，大鹏项目正式批准立项。2002 年 8 月，澳大利亚液化天然气公司在竞标中击败来自卡塔尔和印度尼西亚的竞争对手，获得大鹏项目。同年 10 月，中海油与澳大利亚液化天然气公司签署了液化天然气购销协议，规定项目为期 25 年、年供气 330 万吨和总金额 250 亿澳元。这是截至当时澳大利亚史上最大的单一商品贸易合同。此外，大鹏项目框架内还设立了“中澳天然气技术伙伴关系基金”。这一由澳方企业以及联邦和州两级政府共同出资 2 500 万澳元的基金项目，旨在通过提供培训、奖学金资助、研究项目资助及技术转让便利等方式，加强和促进中澳两国在天然气和液化天然气行业的合作。大鹏项目中，中澳双方的合作几乎涉及液化天然气的整个产业链。自 2006 年投产营运以来，该项目既为澳带来每年 10 亿澳元的收入以及更多的中国订单,也为缓解中国燃气短缺、实施新世纪能源发展和能源安全战略以及提高液化天然气相关技术水平等方面作出了有益的贡献。因此,大鹏项目堪称中澳天然气合作的典范。

(三)高碑店热电厂二氧化碳捕集试验示范项目

2007 年 9 月 6 日,中国华能集团和澳大利亚联邦科学与工业研究组织在悉尼正式签署《关于洁净煤发电及二氧化碳捕集与处理等技术研究的合作框架》协议。根据协议,合作的研究课题涉及发电厂烟气二氧化碳的捕集与处理、煤气化技术、煤气净化技术等。利用上述技术,澳大利亚联邦科学与工业研究组织、华能集团及其下属的西安热工研究院在华能北京高碑店热电厂建设一座二氧化碳捕集试验示范项目。该项目是对高碑店热电厂进行碳捕集改造,设计二氧化碳回收率大于 85%,年回收二氧化碳能力为 3 000 吨。该项目已于 2008 年 7 月 16 日正式投产,项目是“中澳洁净煤工作组”的首个项目,也是中国第一个碳捕集示范项目。

(四)中电国际与源库资源煤炭合作协议

2010 年 2 月 6 日,由中国冶金科工股份有限公司承建、中国进出口银行提供贷款支持的澳大利亚源库资源公司旗下名为“中国第一”的动力煤项目,确定了最大用户——中国电力国际有限公司(简称“中电国际”)。源库资源与中电国际签订了预估金额 600 亿美元的煤炭贸易框架协议,在 20 年内,每年由“中国第一”动力煤项目为中电国际提供 3 000 万吨煤炭。“中国第一”动力煤项目位于澳大利亚昆士兰州,煤炭储量超过 10 亿吨,项目总投资超 70 亿美元,年产煤炭 4 000万吨。①这一协议是截至当时澳最大的出口合同和中澳最大的合作项目。

七、中澳资源合作的动因与条件

(一)互补的资源禀赋

比较中澳两国的资源禀赋,可以看出其互补性。

1. 资源数量和储采比

尽管中国拥有丰沛的能矿资源,但并非所有矿种都储量丰富,即使一些矿

---

① 新华网:《澳大利亚 600 亿美元煤炭拟售中国电力》,见 http://news.xinhuanet.com/fortune/2010-02/08/content_12951072.htm。

种资源量丰富，一旦计算人均资源拥有量时便低于世界平均水平。一方面，中国石油、天然气、铁矿、锰矿、铬铁矿、铜矿、铝土矿、钾盐等重要矿产或短缺、或探明储量不足，无法满足国内的需求；另一方面，中国巨大的人口数量意味着，即使矿产资源总量丰裕，矿产资源的人均拥有量也很少。例如，中国人均煤炭拥有量相当于世界平均水平的 50%，人均石油、天然气资源量仅为世界平均水平的 1/15 左右。①

而澳大利亚的能矿资源无论从数量（包括总量和人均数量）还是从储采比看，都名列世界前列，具有可持续发展的优势。我们仅以截至 2013 年的煤炭、石油和天然气三种一次能源为例，列表比较两国资源储采比的差异：

表 1.9　　中、澳与世界能源资源储采比　　（单位：年）

	中　国	澳大利亚	世界平均
煤　炭	31.0	160.0	113.0
石　油	11.9	26.1	53.3
天然气	28.0	85.8	55.1

资料来源：根据 BP Statistical Review of World Energy June 2014 数据整理所得。

表 1.9 显示，中国的能源资源储采比远低于澳大利亚和世界平均水平，难以持续满足国内不断攀升的能源消费需求。

2. *矿藏规模*

中国的矿产矿床以中、小型矿和坑采矿居多，而大型、超大型矿和露采矿较少。中国拥有大型、超大型矿床的大多是钨、铝、锑、镍、铅锌、稀土、石墨、菱铁矿等矿产，而一些重要的支柱性矿产，如铁、铜、铝、金、石油、天然气等，却多为中小型。这一因素制约了矿产开发的规模，难以形成较大的产量。相较而言，澳大利亚有不少矿藏属于大型甚至超大型，如南澳州的奥林匹克坝矿是世界级的矿床。矿藏规模直接影响矿产开发的规模，中澳矿藏规模的这一差异，意味着资源开发效率和经济效益的差异。

3. *资源质量*

中国多数矿石的品位较低，贫矿多、富矿少，且以成分复杂的共生、伴生矿

---

① 中华人民共和国国务院新闻办公室（中国国新办）：《中国的能源状况与政策》，中国国新办 2007 年版。

居多。金矿、钾盐、石油、铅矿、锌矿的质量为中等，而煤炭、铁矿、铜矿、锰矿、铝土矿、硫矿、磷矿的品位很差。中国有 80 多种矿产是共生、伴生矿，以有色金属最为普遍。这样的资源质量增加了矿产开采和加工的技术难度以及成本。而澳大利亚多数矿石的品位较高。以澳输华数量最多的两种能矿产品铁矿石和煤炭为例，中国 95%以上的铁矿为贫矿，含铁量 30%左右，澳铁矿石品位高，含铁量超 60%；中国的煤炭品位较差，澳黑煤具有灰分低、硫分低、热值高的优点。

4. 资源开采条件

中国大多数铜矿、镍矿和铝土矿都是坑采，可露采的矿产较少；煤炭的地质开采条件也较差，大部分需井下开采，只有少量可露天开采；石油和天然气资源的地质条件也颇为复杂。相比之下，澳大利亚的资源开采条件较好。仅以黑煤为例，全澳约 79%的黑煤矿藏是露采矿。①较之井采，露采具有建设速度快、易开采、劳动生产率高、成本低、劳动条件好、安全性高、矿石回收率高等诸多优点。

5. 资源产区与加工消费区地理分布

中国矿产资源分布不均衡，产区与加工消费区错位。中国部分重要的矿产分布非常集中。例如，90%的煤炭查明资源储量富集于华北、西北和西南，这些地区的工业产值却低于全国工业总产值的 30%，而东北、华东和中南地区的煤炭资源仅为全国的 10%左右，其工业产值却占全国的 70%以上。石油、天然气资源主要赋存于东、中、西部地区和海域。此外，磷矿查明资源储量中有 70%集中在云南、贵州、四川和湖北，铁矿则主要集中在辽宁、河北、四川和山西。而中国主要的能源消费地区集中在东南沿海的经济发达地区，资源赋存与能源消费地域存在明显的分离。因而大规模、长距离的北煤南调、西煤东运、西电东送和南磷北调的能源流向特征和能源运输格局将长期存在。②总体而言，澳大利亚诸多能矿资源分布于沿海地区，便于将能矿产品从各沿海港口出口到世界各地，尤其是资源丰沛的西澳州距东亚相对较近，处于向中、日、韩

---

① Geoscience Australia, *Australia's Identified Mineral Resources 2012*, Canberra: Geoscience Australia, 2013, p.20.

② 中华人民共和国国务院新闻办公室（中国国新办）：《中国的能源状况与政策》，中国国新办 2007 年版。

等亚洲重要资源进口经济体输送资源的有利地位。

（二）互补的资源供需结构

国民经济的基础是能源，要继续保证中国经济持续稳定地发展，能源生产与消费的稳步快速发展至关重要。1949 至 2012 年中国一次能源生产与消费见图 1.6。

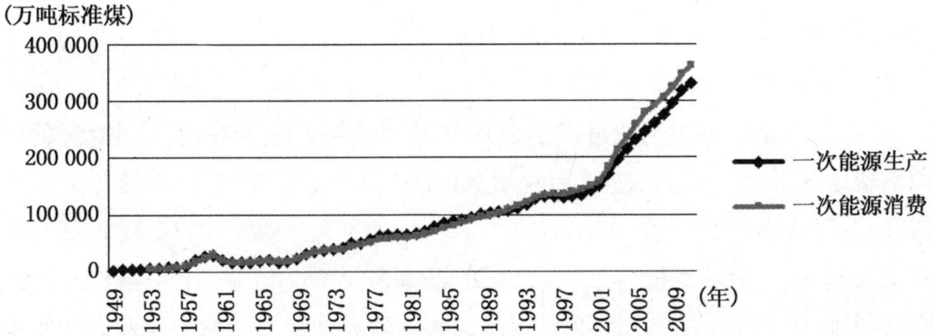

图 1.6　1949—2012 年中国一次能源生产与消费

资料来源：根据历年《中国统计年鉴》所供数据整理绘制而成。

图 1.6 揭示，2012 年中国一次能源生产量是 1949 年的近 140 倍，是 1953 年的近 64 倍，2012 年中国一次能源消费量是 1953 年的近 67 倍。自新中国成立到 1990 年代初，中国能源生产基本能满足国内的能源消费需求，但自 1992 年起，中国每年的能源消费量开始赶超能源生产量。进入 21 世纪后，中国的能源消费量更是增长迅猛，过去十年间，能源消费量增加了一倍多，年均增速近 9%。目前，中国是世界最大的能源消费国。2010 年，中国一次能源消费总量为 24.32 亿吨油当量，占世界能源消费总量的 20.3%，较之于 2009 年增长了 11.2%，①首次赶超美国成为全球一次能源消费最多的国家。目前，中国所处的重工业化时期、持续加速的城市化进程与巨大的人口数量、中国作为世界制造基地的地位共同促使中国的能源生产与消费不断快速增长。当国内能源产量满足不了能源消费需求时，中国就不得不将目光投向海外。

澳大利亚拥有丰富能矿资源、先进的能矿勘探开采技术、强大的能矿生产能力以及较少的人口。这意味着其能矿产量远大于消费量，有大量多余的能

---

① BP, *BP Statistical Review of World Energy June 2011*, London: BP, 2011.

矿产品供出口创汇。

中国能矿资源供不应求与澳大利亚能矿资源供大于求的这一互补的状况构筑了两国间资源合作的供需背景。

（三）资源运输条件

其一，将中国煤炭资源区的煤炭运到消费区，主要依靠铁路、公路、沿海和内河水运，尤以铁路运输为主，煤炭运输占据近一半的全国铁路运力，给中国铁路运输带来巨大压力。通过海运自澳大利亚等煤炭出口大国将煤炭输往中国东部沿海地区不失为经济有利的选择。

其二，中国自澳大利亚进口的能矿产品都经海路运至中国东部沿海的能源消费地区，不必转运。造船和建液化天然气接收站，较建管道的花费少许多，既节省成本，又避免了管道运输可能造成的沿途环境问题、损耗和对管道安全的担忧。此外，经海运进口的澳大利亚能矿产品，沿途并非海盗经常出没之海域，风险较小。①除安全因素外，澳大利亚较其他巴西等资源供应大国距离中国更近，这一地缘优势能节省运费、降低中国的进口成本，因此使澳资源出口更具有竞争力。

（四）互补的经济结构

中国与澳大利亚在经济结构上存在较强的互补性。中国经过改革开放30多年的发展，在耐用消费品和机械制造方面具有比较优势，被称为“世界工厂”。由于对外贸易的发展，积累了大量的外汇储备，可以用于购买能矿产品和进行海外投资。而澳大利亚是资源出口型国家，除能矿产业外，农业和服务业也较为发达，并且在清洁能源和可再生能源的技术研发方面具有优势。但其制造业较弱，竞争力不强。②中澳两国在经济结构方面有各自的比较优势，使双方的能矿资源贸易、投资以及清洁能源和可再生能源技术合作成为可能。此外，澳大利亚市场经济规范，法制健全，因而有些问题无需政府出面也能解决，这利于两国经济合作关系的稳定和发展。

---

①② 侯敏跃、韩东涛：《中俄、中澳能源合作比较研究——合理性、有效性、可持续性探析》，《俄罗斯研究》2012年第1期。

第二章 中俄资源合作主要领域

随着中国经济的快速发展，中国对资源的消耗越来越大，资源问题已成为中国经济发展的掣肘。2005至2008年间，中国的人均物质资源消耗量上升了25%，其物质资源进口国的地位、特别是石油净进口国的地位进一步强化。① 2014年中国进口原油3.08亿吨，为历年最高，石油对外依存度升至60%；2011年中国超越日本成为世界最大的煤炭净进口国，近年来年均进口量约3亿吨，对外依存度约8%；2014年中国进口天然气590亿立方米，对外依存度32%。可见，一方面，能源进口对于当前中国经济发展非常重要；另一方面，中国资源短缺的瓶颈也制约着中国经济的长远发展。在此情形下，与资源大国俄罗斯开展资源合作，成为中国对外资源合作的重要内容和课题。

第一节 中俄资源合作：结构、战略与政策

20世纪90年代初中期，中俄石油贸易进展缓慢，主因有三：(1)中国当时的石油消费需求有限，原油进口大部分来自中东地区；(2)当时中俄石油输送途径主要是铁路，铁路运输成本较高，俄向中国运输原油的能力不足，导致中国从俄进口原油的份额不高；(3)中国当时的能源供给尚能保障经济增长，能源需求不十分紧张。1995年以后，中俄能源合作逐步进入实质性合作阶段。当年，俄罗斯能源代表团应中石油公司邀请访华，与中石油、国家计委、国家电力部就开展两国能源合作进行磋商，并签署了《中俄两国石油部门建设石油天

① 联合国新闻：《环境署：亚太物质资源消耗世界最高》，2013年4月24日，见 http://www.un.org/chinese/News/story.asp?NewsID=19669。

然气管道的会谈纪要及合作备忘录》。这是苏联解体后中俄两国能源合作的标志性事件。

一、中俄资源合作的结构

中俄贸易在规模上渐趋扩大，贸易额逐年上升。2002 年到 2013 年间，双边贸易额从 120 亿美元增加到 892 亿美元。中国为俄第一大贸易伙伴，俄罗斯是中国内地第十大贸易伙伴（见表 2.1）。

表 2.1　　2013 年中国内地与前十大贸易伙伴贸易概况

	进出口额（亿美元）	出口额（亿美元）	进口额（亿美元）	与上年相比增长（%）		
				进出口	出口	进口
美　国	5 210.02	3 684.27	1 525.75	7.5	4.7	14.8
中国香港	4 010.07	3 847.92	162.15	17.5	19.0	−9.3
日　本	3 125.53	1 502.75	1 622.78	−5.1	−0.9	−8.7
韩　国	2 742.48	911.75	1 830.73	7.0	4.0	8.5
中国台湾	1 972.80	406.44	1 566.36	16.7	10.5	18.5
德　国	1 615.62	673.58	942.04	0.3	−2.7	2.5
澳大利亚	1 363.77	375.60	988.17	11.5	−0.4	16.8
马来西亚	1 060.75	459.33	601.42	11.9	25.8	3.1
巴　西	902.78	361.92	540.86	5.3	8.3	3.4
俄罗斯	892.12	495.74	396.18	1.1	12.6	−10.3

资料来源：中国海关网站，http://www.customs.gov.cn/tabid/2433/InfoID/690424/frtid/49564/Default.aspx。

中俄资源合作，以两国间能源资源进出口构成贸易结构；就资源结构而言，中俄资源合作主要集中在石油、天然气和煤炭等的能源资源领域。也就是说，中俄贸易结构主要表现为：俄罗斯向中国出口石油、天然气、矿产等的资源型产品，从中国进口机电和轻纺产品。以 2013 年为例，俄罗斯向中国出口的前五大类商品为矿产品、木材及其制品、化工产品、机电产品和动物产品；自中国进口的商品中，机电产品的比重最大，占比达 45.5%，进口额为 234.96 亿美元，其次是纺织品、玩具、家具、杂项制品、鞋靴、伞、皮革制品、箱包等劳动密集型产品，占比达 23.8%。

表 2.2　　2013 年俄罗斯对中国主要出口商品

商品类别	贸易额(亿美元)	同比增长(%)	占比(%)
矿产品	86.07	−45.5	51.7
木及制品	22.30	8.2	13.4
化工产品	15.84	−35.1	9.5
机电产品	11.39	12.4	6.8
活动物和动物产品	10.22	9.9	6.1
纤维素浆和纸张	7.55	−0.1	4.7
塑料、橡胶	5.07	−1.0	3.1
贱金属及制品	3.61	6.3	2.2

资料来源：中国商务部网站，http://countryreport.mofcom.gov.cn/record/view110209.asp?news_id=38037。

表 2.3　　2013 年俄罗斯自中国主要进口商品

商品类别	贸易额(亿美元)	同比增长(%)	占比(%)
机电产品	234.96	2.1	45.5
纺织品及原料	51.61	7.9	10.0
贱金属及制品	40.90	−0.3	7.9
家具、玩具、杂项制品	33.66	1.9	6.5
鞋靴、伞等轻工产品	29.14	−0.1	5.6
运输设备	26.28	−13.1	5.1
塑料、橡胶	24.17	−1.9	4.7
化工产品	18.01	5.0	3.5
陶瓷、玻璃	11.50	1.2	2.2
光学、钟表、医疗设备	11.27	−2.5	2.2
皮革制品、箱包	8.56	3.1	1.7
植物产品	8.39	8.2	1.6

资料来源：中国商务部网站，http://countryreport.mofcom.gov.cn/record/view110209.asp?news_id=38038。

近年来，中俄两国能源合作主要体现为能源贸易及其数额的不断提高。21 世纪，俄罗斯对中国的能源出口额以及在其能源总出口中的比例，呈现出逐年提升的基本态势。1995 年俄罗斯对中国能源出口额为 341.23 万美元，2008 年增至 110.7 亿美元，随后受国际金融危机的影响，2009—2010 年出口额有所下滑，但近两年来大幅反弹，2012 年俄对华能源出口额达到约 249 亿美元。

在出口比例方面，1995 年，中国在俄罗斯能源出口中的比例仅为 0.1%，普京执政后，俄不断加大对华能源出口，2008 年的占比上升至 3.6%，2012 年进一步达到 6.57%。然而，横向比较，俄罗斯的能源出口仍然主要指向发达国家，特别是欧盟地区。作为俄罗斯的第一大出口贸易伙伴，2012 年荷兰占俄罗斯能源出口的比例达 18.1%，出口额为 666.1 亿美元，约为中国的 2.7 倍。普京执政以后，伴随着俄能源出口战略的调整，俄在中国能源进口中的比重不断上升，2006 年升至 7.42%；2007—2010 年，俄在中国能源总进口中的占比再次呈现下降态势，从 2007 年的 6.30%降至 2010 年的 5.44%；2011—2012 年，在中俄能源谈判取得重大进展的推动下，俄罗斯在中国能源进口中的比重逆转上升，2011 年为 8.25%，2012 年为 7.95%。

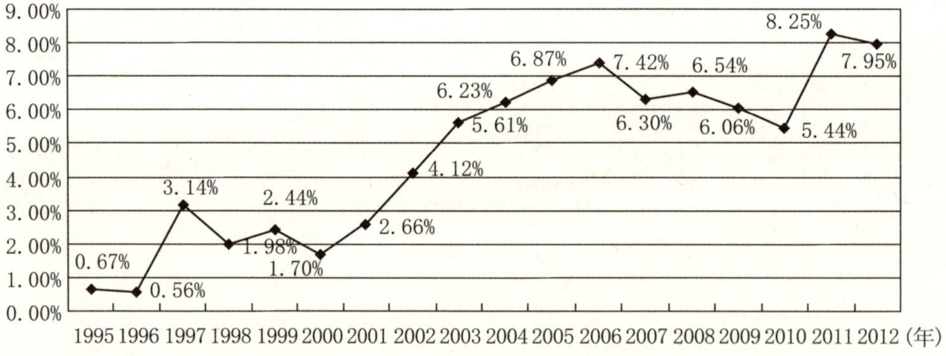

图 2.1　俄罗斯对中国能源出口占中国能源总进口的比例

资料来源：笔者根据联合国贸发会议数据库相关数据整理。

以 2012 年为例，俄罗斯在中国主要能源资源进口中的地位如下：中国石油进口的十大来源国依次为：沙特、安哥拉、俄罗斯、伊朗、阿曼、伊拉克、委内瑞拉、哈萨克斯坦、科威特、阿联酋，俄罗斯为第三位；其中，沙特占中国石油总进口的份额为 19.89%，俄罗斯所占份额为 8.98%；中国天然气进口的十大来源国依次为：土库曼斯坦(51.4%)、卡塔尔(16.4%)、澳大利亚(11.7%)、印度尼西亚(8.0%)、马来西亚(6.1%)、也门(2.0%)、俄罗斯(1.2%)、尼日利亚(1.0%)、埃及(1.0%)、特立尼达和多巴哥(0.5%)，其中土库曼斯坦为管道气，其他国家均为液化天然气，俄罗斯为第七位；中国煤炭进口主要来源国依次为：印度尼西亚(40.7%)、澳大利亚(19.64%)、蒙古(7.37%)、俄罗斯(7.24%)、越南(5.99%)、南非(5.57%)、朝鲜(4.5%)、美国(3.66%)、加拿大(2.8%)、哥伦比亚(1.05%)，俄罗斯为第四位。

就中俄两国间能源合作种类构成而言，图 2.2 显示，俄对华能源出口以石油为主，能源合作结构较为单一。以贸易数额衡量，1997—2008 年间，石油占中俄能源合作总额的比例始终保持在 95%以上，最高时为 2008 年的 99.82%；2009—2012 年，中俄煤炭资源合作有所发展，石油占比下降，其比重稳定在 90%左右。2014 年，中俄之间的天然气合作取得了长足的进展，由此转变了过去多年中俄天然气贸易进展缓慢的局面。中俄能源合作之所以不断进展的一个重要原因是：中国经济的发展使其对能源产品的需求增加，特别是中国经济的粗放式发展，导致中国的能源消费量和需求量增速加快，能源的对外依存度不断提高。

图 2.2　俄罗斯对中国的能源出口结构

资料来源：笔者根据联合国贸发会议数据库相关数据整理。

中俄之间的能源合作，推动了俄罗斯的能源开发、生产与出口，这不仅使俄罗斯经济受益，而且也缓解中国的能源饥渴、助推中国经济的发展，因而合作的双方都是赢家。

二、中俄资源合作的战略

中俄两国在国家战略目标上，具有相似或相同的强国梦。中国继续坚持"两个一百年"的国家奋斗目标，中国共产党成立100年时全面建成小康社会的目标，新中国成立100年时中华民族实现伟大复兴的梦想。俄罗斯不断充实国家发展目标，力求成为具有世界影响力和竞争力的大国。2013年2月颁布的《俄罗斯联邦外交政策构想》提出的俄外交目标之一是："巩固在国际社会中的牢固和权威地位，这种地位应在最大限度上符合俄罗斯联邦作为一个大国、当今世界的一个势力中心的利益。"①因此，在国家发展的大战略目标上，中俄两国具有趋同性。这是阐述中俄资源合作的战略和利益的出发点。

（一）双方共同利益诉求是中俄能源合作的战略基础

在求发展成为两国国家战略目标的背景下，中俄能源合作集中体现了两国的经济发展战略的需求，成为双方经济利益的重要交汇点，也成为两国合作的基础。能源在俄罗斯经济中的地位举足轻重，俄能源行业的产值占国内生产总值的1/4和全国工业总产值的1/3，其收入占联邦财政预算收入的近一半，其出口创汇额也占全国的近一半。因此，在两国的经济关系方面，俄能为中国提供经济发展的能源保障。特别是2014年俄乌冲突与西方对俄经济制裁后，俄加大开辟亚太市场，扩大同东方主要是对华能源合作。在《中华人民共和国与俄罗斯联邦关于全面战略协作伙伴关系新阶段的联合声明》中，双方政府将两国的资源合作列为首要合作方向，指出"建立全面的中俄能源合作伙伴关系，进一步深化石油领域一揽子合作，尽快启动俄对华供应天然气，以开发俄境内煤矿和发展交通基础设施等方式扩大煤炭领域合作，积极研究在俄建设新发电设施，扩大对华电力出口"。②

能源资源对俄经济命脉至关重要。第一，能源出口支撑着俄罗斯的经济

---

① 《俄罗斯联邦外交政策构想》(俄罗斯政府2013年2月颁布)，钟忠、宋世益、熊伊眉、卢敬利译，见 http://www.cetin.net.cn/cetin2/servlet/cetin/action/HtmlDocumentAction?baseid=1&docno=149560。

② 新华网：《中华人民共和国与俄罗斯联邦关于全面战略协作伙伴关系新阶段的联合声明》，见 http://news.xinhuanet.com/world/2014-05/20/c_1110779577.htm。

增长，是俄国家预算收入的主要来源；第二，依靠能源出口俄获得大量石油美元，提前3年半（于2005年1月）偿还了国际货币基金组织的债务，并积累了巨额的外汇储备，使得俄有能力维护经济主权，并提高了其经济政策的独立性和强硬性；第三，能源成为俄外交的"利器"，以及俄与国际组织（如国际货币基金组织、世界银行）、世界大国（如美国、中国）和欧洲地缘国（如欧盟、中东欧国家以及一些独联体国家）进行政治经济交往的筹码，使俄在与这些国家和组织进行的经济和外交活动中，具有周旋与讨价还价的余地；第四，即使考虑到金融危机对俄经济的影响，资源型经济依然使俄在1999—2009的10年间保持金砖国家中人均GDP增长最快的国家，如果没有过去积攒的大量外汇储备，俄在2008年危机中的表现将会更糟。①

自中国角度看，在过去的经济增长过程中，资源紧缺成为中国经济发展的掣肘。根据国务院发展研究中心组织的壳牌公司、哈佛大学、清华大学等中外多家机构的70余位专家对中国中长期能源发展战略的研究，2010—2020年中国能源需求年均增长4.8%；2020—2030年年均增长1.5%，显著低于2000—2010年年均8.4%的增速。未来20年，中国经济将由高速增长向中高速增长转换，这将导致中国能源需求增速下降，如果中国采取正确的能源战略和政策，加快经济结构调整和产业升级，发展低碳、绿色经济，可将2020年和2030年的能源需求，分别控制在50亿吨标煤和60亿吨标煤。②即便如此，中国依然需要自俄、澳等国输入资源产品。

对俄罗斯而言，问题的关键不在于要不要资源型经济，而是其能否平衡资源型经济与非资源型经济之间的关系，平抑资源型经济的波动。事实上，俄在2004年所设立的稳定基金，在抵御2008年的国际金融危机以及应对乌克兰危机和西方制裁等方面，发挥了积极的作用。这说明，俄已在改变资源型经济向非资源型经济的"血液输送渠道"，俄在发展资源型经济的同时，努力规避对资源经济的依赖。从俄罗斯视角言之，俄扩大对华油气输出具有一系列优势，包括便利的地缘优势和地理位置、巨大的市场容量、高度的政治互信和已有的合作基础等，这是俄能够降低经济风险、为经济发展获取资金的重要途径。

---

① 童伟：《抵御经济危机国家安全气囊——俄罗斯财政预算稳定机制分析》，《俄罗斯中亚东欧研究》2010年第4期。

② 李伟：《中国未来能源发展战略探析》，《人民日报》2014年2月12日。

展望未来，尽管俄罗斯也面临经济结构的转型，但资源出口仍将是俄经济的支柱产业，短期内俄难以放弃资源型经济对经济增长的拉动。从长远看，中俄进行石油天然气领域全产业链的合作，也有助于中国公司开发俄下游炼化和销售市场；如果俄允许中国公司进入陆上和海上油气田勘探、开发等领域，将利于双方形成“利润共享、风险共担”的能源合作局面。总的来说，上下游一体化合作态势符合中俄双方能源发展战略，有利于扩大两国共赢面。

由此可见，中俄能源合作符合两国未来的经济利益诉求，而经济利益的一致性将推动两国能源合作不断发展。

（二）资源合作是中俄合作关系的战略构成

从资源地域的分布看，中国主要能源进口来源地首先是中东，其在中国石油进口中的占比接近一半；其次是非洲，在中国原油进口中占比达30%；最后是中亚、俄罗斯以及南美部分国家。总体而言，中国能源进口的来源地过于集中，能源风险较大。一方面，中东、非洲的地缘政治风险威胁中国能源安全。中东地区因民族矛盾、宗教之争、能源争夺所引发的各类战事不断，历史上多次搅动国际油价大涨大跌，甚至引发石油危机。①伊拉克战争后，美国加强了对中东地区局势的控制，使得中东对中国能源供应的稳定性受到限制。除中东地区外，作为中国能源供应重要来源地的非洲，同样面临政局动荡、地区冲突的风险，例如，苏丹曾是中国第七大石油供应国，然而在其内战导致分裂之后，掌握原苏丹3/4石油资源的南苏丹政府，因争夺石油资源及原油运输过境费用等问题单方面停止与中国的合作，致使中国遭受巨大损失。

另一方面，能源进口运输路线的单一性也使中国能源面临风险。中国石油进口90%以上依靠海运，海上石油运输线主要有两条，一条是从中东或北非经过霍尔木兹海峡或者苏伊士运河—亚丁湾—印度洋—马六甲海峡—南中国海—中国港口；另一条是从西非—好望角—印度洋—马六甲海峡—南中国海—中国港口。②即是说，中国80%的石油进口，是经过马六甲海峡，40%经过霍尔木兹海峡，霍尔木兹海峡和马六甲海峡成为中国能源进口的战略要道。前些年，伊朗核问题升级，伊朗屡次威胁要封锁霍尔木兹海峡，一旦封锁，从中

① 黄洁琼：《未来中国原油哪里来》，见 http://oil.xinhua08.com/a/20121129/1074105.shtml。

② 李岩、王礼茂：《从地缘政治角度看中国石油进口运输安全》，《资源科学》2008年第12期。

东到中国的石油运输航线将被完全切断。就马六甲海峡而言，存在着一系列不稳定因素：一是美国在新加坡设有军事基地，该海峡事实上置于美国军事力量控制之下；二是印度正加大对该海峡管控权的觊觎；三是马六甲海峡是亚太地区海运的必经之地，竞争日趋激烈；四是海峡狭窄，易于封锁。因此，中国要突破马六甲海峡石油运输瓶颈，确保极端事态下的能源进口安全，必须加强与周边资源大国的合作，而俄罗斯正是一个现实的选择。由此，俄罗斯是中国保障能源安全、打破西方技术垄断的战略合作伙伴，是中国“走出去”、向亚欧大陆进发的战略重点。

反观俄罗斯，其推进的能源“面向东方”（也称“新东方战略”）的战略，凸显了中国能源需求的战略意义和市场地位。普京当政以来，俄致力于推行能源强国战略，国际能源合作与国家对外政策密切配合，但俄意识到想依靠西方来实现俄罗斯复兴是不现实的，必须借助“东方的力量”。对俄来说，开发与中国毗邻的俄远东地区成为重要的地缘政治任务。俄罗斯 2003 年公布的《2020 年前俄罗斯能源战略》和 2009 年出台的《2030 年前俄罗斯能源战略》指出，俄将加大向亚太地区出口油气的力度和步伐。俄加强与中国合作的愿望迫切，希望借助中国资金、市场优势等加快其经济建设，促进社会发展，提高国际影响力。在外交层面，俄罗斯现在西部安全形势严峻，需要以中国为依托，发展与东北亚国家的关系。当然，目前还不能说俄罗斯的发展重点已经东移，但至少可以说，俄已将开辟东方市场、开发远东地区和东西伯利亚和的油气资源作为发展的战略重点，并做了比较详细的战略部署。

（三）加强中俄能源合作符合双方的经济发展战略

由于诸多原因，在过去，俄罗斯与亚洲国家的能源关系发展滞后。但 21 世纪初，以俄罗斯科学院远东研究所所长季塔连科为首，率先起草了《21 世纪俄罗斯在亚太地区发展战略》。其核心思想是，21 世纪俄罗斯应顺应世界经济一体化的趋势，利用俄罗斯东部地区的地缘、资源、科技和交通运输等诸多优势，积极同中国、日本等亚太国家发展多领域的合作。[①]近年来，俄罗斯愈益注重加快发展与亚洲国家的能源关系。其主要考虑是：实现油气出口的多元化，

① 宋魁：《俄罗斯能源战略的亚太取向——俄罗斯石油天然气战略的地缘取向》，《中国市场》2010 年第 50 期。

减少对欧洲市场的出口依赖，保证国家能源安全；通过同时运筹对欧、亚能源关系，谋求能源利益最大化；促进俄东部地区的经济发展，搭乘亚太经济的发展快车，服务于国家的经济崛起；深化与中国、印度的战略伙伴关系，争取地缘战略的有利地位，保证大国地位的快速提升。

俄罗斯在亚太地区的能源战略与合作目标主要是中国。俄学者们认为，中俄在亚洲的能源合作，将极大提升俄罗斯的能源安全。①而普京提出的所谓“欧亚经济联盟”，旨在为欧亚大陆的东部和西部打造一个能源、交通通道，特别是考虑到与中国的战略合作伙伴关系，要把里海能源在维护本国利益最大化的同时向欧亚国家出口。这也是欧美对俄施压、迫使俄进行的战略转向。

从俄罗斯的区域发展情况看，长期来，俄罗斯的能源开发存在着“重西轻东”的现象，西伯利亚和远东庞大的石油、天然气等资源潜力并未得到充分利用。亚太地区的远东和西伯利亚与中国的东北地区毗邻，中国能源市场对俄能源“面向东方”的出口重要性不容忽视。没有同中国的能源合作，俄东部油气资源的开发、销售与出口的进程将受到拖累，俄拟定的向亚太市场每年出口8 000万吨原油的目标将难以实现，俄远东和东西伯利亚地区经济发展规划无从谈起。若俄罗斯丰富的资源和技术，搭上亚太地区特别是中国经济发展的顺风车，将有助于俄开发西伯利亚和远东，使俄经济的区域布局更为平衡。

从俄罗斯的地缘经济和地缘政治层面分析，尽管俄凭借能源与周边国家和欧洲关系拥有较多的筹码，然而由于其能源出口主要依赖管道运输，管道铺设往往涉及俄与周边国家的关系。因此，管道过境问题一度成为困扰俄能源出口的一个制约因素，也成为邻近其他国家与俄关系较量的重要工具。近年来，俄输往西欧的油气主要过境乌克兰、白俄罗斯、摩尔多瓦、波罗的海国家，以及波兰、捷克、斯洛伐克等国；里海油气的外送则要经过阿塞拜疆、格鲁吉亚、土耳其等国。②2006年俄乌天然气之争、2007年俄白油气争端、2008年俄格冲突等一系列俄与邻国的摩擦，导致俄对欧洲以及独联体一些成员国“断油”、“断气”事件频发，俄也由此遭受严重的损失。北约东扩以及乌克兰危机的爆发，更使俄同周边国家的政治分歧加大，进一步加剧了俄油气输送管道的

① 萨涅耶夫：《“东方战略”将提升俄罗斯能源安全》，载《构建中俄能源经济共同体》，《第一财经日报》2013年2月4日。

② 冯玉军：《“黑金”与“蓝流”：俄罗斯的“能源血液”流向》，《世界知识》2007年第4期。

风险。就欧盟及与俄发生争端的邻国而言，在遭受“断油”、“断气”之困后，也在积极实施能源进口多元化战略，以避免受进口俄罗斯能源的限制。乌克兰、格鲁吉亚、阿塞拜疆、土库曼斯坦和哈萨克斯坦等国，均已开始探讨修建从中亚的里海经阿塞拜疆，穿过黑海，从乌克兰的敖德萨港上岸，再以管道通往波兰和德国的石油运输线。由于此计划的目的是绕开俄罗斯，所以一旦实施，将使乌克兰等国和欧盟国家对俄罗斯的石油依赖明显减少。而通过直接建设中俄油气输送管道，俄不仅可实现出口市场的多元化，且能避免出现与诸如东欧一些过境国发生的争端。

俄罗斯重视能源战略的制订，在不同的时期出台不同的能源战略。2014 年 3 月俄罗斯能源部发布《俄罗斯 2035 年前能源战略草案》，目标是进一步多元化其出口投资组合及向东运送更多数量的原油和天然气。根据草案，俄罗斯计划在 2035 年前将本土生产的 32%原油、31%天然气出口至亚太地区。目前，欧洲和独联体国家仍然是俄能源出口的主要市场，俄只有约 6%的天然气产量出口至亚太地区，主要以液化天然气的形式出口，来自年设计产能 1 000 万吨/年的萨哈林 2 项目。2014 年，中俄达成了对华天然气出口大单，自 2018 年起，俄将每年对华出口 380 亿立方米的天然气。同时，俄也逐步增加对中国的原油出口，将由通过东西伯利亚至太平洋输油管线向中国出口 30 万桶/日的原油量，提高到 2018 年的 62 万桶/日。①

中国政府对于中国能源发展所做的更多的是“规划”，很少用“战略”一词加以表述。2013 年 1 月 1 日，中国国务院发布《能源发展“十二五”规划》，②阐明了中国能源发展的指导思想、基本原则、发展目标、重点任务和政策措施，是“十二五”时期中国能源发展的总体蓝图和行动纲领。《能源发展“十二五”规划》对国际能源形势进行了分析，认为全球气候变化、国际金融危机、欧洲主权债务危机、地缘政治等因素对国际能源形势产生重要影响，世界能源市场更加复杂多变，不稳定性和不确定性进一步加剧。

为了适应国际能源格局的变化，解决中国能源发展中的问题，深化能源领

① 光明网:《俄罗斯发布 2035 年前能源战略》，见 http://gb.cri.cn/45591/2014/03/14/7471s4464156.htm。

② 中央政府门户网:《能源发展“十二五”规划》，见 http://www.gov.cn/zwgk/2013-01/23/content_2318554.htm。

域的国际合作，中国政府提出要坚持互利合作、多元发展、协同保障的新能源安全观，积极参与境外能源资源开发，扩大能源对外贸易和技术合作，提升运输、金融等配套保障能力，构建国际能源合作的新格局。毋庸置疑，发展与俄罗斯的能源合作，是中国构建国际能源合作新格局的重要一环，符合中俄双方的经济发展战略。然而，中俄能源合作还处在范围有限、层次尚低、时而变化的境地。其中原因颇为复杂，见仁见智，但有一点值得我们思考，我们是否应制订明确的中俄能源合作战略，用以指导和保障中俄能源合作持续、健康、稳定地发展。

三、中俄资源合作的务实政策

实践表明，中俄能源合作符合两国国家的经济发展和能源战略的需要。相互支持、互利共赢是当前中俄两国能源合作的政策出发点，这样的务实政策有助于促进两国能源合作的不断推进，并取得实效。

（一）俄罗斯对中国能源供给的支持

俄罗斯十分清楚能源战略的重要性，俄需要先稳定石油收入才能稳定经济。因此，俄把面向东方，主要是发展与中国能源合作的政策，提高到国家战略层面。出于减小过于依赖欧洲市场的地缘经济和地缘政治考量，以及面对来自中东、西(北)非、拉美、中亚、缅甸、卡塔尔、澳大利亚、印度尼西亚等国家和地区对中国油气市场的竞争，俄罗斯对华能源政策总基调是愿意不断加大对华能源供应。比如，俄对中国的原油出口，按照协议 2018 年将达到 3 000 万吨，近期计划为 4 000 万吨，远期计划为 6 000 万吨。

乌克兰危机发生后，俄对华实施更为务实的能源政策，对中国的能源供给较乌克兰危机前显得更为积极主动，加快了与中国等东方国家的谈判进程。2014 年 5 月，俄罗斯天然气股份公司和中石油在经历了 10 年的艰难谈判后，就东线天然气管道对华供气达成协议。协议为期 30 年，2018 年起对华输气，输气量逐年增加，最后达到每年 380 亿立方米。东线管道经俄罗斯远东地区输送到中国东北地区，这条天然气管道总长 4 000 公里，从伊尔库茨克州经雅库特和哈巴罗夫斯克到符拉迪沃斯托克，在斯沃波德内伊与布拉戈维申斯克之间建造对华输气管道分支。西线天然气管道供气的框架协议，也很快在 2014 年 11 月签订。西线管道将运送西西伯利亚开采的天然气，进入中国新疆，年供气量 300 亿立方米，未来若修建支线管道后输气量可达 1 000 亿立方米。

此外，俄罗斯有意拓展与中国在能源领域的上游开发、工程建设、装备制造方面的合作。俄向东亚地区供应的油气资源，主要取自东西伯利亚和远东沿海两大区块。据预测，东西伯利亚的石油资源总储量约为 176.74 亿吨，其中已探明储量为 15.28 亿吨；天然气总储量 62.83 万亿立方米，其中已探明储量 3.7 万亿立方米。按俄方预测，该地区的石油产量 2020 年将达到 6 400 万—8 600万吨，2030 年达 1 亿吨；天然气产量 2030 年达到 310 亿—760 亿立方米；电力生产 2030 年达到 3 200 亿千瓦时。①资料表明，远东地区油气资源储量同样丰富，石油资源总储量约 172 亿吨，其中已探明储量 12.32 亿吨；天然气总储量约 46 万亿立方米，已探明储量 4.37 万亿立方米。②远东地区的萨哈林油气田是俄实施亚太能源战略的重要基地，目前正在开发的仅有包括萨哈林 1、萨哈林 2 和萨哈林 3 的萨哈林油气项目。

在这样的资源条件和开发需求下，俄罗斯逐步表现出愿意在能源上游领域与华加强合作的姿态。2014 年 11 月俄罗斯石油公司和中石油就中国收购俄石油旗下的万科尔石油公司股权达成一致。2015 年 2 月俄副总理德沃尔科维奇表示，除了大陆架项目外，俄准备向中国的投资者出让其战略性油田的控股权，允许中国投资者持有俄罗斯战略油气田逾 50%的股份，但不包括海上油田。③中俄推进能源上游领域的合作，对双方而言具有长远的战略意义，将有利于巩固双边能源伙伴关系。实践表明，在西方对俄罗斯实施经济制裁的背景下，俄罗斯积极推进对华能源合作，是其确立的能源出口多元化政策跨出的重要一步，对俄罗斯的能源出口是安全的选择，也是对中国能源供给多元化的推动。

（二）中国支持俄罗斯加速推进能源东向战略的政策和措施

中国对于从俄罗斯进口能源始终秉持互利合作的政策与积极参与的态度。尽管历年来中俄能源合作历程并非一帆风顺，然而在俄面临西方制裁的

---

①② И. Маскаев, Восточный маршрут российских энергоресурсов, 11 вып, 2008, Азия и Африка, С 2—7.

③ 中国石油新闻中心：《俄称欢迎中国控股其战略油田》，见 http://news.cnpc.com.cn/epaper/sysb/20150304/0103387004.htm。

巨大压力下，中国表现出支持俄罗斯东向的能源战略与政策。

首先，中国对2008年国际金融危机下的俄罗斯经济给予“贷款换石油”方式的支持。在国际金融危机的冲击下，国际油价一度急剧下跌。以油气出口为主的“资源型经济体”的俄罗斯，其能源外汇收入以及国家财政收入下降，能源企业的运营资金匮乏，俄罗斯经济面临困难。在此背景下，中国积极推动“贷款换石油”的政策措施，于2009年4月与俄罗斯签订了价值250亿美元的“贷款换石油”协议。中国分别向俄罗斯石油管线公司和俄罗斯石油公司提供100亿和150亿美元贷款，作为交换，俄罗斯需在逾20年间向中国提供原油3亿吨。2013年3月，中俄双方再次签订“贷款换石油”协议，俄罗斯石油公司将把每年对华原油供应量提高一倍至3 500万吨，俄罗斯石油公司则将从中国国家开发银行获得20亿美元贷款。①

其次，中国支持俄罗斯“面向东方”的能源新战略。乌克兰危机后，面临西方的经济制裁，俄罗斯推出开拓中国等亚洲国家市场的新东方战略，予以应对。俄罗斯的这一政策不仅在其国内获得朝野上下的共识，而且也获得中国的支持。其表现是，中国加快与俄罗斯能源谈判的进程，缩短能源谈判的时间，迅速与俄签订了天然气供气协议，提升了俄成功抵御西方制裁的信心。另外，2014年中国自俄罗斯进口的原油达3 310万吨，较2013年大幅提升了36%，而中国从沙特进口的原油减少了8%，从委内瑞拉进口的原油减少了11%。②

再者，面对2014年俄罗斯受西方制裁的经济困境，中国在道义上给予俄罗斯支持，这种支持相比两国的能源合作更高一层。中国国家主席习近平在2014年9月23日会见俄罗斯联邦委员会主席瓦伦蒂娜·马特维延科时称，不管我们承受多大的压力，中国永远不会支持对俄罗斯的制裁，也不会参与。在俄罗斯受到国际油价暴跌致使卢布急剧贬值的时刻，中国外交部长王毅及时发表讲话，表示愿意向俄罗斯提供“协助”，该讲话后卢布一度止跌。

---

① 新华网：《再签“贷款换石油” 俄对华原油出口将翻番》，见 http://news.xinhuanet.com/fortune/2013-03/25/c_124497845.htm。

② 中国商务部网：《俄罗斯2014年向中国出口石油增长36%》，见 http://www.mofcom.gov.cn/article/i/jyjl/e/201501/20150100884177.shtml。

第二节　中俄石油资源合作

中俄石油领域的合作是两国能源合作的最主要领域,也是两国战略性合作的重要方面。中俄石油合作的进程显示,尽管两国石油领域的合作始于20世纪90年代,但该合作的重大进展主要在2004年以后,2013年后国际经济形势和世界格局的嬗变,推动了中俄石油合作的向前迈进。

20多年来,中俄石油合作大致分为以下几个方面:石油贸易、输油管道建设、油田合作开发项目以及合资炼油项目。

一、中俄石油合作的发展进程

20世纪90年代,随着中国经济的快速发展,中国石油短缺渐趋严重,石油进口量逐年上升。因此,对与俄罗斯的石油合作,中国开始显示出积极主动的姿态。1996年4月25日,中俄两国签订《俄罗斯联邦政府和中华人民共和国政府关于共同开展能源领域合作》的协定,次年6月27日,签订关于在石油天然气领域展开合作的协议。此外,中俄还建立了两国政府定期会晤及其协调机构总理定期会晤委员会,下设能源合作分委员会,具体负责两国的能源合作事宜。1998年,中俄有关部门开始探讨合作铺设从俄罗斯伊尔库茨克州安加尔斯克到中国东北的石油管道的项目。

进入21世纪后,全球能源消费需求上扬,石油和天然气价格一路攀高。俄得益于高油价的推动,经济逐步恢复并渐趋增长,政局更趋稳定。由于石油的战略地位及其在国际经济中的作用,俄将油气资源作为其推行对外政策和经济外交的重要手段,制定了国家能源发展的战略和规划,同时加强了国家能源外交活动。但在21世纪初期,中俄石油合作并不顺利,两国的能源合作摩擦频现,最为突出的事件就是中俄输油管道项目“安大线”最终夭折和中石油竞购斯拉夫石油公司的失败。

中俄石油合作出现转机,是在俄罗斯“尤科斯事件”之后的2004年。其时,中俄两国都对2004年以前或是叶利钦时期的能源战略进行了调整,俄罗斯的能源战略第一次开始“面向东方”,并重视与中国的合作,中国在俄能源出口中的地位开始受重视并逐渐提高。例如,中国从过去中石油与俄罗斯尤科斯石油公司的合作，即从原来与政府认可的私人石油公司之间的合作，转为主要与俄罗斯石油公司和俄罗斯天然气公司之间的合作。2004 年中石油与俄罗斯石油公司签订了战略合作协议，俄罗斯天然气公司与中石化签订了战略合作协议。

2004 年后，中国经济依然处在增长的快车道，俄看重中国经济发展的优势和市场的稳定性，对于与中国的石油合作持趋于积极的态度，中俄石油管线合作有较大的推进。俄罗斯充分意识到，中国除市场优势之外，还有巨大的资金优势，能助俄摆脱资金困境。2005 年俄面临西方的资金封锁，2 月，中俄之间签署了石油供应合约，为此中国向俄罗斯提供约 60 亿美元的贷款，用于东西伯利亚—太平洋管线石油供应支线的可行性研究和施工建设。此外，中国与俄罗斯国有石油公司合作、在中国炼油厂项目上的合作、俄罗斯上游领域勘探开发的投资合作，也取得了相应的进展。

通常，在俄罗斯经济与资金困难的情况下，中俄更容易达成油气协议，例如中俄达成贷款换石油协议，也是如此。2008 年的国际金融危机爆发后，国际油价暴跌，俄石油公司无法偿还到期的贷款，却面临西方债主的逼债，中俄两国"石油换贷款"的合作形式再一次得到体现。次年 4 月，中俄两国签署了《中俄石油领域合作政府间协议》，根据协议，中国将向俄罗斯提供总计 250 亿美元的长期贷款，俄罗斯则向中国提供为期 20 年每年 1 500 万吨的石油来偿还贷款。2013 年 3 月 22 日，随着中国国家主席习近平出访俄罗斯，中俄两国再次签署"石油换贷款"协议，俄将把每年对华石油供应量在 2018 年以前提高一倍，至 3 000 万吨。

中俄能源合作主要采取两种方式：一是"石油换贷款"的方式；另一是下游换上游的合作方式。2006 年 3 月普京总统访华期间，中俄两家国有石油公司宣布在两国组建合营公司，分别经营下游和上游业务。中俄两国后来分别成立了"东方能源"公司用以收购俄罗斯油田，成立中俄东方石化（天津）有限公司用以进行石化生产，俄方承诺在中俄东方石化（天津）炼厂建成投运后，每年向其供应 910 万吨原油。

2014 年乌克兰危机后，俄罗斯不仅增加对华石油出口，而且表现出有意开放过去禁止的石油上游领域。该年 9 月 2 日，在东线管道"西伯利亚力量"的开工仪式上，俄方主动建议中方入股俄北方最大石油开采企业、原油产量占俄原油产量三分之一的万科尔石油。①之前，中国公司曾提议入股万科尔，但遭拒绝。此次俄方主动发出入股邀请，可视为在允许中方进入石油上游领域方面，俄罗斯态度的一次调整。若最后中企实现参股，将促进中俄石油行业的上下游一体化合作，推动打造中俄能源合作的共同体。

据联合国资料，俄对华石油输出呈逐年增长趋势，1995—2012 年年均增长率达50%。②1995 年俄对中国的石油出口额为 2 272.8 万美元，占俄罗斯石油出口总额的 0.1%，在中国石油进口总额中的占比为 0.5%；2000 年俄对华石油出口额增至 3.46 亿美元，占俄石油出口总额的 1.0%，占中国石油进口总额的 1.83%；2011 年中俄石油贸易额达到 216.8 亿美元，在俄石油出口总额中的占比升至 8.22%，在中国石油进口额中的占比增至 9.11%；2012 年中俄石油贸易额再创新高，升至 226 亿美元，出口量为 2 432.9437 万吨，较 2011 年增长4.2%，占俄石油总出口量的 7.92%及中国石油进口总量的 8.57%。

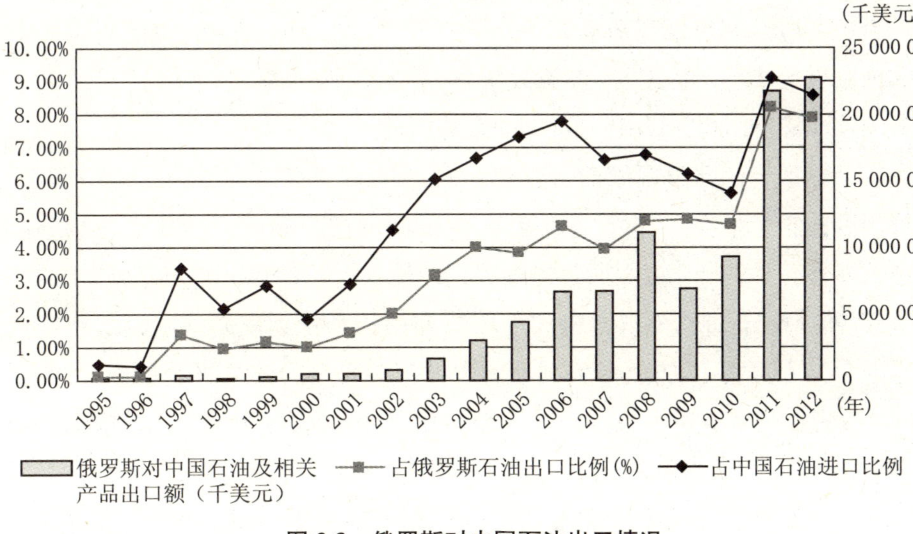

图 2.3　俄罗斯对中国石油出口情况

资料来源：笔者根据联合国贸发会议数据库相关数据整理所得。

---

① 潘翔：《中俄能源合作：机遇与挑战并存》，见 http://futures.hexun.com/2014-09-04/168166960.html。

② 该数据为笔者根据联合国贸发会议相关出口数据测算得出。

二、中俄石油合作主要项目

最初,中俄石油合作项目进展并不顺利。自2002年中石油竞标“斯拉夫石油”失败以后,一直到2005年中国石油公司在俄罗斯的尝试大多以失败告终。[①]2005年在胡锦涛访俄期间,两国签署了中国石油天然气集团公司和俄罗斯石油公司开展合作的框架协议,双方决定促进中俄两国油气项目的实施,其中包括建设从俄罗斯到中国的石油管道和在两国领土上共同开发油气田,并授权两国公司进行具体协商。[②]自此,中国油气企业与俄罗斯石油公司在油田勘探开发方面的合作得到了推进。迄今,中俄在油气合作开发方面主要有以下一些重要项目:

(一)中俄原油管道合作项目

东西伯利亚—太平洋石油管道项目(Eastern Siberia-Pacific Ocean Oil Pipeline, ESPO)是俄罗斯将原油出口到亚太市场(中国、日本和韩国)的石油管道系统。中俄原油管道是东西伯利亚—太平洋石油管道的“斯科沃罗季诺—漠河”支线,起自俄罗斯远东的斯科沃罗季诺原油分输站,经由中国黑龙江和内蒙古的13个市县区,止于大庆站。“斯科沃罗季诺—漠河”支线已于2011年元旦起向中国每年供应1 500万吨原油。

中俄输油管道建设领域的合作是中俄两国石油资源合作的重要构成,但发展历程曲折。早在20世纪90年代,中俄两国便开始就管道建设领域的合作进行磋商。1994年,俄罗斯首先提议兴建输往中国的原油管道,两国于同年11月签署《中国石油天然气总公司与俄罗斯西伯利亚远东石油股份公司会谈备忘录》,其中声明,双方就西伯利亚到中国东北建立输油管线计划进行探讨。1996年,为促进俄罗斯—中国油气管线的发展,两国政府主导成立了中国—俄罗斯石油与天然气合作委员会。

在中俄高层领导的支持和推动下,两国于2001年9月签署《中俄输油管道可行性研究总协议》,决定由中石油、俄罗斯尤科斯石油公司和俄罗斯石油管道运输公司对“安大线”(安大线起点在俄罗斯的安加尔斯克,出口设在中国

---

① 肖雨:《中国石油公司的俄罗斯之旅》,《环球财经》2006年第8期。

② 肖蔷:《中俄油气领域合作现状》,《中国能源报》2010年11月8日。

大庆，年输油能力为 3 000 万吨）的跨国输油管道共同进行可行性研究。初步计划是：该管线 2003 年动工，2005 年向中国供油。2003 年 5 月 28 日，中石油和尤科斯石油公司签署了《关于中俄原油管道、原油长期购销合同基本原则和共识的总协定》，也即“安大线”协定。依照协定，“安大线”有 800 公里在中国境内建设，建设费用约 8 亿美元，俄方负责其境内 1 600 公里的管道建设，建设费用约 17 亿美元，这部分费用中的 50%由中方提供借贷资金，将来以石油款抵扣。

2002 年下半年，俄国内掀起管线改道的轩然大波。这主要是由于日本政府提出修建“安纳线”（安纳线起点在俄罗斯的安加尔斯克，出口在俄罗斯的纳霍德卡），并表示将承担“安纳线”的所有资本投入 50 亿美元，致使俄罗斯方面的态度发生变化。2003 年 10 月下旬，支持“安大线”的尤科斯公司的主要负责人被捕，使这一问题更加复杂。2004 年末，俄罗斯政府公布了远东石油管线方案，俄方最终选择了泰纳线（起点在俄罗斯的泰舍特，出口在俄罗斯的纳霍德卡，年输油能力为 8 000 万吨），通往中国的石油管道项目“安大线”和日本方面提出的“安纳线”两个方案均未通过。“泰纳线”起点远离贝加尔湖，比原先往西延长了数百公里，由此避免了俄环保部门此前提出的两条线路对贝加尔湖可能造成污染的问题。该管线的末端与日本方面提出的“安纳线”末端重合，从而更有利于俄罗斯通过能源合作搭上亚太地区的经济快车，促进其远东地区经济整体发展。

同时，为保证向中国出口原油的目的，俄拟定铺设通向中国的支线。2009 年 2 月 17 日，中俄双方终于签署关于修建中俄原油管道、长期原油贸易、贷款等合作项目协议。根据协议，俄石油公司将通过东西伯利亚—太平洋石油管道的中国支线每年为中石油供应 1 500 万吨石油，期限 20 年。作为交换，中国国家开发银行为俄罗斯石油公司和俄罗斯天然气公司提供 250 亿美元的贷款，用于石油开采运输和石油管道的建设。东西伯利亚—太平洋石油管道的第一阶段管道主要是以供给中国的大庆支线为主，由泰舍特到斯科沃罗金诺，总长 2 757 公里，年运油量为 3 000 万吨，管道一期工程已于 2009 年 12 月投入使用。通往纳霍德卡的第二阶段工程于 2010 年 1 月 14 日开工建设，长度 2 100公里，预计每年有 2 200 万吨石油供应给美、日、韩等太平洋国家。第二阶段工程竣工后，东西伯利亚—太平洋石油管道的总长达到 4 857 公里，其潜在输油能力为 8 000 万吨。

（二）中俄石油公司的上下游合作业务

中石油与俄罗斯石油公司在俄罗斯共同组建东方能源公司，是中国公司首次获得俄罗斯石油公司的股权，也意味着中国油气公司进入俄罗斯石油行业的上游领域。其中，俄方持股 51%，中方持股 49%。主要业务是在俄进行地质勘探及能源项目融资。同时，中石油于 2006 年 7 月 19 日在伦敦证券交易所斥资 5 亿美元，以每股 7.55 美元的价格收购了俄罗斯石油公司 6 622.52 万股，成为俄石油的战略投资者，认购条件是进入上游领域，联合开发俄罗斯万科尔油田。2007 年 8 月，东方能源公司以约合 40 亿元人民币的资金拍得俄罗斯境内两个油气田—伊尔库茨克州的西乔与上伊恰尔油气田，预测储量 8 000万吨。①

2006 年 3 月，中石油与俄罗斯天然气公司、俄罗斯石油公司和俄罗斯管道运输公司签署了有关进口天然气、管道建设和建立合资公司的三个重要合作协议。同年 10 月，上游合资公司创建协议正式签署，新合资公司将在俄境内从事石油勘探开发。接着，中石油与俄罗斯石油公司签订了下游合资公司创建协议，双方将在中国境内合资经营炼油厂和开展成品油销售业务，俄方将提供资源保障。而后双方于 2008 年 5 月合资成立东方（石化）有限公司。2010 年，东方（石化）有限公司在天津建设的炼油厂动工，该炼油厂的炼油能力可达每年 1 000 万吨，投产后还将在华北地区新建 300 座加油站。俄政府同时鼓励中方投资石化下游项目。2013 年 8 月，中石化与俄罗斯西布尔公司签署股东协议，中石化认购克拉斯诺亚尔斯克市合成橡胶厂股份公司 25%股份+1 股，并参与公司管理。这是中石化首个境外化工投资项目，该公司的合资经营有利于缓解国内丁腈橡胶严重供不应求的局面，也符合俄罗斯能源战略调整思路，利于俄石化下游产业发展，促进国内产业结构平衡发展。

2006 年 8 月，中石化公司完成了对俄罗斯乌德穆尔特石油公司的收购，总交易额 35 亿美元。乌德穆尔特石油联合体成立于 1973 年，1994 年重组为开放式股份有限公司，收购前乌德穆尔特石油公司是乌德穆尔特共和国主要石油开采企业，其开采量占俄罗斯伏尔加—乌拉尔地区开采总量的 60%。2005

① 曾兴球：《中俄油气合作现状和发展前景》，《国际石油经济》2010 年第 11 期。

年乌德穆尔特公司开采石油 598 万吨，石油日产量达到 1.64 万吨。截至 2005 年底，乌德穆尔特石油公司探明石油储量 7 840 万吨，预计石油储量逾 1.31 亿吨。[①]当时，为增加获胜把握，倾向于同俄本国公司联合参加竞标。最终“中石化—俄罗斯石油公司”组合在竞标中胜出。中石化承诺出资，并负责初期勘探、研究和开发费用，作为交换，俄罗斯石油公司提供对中国石油稳定供应的担保。中石化成功收购乌德穆尔特石油公司标志着中国公司首次进入俄石油开采领域。

2005 年 7 月，俄罗斯石油公司与中石化签署有关建立合资企业共同开发俄远东萨哈林 3 项目中维宁油气田的协议。根据协议，俄罗斯石油公司向中国公司提供萨哈林 3 油气工程 25%的份额。维宁油气田包括俄远东地区附近鄂霍茨克海大陆架约 5 300 平方公里的地域，深度落差为 25—150 米。2008 年 8 月，中石化和俄石油创办的维宁石油股份公司对萨哈林 3 维宁区块的探井钻探，发现碳氢化合物资源，其中包括开采的原油和天然气，2009 年开展的工作证实了这一发现。此外，两家公司还将合作开发位于俄罗斯马加丹地区、北冰洋海域大陆架和东西伯利亚等地区的油气田。

2013 年 10 月，中石油与俄罗斯石油公司签署扩大东西伯利亚上游项目合作谅解备忘录，双方将组建合资公司，俄方占股 51%、中方占股 49%。合资公司将收购并开发东西伯利亚和远东地区的中鲍图奥滨等一批大型油气田。该公司所产的石油，除满足俄罗斯东部地区使用外，还将通过俄远东原油管道和中俄原油管道向中国及其他亚太国家出口。中石油认为，此项合作是中石油与俄罗斯石油开展上下游一体化合作迈出的重要一步，是上游合作方面取得的新突破，并将带动双方在下游及其他领域的合作。

（三）中俄在石化加工产业的合作

2009 年，中俄双方签署《中俄上下游领域扩大合作备忘录》，其主要内容之一是关于中俄合资企业东方能源公司建设天津合资炼油厂项目，它是中俄“贷款换石油”谈判的重要组成部分。该项目由中石油与俄石油合资成立的中俄东方能源公司（天津）有限公司负责建设，总投资约 366 亿元人民币。其中，中

---

① 俄新网：《中石化获得乌德穆尔特石油公司 99.49%股票》，见 http://rusnews.cn/ezhongguanxi/ezhong_jingmao/20060828/41522612-print.html。

石油占 51%股份，俄石油占 49%股份。该炼油厂计划年炼油能力为 1 300 万吨。2011 年第四季度，项目开工建设，工期三年，建成投产后，年产成品油 1 050万吨，目标销售市场是中国北方和中部省份以及中国东部沿海地区，可实现年销售收入 622 亿元。[①]俄方还承诺，在中俄东方石化(天津)炼油厂建成投运后，每年向其供应 910 万吨原油。天津炼油厂项目开启了中俄在石油下游领域的合作，这是中俄两国第一个共同建设的石油加工合作项目。目前，天津炼油厂合作稳步推进，在积极探索石油、天然气上下游一体化合作的新形式。

三、中俄石油合作的前景

中俄两国不仅是地理意义上的邻国，更是以能源为基础的战略合作伙伴。美国页岩气革命的溢出效应、欧美对于俄罗斯经济的制裁、“跌跌不休”的国际原油价格，在客观上有助于中俄在能源领域更加紧密的合作。目前看，中国作为世界第二大经济体，经济增长仍然保持在合理水平，经济发展需要石油的进口支撑；而俄罗斯作为资源大国的地位难以改变和撼动，石油天然气资源仍然是经济增长的主要拉动因素，石油天然气的销售占到了俄罗斯财政收入的一半以上。特别在俄罗斯经济受到西方制裁的国际背景下，中俄之间的石油合作的前景可期，而且可以预计，中俄两国石油合作的方式将更加灵活，合作的前景将更加宽广。

第三节　中俄天然气资源合作

中俄天然气合作也是中俄能源合作的一个主要方面。俄罗斯是世界天然气生产大国，年产天然气逾 6 000 亿立方米；同时，俄罗斯也是世界上最大的天然气出口国，年均天然气出口逾 2 000 亿立方米。多年来，俄凭借其规模巨大的天然气出口，获得了难以估量的经济甚至是外交利益。而中国目前的一次能源消费结构中，仍然以煤炭为主，根据中国未来的能源发展战略以及环境方面的要求，提高天然气在中国一次能源消费中的比重是趋势所在。在此背景

---

① 刘家宇：《中俄千万吨级炼油项目天津开工在即》，见 http://www.chinanews.com/ny/2011/07-30/3221839.shtml。

下，中俄之间积极开展天然气领域的合作，对于中俄双方都尤为重要。然而，遗憾的是，与中俄在石油领域的合作取得显著成绩有所不同，过去二十年，中国天然气进口国主要是土库曼斯坦、卡塔尔、澳大利亚以及印度尼西亚等国，中俄在天然气领域的合作步履蹒跚。进入2014年，中俄天然气领域的合作才获得了重大的进展。

一、中俄天然气合作的发展历程

中国与俄罗斯商讨天然气合作事宜由来已久。1995年10月，应中石油邀请，俄罗斯燃料动力部部长尤里率领俄能源代表团访华，与中石油、国家计委、国家电力部就开展两国能源合作进行磋商，签署了《两国石油部门建设石油天然气管道的会谈纪要及合作备忘录》。这是中俄两国这一时期能源合作的标志性事件。1996年，中俄天然气合作委员会成立。1997年12月25日，俄罗斯天然气工业股份公司与中石油签署了《关于实施向中国东部地区供应俄罗斯天然气项目备忘录》，由此奠定了双方在天然气领域的合作基础。在这段时间，中俄双方初步确定了俄罗斯对华输气“东线”和“西线”管线方案。

中俄两国天然气谈判过程显示，2003年11月，中石油与俄罗斯露西亚石油公司和韩国天然气公社，完成了从俄罗斯科维克金气田向中韩两国供气项目的可行性研究；2004年10月14日，中石油与俄罗斯天然气公司签署了战略合作协议；2004年10月17日，中石油与俄罗斯天然气公司就石油和天然气业务发展中的“共识问题”进行了讨论，内容涉及尤科斯公司资产拍卖后中方合理进入的问题。

2005年以来，中俄几乎每年都要进行天然气进出口谈判，自2006年起就开始讨论建设东西两线天然气管道问题。2006年，中石油与俄罗斯天然气公司签订《中国石油天然气集团公司与俄罗斯天然气工业公司关于从俄罗斯向中国供应天然气的谅解备忘录》。根据该文件，俄规划建设东、西两条通往中国的天然气输送管道。管线项目造价为110亿美元。①双边谈判中，俄一直希望在中国拿到“欧洲价格”；而中国方面，一方面想要获取更多的天然气供应，

---

① 庞昌伟、张萌：《上合组织能源俱乐部建设及中俄天然气定价机制博弈》，《俄罗斯学刊》2011年第1期。

以缓解因大量使用煤炭而造成的空气污染问题;另一方面,受限于国内价格承受力,同时中国对本国煤层气和页岩气产量的开发远景持乐观预期,并看好从土库曼斯坦、缅甸、卡塔尔、澳大利亚等国进口天然气,因而中国也难以在价格问题上满足俄方的要求。由此,形成这样一个怪圈:中俄每次的首脑会晤几乎都涉及到天然气的合作问题,但是双方就交易价格又始终不能达成协议,导致中俄天然气谈判的车轮空转。

经过中俄间反复的磋商,2009 年底中石油和俄罗斯天然气公司签署可望使中国成为俄最大天然气市场的框架协议;2010 年中俄双方达成有关供气主要条件的协议:计划从 2015 年开始,俄沿新建的阿尔泰输气管道向华供气 300 亿立方米和沿东部输气主干线供气 380 亿立方米。①2013 年 3 月,俄天然气公司总裁米勒表示,年底前中俄有望谈拢价格,签署长期合同。可最终 2013 年中俄天然气谈判出乎所料地未能达成协议,双方仍就各自关心的问题继续磋商。

由此可见,中俄双方历经多年谈判,也签署了诸多各类协议,但始终未能就天然气出口的定价原则和价格公式等达成一致,致使两国间的天然气管线建设项目一直搁置。最后,在 2014 年俄罗斯因乌克兰危机受到西方制裁的形势下,双方终于在价格上达成妥协,使中俄天然气谈判取得实质性进展并最终达成协议,实现了被称为中俄天然气合作的历史性突破。

然而,中俄天然气价格谈判历程表明,乌克兰危机对中俄最终解决长期僵持的价格问题的作用,并非一些人士所声称的那么神奇。俄罗斯方面在谈判初期的开价是每千立方米 400 美元左右,即俄罗斯对欧洲供气的价格;中国方面开出的价格是每千立方米 200 美元左右,即中亚价格;中俄间价差约达 200 美元。随着谈判的深入,彼此理解和互信的不断提高,尤其是政府高层领导的不懈推动,双方的价格差距逐渐缩小。虽然,2014 年达成协议时,具体价格作为商业机密未予公布,但据媒体披露当时俄方的报价降到 388 美元/千立方米,中方建议的价格为 380 美元/千立方米,已非常接近,最后的价格可能居于两者之间。②

① 孙永祥:《高瞻远瞩策划中俄能源合作》,2013 年 5 月 31 日,见 http://www.easdri.org.cn/_d276151729.htm。

② 张翼:《中俄天然气大单意味着什么?》,《光明日报》2014 年 5 月 23 日。

中俄之间天然气谈判孕育十载最终结果，这个漫长的经历给我们带来颇多启迪。其一，它反映了价格问题的敏感性和复杂性，两国政府领导推动合作的意志和坚持，虽不能取代两国的商业诉求，但对双方不放弃谈判，历艰克难，最后取得成功，至关重要。其二，这个复杂而漫长的经历使中俄全面战略协作伙伴关系经历了磨炼，表明中俄战略关系能包容各自对自己利益的诉求，这对中俄建立新型大国关系具有标杆和指导作用。其三，双方价格差距逐步缩小，直至非常接近的历程告诉我们，最后的价格必定是一个互有妥协和双赢的价格，是一个双方市场能够接受的价格。其四，乌克兰危机使西方与俄罗斯关系持续恶化，西方降低对俄能源依赖的意愿更趋强烈，俄面向东方能源战略的脚步趋于加快，同时，中国作为俄能源更大买家的意义愈益上升，如此国际背景，无疑是中俄达成协议的良好时机。但中俄天然气协议首先是经济合同，其 30 年的期限说明，这是双方对未来长期经济局势和战略格局演变的预测的结果，任何单一和临时性的国际因素所起的作用是有限的。

二、中俄天然气合作项目

中俄两国天然气合作主要项目为两大管线项目（即人们通常所指的“东线”和“西线”），以及其他一些项目。

（一）中俄天然气“东线”项目

2014 年 5 月，中俄终于结束长达 10 年的东线天然气谈判，在上海签署《中俄东线天然气合作项目备忘录》，中石油和俄罗斯天然气工业股份公司签署了《中俄东线供气购销合同》，累计合同期 30 年，合同价值 4 000 亿美元。

根据协议，俄罗斯自 2018 年开始通过东线向中国供气，输气量逐年增长，最终达到每年 380 亿立方米，之后经过协商可以增加至 600 亿立方米。[①]东线将通过“西伯利亚力量”管道，向中国供应来自俄罗斯雅库茨克和伊尔库茨克的天然气。作为对华供气的主干道，“西伯利亚力量”天然气管道西起伊尔库茨克州，东至俄远东港口城市符拉迪沃斯托克，全长近 4 000 公里。“西伯利亚力量”的主要资源，来自恰扬金和科维克金两个产地。恰扬金天然气田的天然

---

① 张全：《中俄两国敲定天然气合作意向　年底将签署长期合同》，见 http://news.hexun.com/2013-03-24/152421914.html。

气储量接近1.5万亿立方米，计划在2018年年底开采天然气，届时，它将是第一个向东线天然气干线管道输气的气田。

2014年9月1日，东线管道在西伯利亚的雅库茨克市俄方境内开工，意味着，这个备受瞩目的中俄合作项目，正式进入实施阶段。按照计划，中国境内段的管线将于2015年上半年开工建设，双方将共同确保整个东线管道在2018年建成通气。

（二）中俄天然气"西线"项目

在2014年11月北京APEC会议期间，中石油与俄气公司签署了《关于沿西线管道从俄罗斯向中国供应天然气的框架协议》。西线输送管道由西西伯利亚，经阿尔泰共和国至中国新疆，因此也称为阿尔泰天然气管道，它最终和中国的西气东输管道连接，预计天然气年供气量300亿立方米，但经扩建后可增加到1 000亿立方米。框架协议达成后，中俄双方继续研究和商谈，认为2015年年内可望达成最终协议。但2015年7月，有消息称，合同签署将被推迟，媒体披露的原因是多方面的，有说俄罗斯提出高价，中方不予接受；有说随着中国经济增长速度趋缓，油价下跌，中方有意调整能源进口结构，对天然气的选择更趋多元。[①]在此情形下，业界有专家认为，中俄西线项目是国家项目，不会被取消，加强中俄天然气领域的合作，符合两国的战略需求。[②]

（三）中石化与俄石油对萨哈林3油气的勘探开发

2005年7月，中石化与俄罗斯石油公司签署《一号议定书》。根据协定，双方共同出资成立一家石油公司，负责俄罗斯萨哈林3地区的油气勘探开发。在合资公司中，中俄双方的股权比例暂定为30∶70，未来将引入新的投资者，但中方拥有30%的股权比例不会发生改变，中方具体负责项目的是中石化国际石油勘探开发有限公司。双方进行先期勘探作业的维宁油气区块位于俄罗斯萨哈林岛东部，该区块的石油预期储量为1.14亿吨，天然气为3 150亿立方米。俄以这个项目与中方合资的目的是吸引资金，加快对萨哈林地区油气资源的开发。根据协议，该合资公司将在2006年开凿第一口探井，形成生产规模后中方将以份额油的形式，获取合资公司收益。但因勘探结果未达预期，

---

① 苏帆、柳玉鹏：《中俄"西线"项目频传复杂信息》，《环球时报》2015年7月24日。

② 《2020年中国或成为俄罗斯最大天然气客户　中俄"西线"天然气管道低价可期》，见 http://mt.sohu.com/20151002/n422512753.shtml。

2010年9月中石化结束了该项目的勘探工作。

（四）中石油对俄诺瓦泰克公司的股权收购

2013年9月，中石油与俄第二大天然气生产商诺瓦泰克公司签署股份收购协议，决定购入俄罗斯亚马尔液化天然气项目20%的股份。之前，该项目由诺瓦泰克公司和法国道达尔公司各持80%和20%的股份。亚马尔液化天然气项目位于俄北极地区的亚马尔半岛，价值270亿美元，是集气田开发、液化天然气贸易、项目融资、工程建设为一体的上下游一体化合作项目。截至2013年12月，该天然气田已探明天然气储量9 270亿立方米。2014年3月，中俄亚马尔液化天然气项目协议正式生效，该协议有效期至2045年12月31日。根据协议，在俄罗斯南坦别伊天然气田基础上建设年产能1 650万吨的液化天然气工厂，首个生产单元计划于2017年投产，年产能为550万吨，而中国方面保障每年至少购买300万吨液化天然气，液化天然气将通过船运沿俄罗斯北冰洋航道输送到中国。

对中国而言，中俄天然气合作中最为重要的是东线和西线的天然气输气管道协议。在东西两条管线全部完工之后，中国天然气年消费量的约30%，将来自俄罗斯的管线运输天然气；对俄罗斯来说，通过东西两条管道，俄每年将向中国出口的天然气总量，几乎是俄对欧洲天然气出口量的约50%，此举具有减弱甚至摆脱对欧洲市场的依赖，促进西伯利亚和远东地区经济发展的重大意义。

三、中俄天然气合作的前景

2014年起，中俄天然气合作进入新的阶段。天然气合作体现了中俄两国互利共赢和战略协作的理念，利好于两国的经济发展，在可预见的未来，中俄两国天然气合作前景稳定向好。

从俄罗斯天然气出口所面临的现状与现实看，2013年以来，俄天然气出口势头放缓。特别是对欧洲，俄天然气出口无论在数量还是价格方面，都呈下降趋势。欧洲国家减少了自俄进口天然气的数量，诸多欧洲客户不满意俄方的高气价，要求重新审核供气合同和降低气价。在欧洲国家抵制俄天然气高价格的压力下，俄方将不得不做出新的让步。例如，保加利亚近期再次获得俄天然气降价11%，其他欧洲国家紧跟着也要得到类似降价。俄今后出口天然气的收入可能会减少更多。土耳其从去年开始就不断要求俄降低气价，否则将终止合同。随着伊拉克战争的结束，该国巨大的石油天然气产能正在释放，也不愿继续忍受俄罗斯的高价天然气。2013 年以来，俄逐渐降低对欧洲的天然气价格，天然气公司的预计收入正在减少。2014 年，受西方经济制裁和美国"页岩气革命"冲击的影响，俄对欧洲的天然气出口面临压力。

近年来，美国页岩气的开采量和供应量迅速增加，页岩气和各种天然气产量持续快速增长，致使美国的天然气替代原油的压力骤增。2000—2013 年间，美国页岩气年产量由 117.96 亿立方米上升至 3 025 亿立方米；[①] 2010 年起美国加入液化天然气输出国行列。美国非常规天然气技术的进步和产量的增加，直接影响了全球天然气供需格局，全球大量液化天然气项目不得不寻找新的市场，国际上天然气的市场价格进入下降通道。随着美国天然气实现自给自足，原本销往美国的液化天然气转而销往欧洲地区，直接挤压了俄罗斯的天然气价格和市场销路。

俄罗斯的天然气向东亚国家特别是向中国出口，这对欧亚大陆地缘经济与天然气出口产生深刻的影响。俄罗斯的天然气产量和出口量巨大，若俄所面对的天然气出口市场萎缩，天然气价格下跌，其经济崛起将受不利影响。特别是页岩气产量的不断增加，将使得俄天然气出口面临巨大的不确定性。据俄能源专家预测，再过 4—5 年，当页岩气在欧洲市场出现时，国际天然气价格竞争将更加激烈，变数更大，俄天然气供货市场和出口价格的调整，是必然的选择。俄面临的挑战对于中国则是机遇，中国应抓住这一历史性的机遇，积极推进与俄罗斯的天然气合作，这对中国未来的经济发展和环境改善都是巨大的利好。

第四节　中俄煤炭资源合作

中国是世界第一大煤炭消费国和进口国，俄罗斯是全球第二大煤炭储备国，第六大煤炭生产国和第三大煤炭净出口国，天然的互补性让煤炭成为双方除油气、核能外的第三大能源合作重点。

---

① 余菲：《2013 年美国页岩气年产量升至 3025 亿立方米》，见 http://www.qianzhan.com/qzdata/detail/149/141201-86bcd329.html。

一、中俄煤炭贸易合作的进程

中俄煤炭贸易合作始于 20 世纪 90 年代，但 2008 年国际金融危机发生之前，中俄煤炭贸易进展缓慢。2010 年 8 月 31 日，中俄双方签署煤炭合作协议，即“贷款换煤炭”协议。根据协议，未来 25 年中的前 5 年，中国每年从俄进口至少 1 500 万吨煤炭，之后 20 年，进口量增至每年 2 000 万吨。同时，中国将为俄提供总计 60 亿美元的贷款，用于俄发展远东地区矿产资源开采，修建铁路、公路等煤炭运输通道，购买矿产挖掘设备等。这是中俄两国贷款换资源的又一合作成果。

俄罗斯煤炭储量极其丰富，拥有占世界约 30%的煤炭资源(约 4 万亿吨)，截至 2014 年，煤炭探明储量 1 570 亿吨(居世界第二位)，①其中 80%分布在西西伯利亚东南和东西伯利亚含煤盆地，约 10%在远东雅库特南含煤盆地，另有 9%在俄欧洲部分伯朝拉、顿涅茨克和莫斯科郊外含煤盆地。俄大部分煤炭出产地在远东地区，从地理位置来说向中国出口相对便利，但由于两国铁路轨道等问题，煤炭的运输受到限制。

从中俄煤炭贸易量的变化看，2008 年国际金融危机的爆发为中俄煤炭贸易量的加速提升提供了契机，尤其是 2010 年 8 月签订的“贷款换煤炭”协议带来了实质性的变化。2009—2011 年间，俄对中国出口煤炭在 1 000 万—1 200

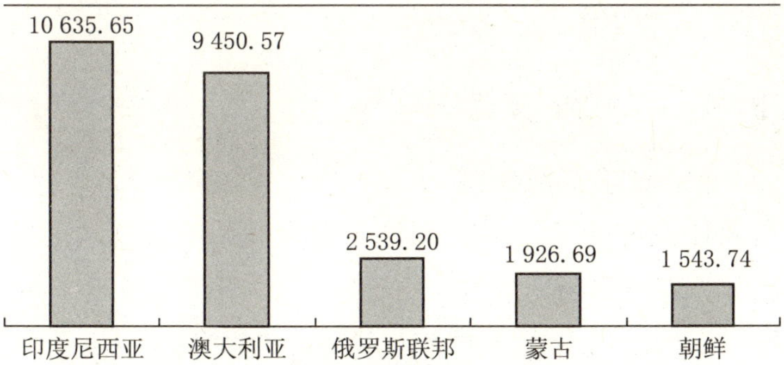

图 2.4　2014 年中国进口煤炭主要来源(单位:万吨)

资料来源:中国煤炭资源网:《2014 年印尼为中国煤炭最大进口国》，2015 年 2 月 9 日，http://www.sxcoal.com/coal/4040901/articlenew.html

① BP, *BP Statistical Review of World Energy, June 2015*, p.30.

万吨之间波动；2012 年，跃升到 1 800 万吨，自第五、六大对华煤炭出口国，升至仅次于印尼、澳大利亚和蒙古之后的第四位；2013 年，俄输往中国的煤炭猛增至 2 700 多万吨，超越计划目标，超过蒙古成为中国第三大煤炭供应国；2014 年，受中国降低煤炭进口影响，俄对华煤炭出口略下滑，为 2 539 万吨，仍为中国第三大煤炭进口来源国。

需要指出的是，中俄煤炭合作既没有像石油合作那样伴有复杂的地缘政治与国家利益的牵制，也没有中俄天然气合作中的价格分歧，其主要制约因素在于中俄煤炭通道的运送能力。2012 年 12 月 5 日，中俄能源谈判代表第九次会晤签署多份合作协议，其中就包括《中俄煤炭领域合作路线图》。该协议将对中国企业开发俄远东地区的煤炭资源进行指导，俄允许中国企业参与其境内若干煤炭开采项目，这使得未来中国将会从俄罗斯进口越来越多的煤炭资源。[①]2013 年 10 月 14 日，在北京召开了中俄煤炭领域合作工作组第二次会议，进一步明确了中俄煤炭合作的路线图。中俄双方都认为，中俄在煤炭和煤炭机械贸易、煤炭资源综合一体化开发、煤炭加工和煤矿建设等方面已经取得进展，并签署了《中俄煤炭领域合作工作组第二次会议纪要》和更新的《中俄煤炭领域合作路线图》。双方还表示，积极促进阿穆尔州奥格贾煤田综合一体化开发项目，支持中俄在西伯利亚及远东的煤炭合作开发、中煤集团和欧亚集团共同承包梅日盖煤田矿井建设等合作项目。显然，近年来，中俄在煤炭领域的合作已成为两国能源合作的重点之一。

二、中俄煤炭合作的主要项目

经过近几年中俄双方的共同努力，两国间的煤炭合作项目有所发展。

2013 年 3 月，神华集团、国家开发银行和俄罗斯 En+集团在莫斯科共同签署战略合作协议，开发俄东部地区的煤炭资源。根据三方建立的战略合作框架，国家开发银行将向 En+集团和神华集团提供总额不超过 20 亿美元的融资，开发俄罗斯东西伯利亚和远东地区的煤炭资源及相关基础设施。三方将在俄罗斯西伯利亚和远东地区进行煤炭勘探、开采、煤炭洗选和加工；开发

① 21 世纪网：《中俄煤炭合作路线图浮现　俄将扩大对华煤炭出口》，见 http://epaper.21cbh.com/html/2012-12/07/content_39492.htm?div=-1。

煤田过程中涉及的铁路、公路、桥梁等基础设施建设；开发煤田过程中涉及的自备火电厂和配套设施建设；开发或改造远东港口设施；煤炭的运输及销售。[①] En+集团是一家多元化的矿业、金属和能源集团，总部位于俄罗斯，拥有世界上最大的氧化铝和电解铝生产商俄铝联合公司（UCRUSAL）47.41%的股份和世界上最大的水电公司之一、俄罗斯最大的独立发电商俄罗斯能源集团有限公司（EuroSib Energo）100%的股份，以及世界上最大的钼生产商之一 SMR 公司 100%的股份。En+集团旗下企业拥有的焦煤和热能煤储量总计超过 40 亿吨，年产量超过 5 000 万吨。自 2012 年起，En+集团开始向中国和亚洲其他国家提供煤炭。

根据《俄罗斯商业资讯日报》2012 年 9 月 20 日的报道，卡拉坎投资公司将同中煤矿山建设集团有限公司共同开发位于克麦罗沃州别洛夫区的卡拉坎煤矿。[②]该煤矿储量超过 3 亿吨，项目计划 2015 年投产，年产 300 万吨动力煤。项目合作中，中方将为矿井建设投资 7 亿人民币（35 亿卢布），矿山掘进作业投资 15 亿人民币（75 亿卢布）。除了矿井建设外，双方还准备合作建设基础设施，包括投资 30 亿卢布的铁路，以及排水工程和供电设施等。对于该合作项目，卡拉坎投资公司董事会主席克拉斯尼扬斯基表示，中国在煤炭行业的实力很强，煤矿开发将使用中方的设备和人员，这将能够保证开发的工期和降低成本，同中方的合作能够获得价格竞争力。

据俄罗斯《生意人报》2012 年 12 月的报道，中煤集团和神华集团还将参与开发其他两个俄罗斯大型煤矿，俄罗斯的合作方分别是 Evraz 公司和俄罗斯燃料工业公司。[③]其中，Evraz 公司准备同中煤集团共同开发位于图瓦州的梅热盖煤矿，其年产能力将达到 700 万吨焦煤。双方将在投资、建设和投产、组织中国设备供应和签署对华供煤的长期协议框架内开展合作。该项目总投资将达到 17.9 亿美元。项目第一阶段投资 1.9 亿美元，2013 年第四季度投产，2014 年底达到设计生产能力，年开采 130 万吨煤炭。第二阶段计划投资 16 亿美元，将在 2018 年投产，年开采量将增加 560 万吨。该煤矿的总储量为 8

---

① 北极星火力发电网：《神华牵手 En+集团　20 亿美元开发俄罗斯煤炭》，见 http://news.bjx.com.cn/html/20130325/424599.shtml。

②③ 俄新社：《煤炭工业：俄中能源合作新亮点》，见 http://rusnews.cn/xinwentoushi/20121220/43650842.html。

亿吨。

2013年,中国最大煤炭企业神华集团计划与俄罗斯燃料工业公司(72.75%国有股份)、俄罗斯铁路公司和阿穆尔州共同开发格尔比卡诺—奥格金煤田。各方将对矿区进行地质勘探,建设公路、铁路、电网和发电设施,以保证产品的运输和销售。奥格金煤田的动力煤探明储量为1.6亿—1.7亿吨,总储量预计为16亿吨。预计该项目总投资50亿美元,由神华集团承担全部投资,2015—2016年将达到年产2 000万吨。根据SPARK-Interfax的资料,双方已在2011年底成立了合资的奥格金能源公司,其中神华集团持股51%,俄罗斯燃料工业公司持股49%。具体的合作进程尚待进一步观察。

俄罗斯技术公司和中国神华于2014年6月商定,将共同开采俄罗斯阿穆尔州的煤田,该煤田的煤炭蕴藏量估计为16亿吨,设计年产煤能力3 000万吨;双方还将在日本海沿岸建设装卸煤炭的港口"维拉港",港口的年装卸能力计划为2 000万吨煤炭,预计2018年交付使用。两个项目的投资预算最初预测为50亿美元,后增至100亿美元,大部分资金将由中国神华提供。

三、中俄煤炭合作的前景

中国煤炭进口主要来自澳大利亚、印尼、俄罗斯、蒙古、越南、加拿大、南非、泰国等。俄罗斯是一个煤炭大国,煤炭储量极其丰富,其探明储量居世界第二,尤其是,俄罗斯的煤炭资源种类齐全。俄煤炭资源的约75%分布在俄远东和西伯利亚地区。从煤炭的储量、分布、开采和出口的数据与能力看,俄是中国具有潜力的煤炭合作伙伴;从地缘政治和地缘经济利益出发,中国应加强同俄罗斯发展煤炭合作。

但中俄煤炭合作实践中存在着一些影响因素,主要表现在以下几方面:首先,俄罗斯对外国资本参与本国资源开发一直存有戒心。与澳大利亚等煤炭出口国相比,俄罗斯国内的市场化程度相对较低,可能成为中俄煤炭合作中的一个不利因素。俄罗斯对资源和能源的控制尤其严格,这与俄长期以来的大国心态有关。这种心态影响到俄的国家战略思维和战略定位。中国方面相关人士认为,俄方可以邀请中方技术入股,中方出技术,俄方出资源,双方利益共享,但中国企业想要在俄罗斯参与上游项目,会面临比较多的困难。

其次,俄罗斯远东地区铁路运力严重不足,成为制约两国煤炭贸易的瓶颈，而且俄远东地区的铁路设施老化，因而修建新铁路和更新已有铁路的任务较为紧迫。但是，在俄罗斯投资铁路并非易事，由于远东和东西伯利亚地区跨度非常大，加上气候和地质条件恶劣，在俄罗斯投资建设一公里铁路大约需要150万美元，远远高于国际平均价格的60万—80万美元。

再者，俄罗斯已不满足于仅仅作为单纯的初级产品出口国，试图扭转其在煤炭贸易中的初级产品的定位。俄联邦杜马能源委员会主席格拉乔夫表示："煤炭资源的出口，或是煤转化成电力出口，这些方式太简单，我们希望加强煤炭的深加工。"俄煤炭业工作者独立工会主席莫赫纳丘克提出，俄方愿加强与中方资本合作，但更关心煤炭开采机械和精炼技术的进口。俄希望中方不仅是进口俄原煤，而且在提炼加工方面进行更深的合作，包括在清洁能源技术领域加强合作。[①]俄更愿与中国在煤炭提炼加工方面开展合作，提高俄煤炭出口的附加值。俄罗斯的这个设想，将对中俄煤炭合作构成产生影响。

此外，俄向中国出口煤炭，还受到其他一些因素的影响。欧洲为保护环境，有限制煤炭消费的趋向，煤炭消费的增量有限，这对俄煤炭的对欧出口形成制约，因此俄需要提升对华输出；俄煤炭能占有多大份额的中国市场，关键看俄煤炭价格的竞争力，若俄煤炭价格优势明显，自然利于增加对华出口，但近年来国际煤价走低，使得俄煤炭对华出口面临趋紧的价格压力；各国面临环境和生态压力的增大，抑制着煤炭需求的增长，加之新能源的推广使用和美国页岩气产量的猛增，使得俄煤炭出口增量面临挤压。

从中国方面看，一方面，近年来，中国企业对海外投资地和煤炭进口地的选择趋于多元，不再局限于俄罗斯、澳大利亚等少数国家；中国与海外煤炭合作的方式也呈现多元化，如合营、参股、控股、独资等。另一方面，对于中国而言，对煤炭的高依赖，带来不少问题。例如，煤炭的粗放使用和燃烧产生严重的煤烟型大气污染、温室气体排放和生态恶化等，所以，中国也在努力降低煤炭在一次能耗中的占比，选用清洁优质的能源。因此，中俄两国煤炭合作除在煤炭贸易方面加强合作外，也需要在合理利用煤炭和减少煤炭对环境的污染方面下工夫，双方在煤的液化、气化、净化使用和煤层甲烷气等方面，可以加强

---

① 付永龙：《中俄煤炭合作受阻运力，远东铁路已接近饱和》，2013年11月4日，见 http://www.meitantong.com/templates/artInfo_redBlack.jsp?currentId=358163。

技术交流与合作研究。

在上述诸多因素的综合作用下，未来，中俄之间的煤炭合作将可能在谨慎之中探索前行。

第五节　中俄在电能领域的合作

中俄在电力以及核能等能源领域，已经展开了卓有成效的合作。俄罗斯拥有丰富的水力资源，俄亚洲部分的水力资源占其水力资源总量的80%以上，大型水电站集中在西伯利亚。随着中国经济的发展，中国对电力需求缺口越来越大，而俄罗斯在核能技术方面具有领先地位，中俄之间的核能合作业已展开。中俄在电力合作方面存在空间，俄已把向中国输出电力，作为一个重要的合作领域。

一、中俄电力合作进程

俄罗斯电力资源丰富，电力系统为欧洲最大、全球第四，年供电量约1万亿千瓦时，有较多的富余电力可供输出。电力能源合作是中俄间一项战略性合作项目。

20世纪90年代，中国经济和社会发展加速，用电量随之快速增长，供电缺口逐步显现。当时，俄正经历苏联崩溃之后的经济衰退，用电大户重工业和其他行业的生产极为疲弱，远东地区供电产生余量。俄向中国供电的中俄电力合作应运而生。自1992年7月1日中俄之间的110千伏布黑线正式合闸开启对华送电以来，双边电力合作已逾20多年。

中俄输电合作主要在俄远东地区与中国黑龙江之间展开，目前，俄通向黑龙江的输电线路有三条，分别为：110千伏布黑线（布拉戈维申斯克变—110千伏黑河变）、220千伏布爱甲乙线（布拉戈维申斯克变—220千伏爱辉变）和500千伏阿黑线（500千伏阿穆尔变—500千伏黑河换流站）。①截至2015年6月30日的23年间，中国累计自俄购买电力158.53亿千瓦时，节约中国境内燃煤

① 智能电网：《中国跨境电力贸易的宏图与现状》，2015年3月18日，见 http://hvdc.chinapower.com.cn/membercenter/smartgrid/viewarticle.asp?articleid=10372801。

539.1 万吨。①

20 余年的电力合作在波折中前进。2007 和 2008 年，俄提高电力出口税率，中俄在价格上产生分歧，致使输电中断。不仅使中国用不上俄罗斯电力，也使得俄两个水电站在此期间出现弃水，双方都有损失。2008 年爆发的国际金融危机促使双方在供电合作上再度携手并决意推进，以利于双方合作应对经济危机。2009 年 3 月 1 日，110 千伏布黑线和 220 千伏布爱甲乙线恢复供电；2010 年 9 月，两国政府签署了《关于在电网发展方面开展合作的谅解备忘录》，进一步为双方企业在该领域的务实合作提供了难得的机遇；2012 年 1 月 9 日，中国第一个国际直流输电项目、境外购电电压等级最高、输电容量最大的输变电工程——500 千伏阿黑线输电项目建成，并于 4 月 1 日投入运营；2012 年 2 月，俄罗斯东方电力公司与中国国家电网集团签署了 25 年的对华供应 1 000亿千瓦时电量的合同。在这一系列举措的推动下，俄对华输电增速明显加快。2011 年中国自俄购电量 12.27 亿千瓦时；2012 年俄输华电力 26.3 亿千瓦时，是 2011 年的两倍；2013 年，对华输送电力 34.95 亿千瓦时；2014 年略降，为 33.76 亿千瓦时，原因是中国电力系统的技术限制。②

尽管俄对华出口的电力约占中国电力进口总量的一半，但仅占中国全社会用电量的 0.06%。进口俄电在中国总用电量中比例很低的现实，令中俄双方不能满意，也说明中俄电力合作的扩大有很大空间，也有实际需求。近几年来，双方为此作出了较前更为积极的努力。2013 年 3 月，中国国家电网公司与俄罗斯统一电力国际公司签署了《关于开展扩大中俄电力合作项目可行性研究的协议》，同时与俄辛特斯集团签署了《中国国家电网公司与俄罗斯辛特斯集团股份公司合作框架协议》，双方计划合作研究开发俄远东、西伯利亚地区电力能源资源，建设大型煤电输一体化项目，开展俄电站新建或改造项目，通过高压或特高压跨国直流输电线路向中国送电。包括装机容量达 8 000 兆—10 000 兆瓦的世界最大的热力发电厂“远东叶尔科夫奇煤电输一体化项目”已经处于联合论证阶段。俄国有工业集团 Rostec 与中国神华集团也将共同开发俄西伯利亚和远东地区的煤矿，发展工业与基础设施，建设发电设备以及可

① 桑学勇、智略：《黑龙江电力累计对俄购电 158 亿》，《中国电力报》2015 年 7 月 9 日。
② 雷璟：《俄媒：中俄电力合作刚刚开始，合作具有互补性》，《参考消息》2015 年 5 月 8 日。

向中国出口电力的高压输电线路。①

2014 年，俄罗斯水电集团分别与中国长江三峡集团、中国电力建设股份公司就水电站建设签署总金额为 3 700 亿卢布（约合 79 亿美元）的合作协议，双方将在俄阿穆尔州和哈巴罗夫斯克边疆区共同建造 4 座防汛水电站，总装机容量为 2 000兆瓦。俄能源部则计划，在 2020 年后，每年对中方出口电力 600 亿千瓦时。

中俄电力各个方面的合作可望迎来较快的发展。

二、田湾核电站：中俄核电合作的重要项目

田湾核电站是中俄两国在发展经济贸易、加强两国政治互信和战略协作伙伴关系推动下，在核能领域开展的重要高科技合作，是两国间最大的核电领域的技术经济合作项目，也是中国“九五”计划开工的重点核电建设工程之一。该核电站位于江苏连云港市连云区田湾，厂区按 4 台百万千瓦级核电机组规划，并留有再建 4 台的余地。其第一期工程于 1999 年 10 月 20 日开工建设，主要建设 2 台单机容量 106 万千瓦的俄罗斯 AES-91 型压水堆核电机组，设计寿命 40 年，年均负荷因子不低于 80%，年发电量 140 亿千瓦时。第 1、2 号机组分别于 2007 年 5 月和 8 月投入商业运行。

2012 年 12 月 6 日，中俄两国政府签署《关于在中国合作建设田湾核电站 3、4 号机组的议定书》。2013 年 9 月 27 日，田湾核电站 4 号机组正式开工建设。这是中国重启核电后，审议核准的第一个新建核电项目。若项目进展顺利，田湾核电站二期工程 3、4 号机组将于 2018 年 2 月和 12 月投入商业运营。

田湾核电站项目为中俄在核电领域深入合作创造了良好的基础，中俄两国已在核电站建设、核燃料供应、科技交流、人员培训等多方面取得了合作成果，双方正联合进行更先进的快速反应堆的研究，未来将在该领域进一步合作。

2013 年 4 月，中俄签署《中国国家核能机构与俄国家核能集团公司核能合作路线图》，这一路线图涵盖核电、快堆、核燃料、空间核动力等领域，是中俄核能合作重要的指导性文件，将推动双方核能合作迈上新台阶，进一步丰富两国战略协作伙伴关系的内涵。

---

① 智能电网：《中国跨境电力贸易的宏图与现状》，2015 年 3 月 18 日，见 http://hvdc.chinapower.com.cn/membercenter/smartgrid/viewarticle.asp?articleid=10372801。

第三章　中澳资源合作主要领域

中国与澳大利亚的能矿资源合作已成为中澳经济关系乃至整体关系的支柱。近年来，中国与澳大利亚在能矿领域的合作不断拓宽，在铁矿、煤炭、天然气、核能、可再生能源、能源勘探、能源开发、能源精加工等领域的合作深入发展。本章对中澳资源合作概况予以研讨，旨在梳理两国资源合作的脉络，汲取其中的经验教训，以期对指导中国的对澳资源合作、保障中国资源稳定供应和经济可持续发展有所裨益。

第一节　中澳资源合作：结构、战略与政策

20 世纪 80 年代，随着中国现代化进程逐步加快，中国对澳大利亚铁矿、铝、铜等矿产资源产品的进口渐趋上升，且初步带动了两国在资源领域的投资合作。进入 90 年代，中国经济继续突飞猛进，能矿资源短缺逐步加剧。中国自澳大利亚的资源进口一路飙升，其中铁矿进口尤为突出。中国企业也以前所未见的力度和速度在澳资源领域展开投资，以保障资源供给。

一、中澳资源合作的结构

应该承认，至 20 世纪 80 年代后期，中澳经济互补框架已初步形成，经济相互依赖在能源、工业原材料、劳动密集型产品等领域已见端倪。长期以来，澳向中国输出资源性产品和中国向澳出售劳动密集型商品的格局未有实质性变化，但此构架下不同时期不同产品的销量变化颇大。

中澳资源合作的模式大体呈现单向性。从能矿产品贸易方面看，除原油是中澳彼此互有进口，绝大多数资源品是中国自澳进口，主要进口商品包括铁

矿、煤炭、天然气、铜、镍、铝、铀等；从投资角度看，中国企业对澳矿业的投资后来居上，发展颇快。

现阶段中澳资源合作的一大特点是，相互依赖、较为对称。从贸易方面看，中国自澳资源进口在中国资源总进口中占比较大，尤其是氧化铝，中国自澳进口量占进口总量的逾九成，对澳极为依赖；与此同时，澳对华资源出口占澳资源总出口的比重也不小，特别是铁矿石，澳输华铁矿数量占澳铁矿输出总量的比例自数年前的50%上下，攀升至2014年的79.6%。得益于资源品贸易在双边贸易中所占的相当大的份额，中国保持着澳第一大贸易伙伴、第一大出口市场。从投资方面看，中国需要投资澳能矿业以锁定更多上游资源，确保资源供应的持久稳定，而澳也需要中国的资金以获得更大的发展。自深度而言，中澳资源贸易与投资的数量和金额在波动中呈整体上升趋势，两国相互依赖日渐加深、难以分割，尤其在铁矿、液化天然气领域，双方已形成密切结合的关系。鉴于此，中澳资源合作属于双边相互依赖合作模式，双方彼此需要、互为依赖，关系较为对称。

相较中俄资源合作，中澳资源合作领域更宽，涉及的资源从铁矿、铜矿、铝土矿等矿产品扩展到煤炭、石油等能源产品，再到液化天然气、铀矿等清洁能源领域，乃至可再生能源领域。在合作方式上，中澳资源合作方式趋于多样化，包括资源贸易、矿业投资、合作开发、能源技术合作等。

铁矿贸易是中澳资源贸易合作重中之重。2000年，铁矿还是澳第四大出口商品，十年后的2010年，它超越煤炭，成为居澳首位的大宗出口品。逾十年的澳矿业尤其是铁矿业的景气，很大程度上是中国资源饥渴促成的。2000年，澳输华商品总值60.08亿澳元，其中铁矿占17.4%，2011年和2012年，澳对华商品输出总值分别为714.63亿澳元和731.52亿澳元，其中铁矿出口值占比分别为61.5%和52.8%。无疑，铁矿成为了澳对华出口贸易的中流砥柱，而输华铁矿是澳铁矿出口乃至整体资源出口的擎天大柱。此外，中澳矿业投资合作形式从20世纪80年代中后期中澳公司在澳共同组建合资企业起步，已逐步发展到全资收购、控股收购、小额参股、组建合资企业等各种形式。

煤炭和液化天然气是澳对华出口的主要能源产品。在煤炭贸易方面，中国从澳输入煤炭数量整体呈上升趋势。中澳煤炭投资领域的合作形式也变得越来越灵活多样，无论是独资、合资，还是并购、参股，中澳两国在煤炭领域进行着卓有成效的合作。在煤炭领域技术合作方面，中国在设备制造和澳大利亚在能源技术方面的优势互补。①

中澳天然气合作，尤其是在液化天然气方面的合作成效显著。2009 年中亚管道天然气开始输入中国之前，中国进口的天然气是液化天然气。有一定规模的进口始于 2006 年 5 月澳首船液化天然气抵达广东大鹏液化天然气公司。②在 2006—2013 年的 8 年间，澳方累计向中国供应廉价液化天然气 324.7 亿立方米，占该时间段内中国进口液化天然气总量的 35.8%。中澳液化天然气合作，不仅限于双方的贸易合作，还在于双方在天然气产业相关的诸多方面的合作，包括天然气的液化处理、造船、运输、再气化、配送、工程设计和采购等各环节，是涉及液化天然气全产业链的全方位、多层次的合作。

中澳核能领域的合作主要表现为铀矿贸易和中国对澳铀矿的投资。

为满足国际能源消费持续增长的需求，澳能源生产将持续增加，因此，在未来，澳大利亚的能源净出口量将继续稳步攀升，中澳能矿资源合作仍有进一步拓展和深化的空间。

二、中澳资源合作的战略

中国能矿资源战略可划为三个阶段。从新中国成立到 1978 年为首个阶段。这一阶段中国采取的是自给自足的资源战略，在这个战略的指导下，中国无须从澳等资源大国输入资源产品。第二阶段是开始实行改革开放政策的 1978 年至 2000 年。其时，中国石油需求量不断攀升，石油生产的增长速度开始滞后于石油消费的增速，诸多能源资源的储采比均远低于世界平均水平，难以维持长远发展。这时中国的能源战略开始向综合能源效率战略过渡，同时也扩大了能矿资源勘探开发的对外开放及合作。这一战略下，中国自澳等国的铁矿、铜矿、铝矿等资源产品的进口由慢到快逐步发展，中国对澳资源业的投资开始启动，中国 20 世纪 80 年代最大的两个对外资源投资项目即落户澳大利亚。第三阶段自 2000 年迄今，中国日益需要从国外进口能源与矿产资

---

① 包括集成干燥气化联合循环发电技术、燃烧低浓度煤层气产生清洁能源的技术、燃烧后碳捕集技术、煤炭地下气化技术、气液转换技术、间接煤制油技术等。

② 侯敏跃、韩冬涛:《中俄、中澳能源合作比较研究——合理性、有效性、可持续性探析》,《俄罗斯研究》2012 年第 1 期。

源，以解决国内的资源供需矛盾。因此，现阶段中国奉行的是能源与经济协调发展以及立足国内资源与拓展国际合作并举的战略。2014 年 11 月，国务院发布的《能源发展战略行动计划（2014—2020 年）》再次重申了“立足国内战略”与“拓展能源国际合作”，加强俄罗斯中亚、中东、非洲、美洲和亚太五大重点能源合作区域建设。[①]澳大利亚和俄罗斯正位于中国重点能源合作区域内。

澳大利亚资源战略与政策的一大主题是资源安全，其资源安全战略大致经历了以下三个阶段。[②]第一阶段自 20 世纪 60 年代至 80 年代初，实行的是国家主义资源安全战略。该战略倡导优先开发和利用本土的能源及替代能源，通过独立发展与自给自足来避免其经济受国际能源价格涨跌之影响，维护自身资源安全。1973 年以后的数届政府认为有必要对澳能矿资源的出口进行控制，减少其经济对资源品出口之依赖，以确保国家利益。[③]

20 世纪 80 年代初到 21 世纪初的第二阶段，澳奉行的是有所放松的自由主义资源安全战略。为贯彻这一战略而采取的政策措施包括：允许资源开发商自由经营，将资源基础设施私有化，施行多边主义的贸易政策，解除能矿业投资限制，宣传开放国内外市场以维护资源安全的理念等。自由主义能源安全战略的实施极大促进了这一时期澳能矿产品的输出。

然而，自由主义资源安全战略在 21 世纪初至今的第三阶段开始受到挑战。2009 年，澳外国投资审查委员会表示，外资对澳重要矿业公司的投资比例将被限制在 15％以内，对澳中小型或新矿业项目的投资比例也要低于 50％。当年对中澳两国关系造成极大冲击的一个事件就是，2009 年 6 月，力拓董事会在澳国内一片反对声中撤销了四个月前中国铝业以 195 亿美元增资力拓的交易推荐，转而与同为澳矿界巨头的必和必拓就合资经营西澳铁矿生产项目订立了非约束性协议。中铝注资力拓败北的诸多原因之一，即为澳大利亚出于自身资源安全的考虑。此外，大幅上涨的资源价格以及持续缩减的资源储量也迫使澳通过政府干预维护本国资源安全。

---

① 国务院办公厅：《能源发展战略行动计划（2014—2020 年）》，见 http://www.gov.cn/zhengce/content/2014-11/19/content_9222.htm。

② James L. Hay, “Challenges to liberalism: the case of Australian energy policy”, *Resources Policy*(34), 2009, pp.142—149.

③ Richard H. Snape, Lisa Gropp and Tas Luttrell, *Australian Trade Policy 1965—1997: A Documentary History*, St Leonards: Allen & Unwin, 1998, p.204.

除资源安全外，澳资源战略与政策的另一主题，是其资源经济的可持续发展。2004 年 6 月，霍华德政府发布了澳能源白皮书《确保澳大利亚能源未来》，提出了提高能效、利用可再生能源、开发新技术以减少低排放能源的生产成本等政策。[①]之后，澳政府还制定了其他一系列有关能源的政策和法案，如“亚太地区清洁发展与气候伙伴关系”、《澳大利亚气候变化政策》等。2008 年 12 月，澳政府又颁布了气候变化白皮书《碳污染减排方案：澳大利亚的低污染未来》，提出了澳温室气体排放的中期和长期目标。

2012 年 11 月的白皮书《能源白皮书 2012——澳大利亚能源转型》规划了澳向更清洁高效的能源经济模式转变的政策框架，表达了澳政府决心致力于维持澳资源出口大国的地位，提高清洁能源和可再生能源技术以保护环境。

澳大利亚多年来制定的能源战略和外交战略突出了对“融入亚洲”的重视，认为澳应为全球尤其是亚太地区的经济发展提供稳定可靠的资源供应，继续参与国际双边及多边资源合作，特别是更有效地同中国和印度进行合作。澳“融入亚洲”的战略与中国“立足国内”和“拓展能源国际合作”的战略，为双方深化资源合作提供了战略上的保障。

三、中澳资源合作的务实政策

早在中国改革开放之前，中澳两国政府即重视双边贸易关系，澳方尤其希望打开中国资源市场，以利于本国资源出口的多元化。1973 年，两国签订首份铁矿贸易合同，标志着澳资源产品进入了中国市场，以及中澳贸易面得到了拓宽。

在中国推出改革开放政策后，中澳双方愈益重视双边经济技术合作，拓展经济互补性。1983—1991 年任澳大利亚总理的霍克，主张把中澳关系的巩固和发展置于两国国家利益基础之上，他的对华政策的核心，是抓住中国现代化建设的可喜发展，开拓中澳经济技术合作的新领域、新局面，他把发展中澳互补型经济技术合作置于优先地位。中国同样愿意进一步加深两国经济往来，希望将两国关系培育成不同社会制度、不同发展阶段国家间关系的典范。

---

① Department of the Prime Minister and Cabinet (DPMC), *Securing Australia's Energy Future*, Canberra: DPMC, 2004, p.17.

在此政策的指导下，中澳经济交往的规模日益扩大，互惠互利的依存关系逐步增强，双边关系以经济为根基的结构渐趋确立。这迫使两国制定彼此对策时，优先考虑的是双方互为经济伙伴，这样在地区安全等一些问题上的分歧也就未能影响两国关系的大局，经济成为了稳定和推动双边关系的第一要素，两国政府彼此奉行经济外交。1993 年，基廷总理来华访问，强调的是经济关系。1997 年，陪伴霍华德中国之行的是一个庞大的澳工商代表团，霍华德表示："通过向华输出原材料以及不断增加工业制成品、技术和服务产品的对华供应，澳大利亚在中国经济发展中可以发挥重要作用。"①1999 年江泽民主席访澳时，宾主最关注的是如何挖掘中澳经济合作的巨大潜力。

务实、互惠的经济外交，使得 20 世纪 90 年代以来中澳经济关系持续升温，双边商品贸易额自 1989 年的 15.5 亿美元增至 1999 年的 63.1 亿美元，年均增幅 17.5%。2002 年，中澳商品贸易总值首度突破百亿美元，达 104 亿美元。但仅用两年，该数值净增 100 亿美元，2004 年双边贸易额达到 204 亿美元。2011 年中澳贸易额破千亿美元，攀升至 1 180 亿美元。两年后的 2013 年，双边贸易额增至 1 363.8 亿美元，占澳外贸总量的 28.2%和中国外贸总值的 3.3%，②中国保持澳第一大贸易伙伴，澳大利亚为中国的第八大贸易伙伴。

过去的十余年间，中澳之间签署了许多资源贸易和投资长期合同，这说明中国更为明确和坚定地将澳定位为中国现代化进一步发展的可靠资源供应国，也表明中澳经济互相依赖加深，保障两国发展友好合作关系的经济基础趋于牢固。

持续发展的经贸关系，不断加固的经济基础，促使中澳建立战略伙伴关系。2006 年，中国总理温家宝与澳总理霍华德达成共识，建立两国领导人定期互访与会晤机制，及时就双边关系中的重大问题交换意见；2008 年，中国外交部长杨洁篪访澳，与澳外长史密斯共同启动首轮中澳战略对话；2013 年 4 月，在澳总理吉拉德访华期间，两国宣布构建相互信任、互利共赢的战略伙伴关系，并建立总理年度定期会晤机制。两国以资源合作为主要构成的经贸合作无疑是双方战略伙伴关系的推进器，而双方战略伙伴关系反之亦成为两国经

---

① Truong Nguyen, "PM's visit to China interview", *Access China*, no.25, May/June 1997, p.7.

② 人民网：《商务部：去年澳中货物贸易额占澳对外贸易总量 28.2%》，见 http://finance.people.com.cn/n/2014/1118/c1004-26046512.html。

贸合作深入发展的重要保障。

数十年来，中澳两国政府都通过制定积极有效的促进政策，为企业营造良好的合作环境和条件。中国政府鼓励企业“走出去”，充分利用国内外两种资源、两个市场，在能源领域与国际能源组织和世界各国通力协作。澳制定的能源政策鼓励企业挖掘能源出口增长的潜力，开发利用清洁、可持续的能源。中澳两国的整体资源战略与政策可谓不谋而合、互补互利。两国针对可再生能源所制定的具体法律法规和发展规划，更为双方在该领域的合作提供了坚实的保障。

有些重大合作项目的顺利进行，离不开双方政府的支持甚至参与。1980 年代中澳铁矿贸易的发展离不开两国政府的积极推进；1983 至 1988 年，中国总理、中共中央总书记、澳总理接连互访，每次高层会晤的重要内容之一就是资源业的贸易与投资；澳联邦政府和西澳州政府也对中国首个液化天然气项目——广东大鹏项目的决策起到了推动的作用；“中澳高层经济合作对话机制”、“中澳年度战略对话机制”、“中澳能源合作联合工作组”、“中澳能源资源合作双边对话机制”、“中澳气候变化伙伴关系”，直至两国总理年度会晤机制，都为双边资源合作发挥着无可替代的保驾护航、积极有为的作用。

第二节　铁矿石贸易与投资关系

一、中澳铁矿贸易

1972 年 12 月中澳建交为双方铁矿贸易解除了政治上的障碍。在两国高层的关心和支持下，1973 年，中澳双方签署了两国关系史上具有里程碑意义的、截至当时最大的铁矿贸易合同，规定中国自澳购买 300 万吨铁矿，1974 年起交货。①

之后，澳大利亚继续希冀并推动扩大对华铁矿出口。但当时铁矿石贸易长期处于买方市场，中方握有铁矿贸易的主动权，20 世纪七八十年代，中国依

① Alan Trengove, *Adventure in Iron: Hamersley's First Decade*, Melbourne: Stockwell Press, 1976, p.117.

靠本国大量贫矿和少量自海外主要是澳大利亚进口的富矿，足以满足本国钢铁生产的需要。

表 3.1　　　澳大利亚铁矿对华出口量及占比情况(1973—1989)

年　份	澳对华铁矿出口量（万吨）	占澳铁矿出口总量比重（%）	占中国铁矿进口总量比重（%）
1973	8.6	0.1	—
1974	156.1	1.9	—
1975	147.5	1.8	—
1976	137.0	1.7	—
1977	140.5	1.8	—
1978	617.2	8.2	—
1979	571.1	7.3	—
1980	532.4	6.6	91.8
1981	183.1	2.6	87.2
1982	176.0	2.4	51.8
1983	298.3	4.0	76.5
1984	426.9	5.0	74.9
1985	747.7	8.8	74.8
1986	840.1	10.6	61.3
1987	749.1	9.6	60.9
1988	572.5	6.0	55.0
1989	763.8	7.5	60.6

资料来源：根据 Geoff Armitage, *Resources and Energy Statistics*, Canberra: BREE; Australian Bureau of Agricultural and Resource Economics and Sciences, *Australian Commodity Statistics* 历年卷所供数据整理和计算所得。

20 世纪 90 年代，中国进口铁矿逐年增加，1999 年时升至 5 500 余万吨，成为继日本之后的世界第二大铁矿进口国，约 5 成进口矿来自澳大利亚，中国对澳铁矿依赖渐趋提高；多数年份澳对华输出的铁矿占其铁矿总输出值和对华输出总值的 15%—20%，澳对日出口的连年递减，大多由对华出口的增量抵消，澳对中国铁矿需求已形成一定依赖。

表 3.2　　澳大利亚对华铁矿输出占比情况(1993—1999)

年　度	对华铁矿输出(百万澳元)	占澳铁矿输出总值比重(%)	占澳对华出口总值比重(%)
1993—1994	439.8	15.8	16.98
1994—1995	484.3	17.46	16.34
1995—1996	573.9	20.03	15.18
1996—1997	659.6	20.90	18.40
1997—1998	869.8	22.94	22.47
1998—1999	763.0	19.86	19.33

资料来源:Department of Foreign Affairs and Trade, Australia, *The APEC Region Trade and Investment 1999*, Canberra: Commonwealth of Australia, 2000, pp.175, 187。

改革开放以来,中国钢铁产业的发展速度之快、规模之大在世界钢铁工业发展史上前所未见,致使中国铁矿短缺急速加剧,进口猛增。2001 年,中国已进口铁矿 9200 多万吨,此后,年均增幅 20%以上,有的年份超过 40%。2003 年进口 1.48 亿吨,超过日本成为全球最大铁矿进口国;2004 年,铁矿石自给率下降到 50%。2013 年和 2014 年,中国铁矿进口再度刷新纪录,分别达到 8.19 亿吨和 9.32 亿吨。

进口矿对中国钢铁业史无前例的大飞跃,发挥了不可替代的重要作用。就澳大利亚而言,其对华铁矿输出意义非凡。首先,在中国诸多铁矿进口来源地中,澳长期位列首位,过去十余年间其输华矿石占中国铁矿输入的 4—5 成,其中最高的 2014 年为 58.8%,有力地支持了中国钢铁工业的高速发展。

表 3.3　　中国铁矿自澳进口量及占比情况(2000—2014)

年　份	自澳进口量(百万吨)	占中国铁矿进口总量比重(%)	占澳铁矿出口总量比重(%)
2000	33.3	47.6	21.2
2001	38.0	41.2	24.3
2002	44.0	39.5	26.5
2003	60.0	40.5	31.9
2004	80.1	38.5	38.2

续表

年 份	自澳进口量（百万吨）	占中国铁矿进口总量比重（%）	占澳铁矿出口总量比重（%）
2005	117.5	42.7	49.1
2006	128.6	39.4	52.0
2007	142.4	37.2	53.4
2008	183.3	41.3	59.2
2009	266.8	42.5	73.5
2010	273.8	44.2	68.1
2011	305.2	44.4	69.7
2012	356.9	47.9	72.6
2013	416.9	50.9	73.1
2014	548.3	58.8	79.6

资料来源：根据 Geoff Armitage, *Resources and Energy Statistics*, Canberra: BREE 和《中国海关统计年鉴》历年所供数据整理和计算所得。

中国多年市场来源多元化的努力足以说明，中国进口铁矿对澳大利亚依赖的可替代性很小。长期来，中国一直努力扩大铁矿进口渠道，经过不懈努力，进口来源确实多了，可是澳矿占比居高不下的局面难以撼动，这实际上反映了国际铁矿市场上，澳大利亚霸主供应商的地位，中国很难跳过澳大利亚购买到这么多的铁矿。

目前中国进口铁矿来自 60 多个国家，但集中于澳大利亚和巴西两国，如 2103 和 2014 两年，购自两国的铁矿合计分别占中国铁矿进口总量的 70%和 77%，其中尤以澳矿居多。巴西尽管资源丰沛，但作为具有较完备工业体系且已跻身全球十大经济体的国家而言，纯粹沦为中国的资源供应国，是巴西心有不甘和力争避免的。因而，巴西政府也曾采取过变相的举措，对中国自巴西进口铁矿和投资巴西铁矿业予以一定限制，①可以预期，未来也可能继续这么做。

从铁矿的产量、供应量和质量而言，能与澳大利亚相提并论的惟有巴西。但相较巴西铁矿，澳矿具有运输和价格方面的优势。因中澳之间距离较近、运

① 张小瑜：《中国五大措施突围“吸铁石”困境》，《国际商报》2012 年 6 月 6 日。

输时间较短、成本较低的原因，在离岸价相同的条件下，澳矿对华到岸价相对巴西矿一直享有价格优势，这是中国钢企和贸易商长期青睐澳铁矿的主因之一。澳对华铁矿出口量和占中国进口矿的比重长期居高位，这说明，新的矿石来源难以完全填补中国进口需求增长造成的缺口，需要澳矿输入的增加，这凸显了澳作为中国长期、稳定、第一大铁矿供应国在过去和未来的重要地位和作用，以及这个地位和作用的难以替代性。

从澳大利亚视角分析，中国巨大的进口量推动澳传统的铁矿业在 21 世纪再显辉煌，给澳带来巨额利润。在铁矿景气放缓脚步的今天，中国铁矿进口市场依然是澳铁矿业能否保持出口收入稳定的关键因素。

表 3.4 显示，2000—2014 年，澳对华铁矿输出值在其铁矿输出总值中的比例，自 2 成升至 7 成以上。此外，在这段时间里澳铁矿出口值在澳出口总值中的比重自约 3.1%上升至 20%以上。2000 年，铁矿还是澳第四大出口商品，十年后的 2010 年，它超越煤炭，成为居澳首位的大宗出口品。十余年来澳矿业尤其是铁矿业的景气，很大程度上是中国资源饥渴促成的。

表 3.4　　澳大利亚铁矿出口值(2000—2014)

年　份	2000	2001	2002	2003	2004	2005	2006	2007
总值（亿澳元）	44.28	52.32	51.96	50.96	61.64	110.71	143.81	162.58
对华出口值（亿澳元）	10.45	13.69	14.85	17.39	25.15	57.63	76.78	90.24
对华出口值比重（%）	23.6	26.2	28.6	34.1	40.8	52.1	53.4	55.5
年　份	2008	2009	2010	2011	2012	2013	2014	
总值（亿澳元）	301.43	300.49	493.80	641.07	546.89	694.94	660.05	
对华出口值（亿澳元）	179.32	217.90	346.85	439.70	386.11	526.54	505.79	
对华出口值比重（%）	59.5	72.5	70.2	68.6	70.6	75.7	76.6	

资料来源：根据 Department of Foreign Affairs and Trade, Australia, *Composition of Trade Australia* 历年卷资料整理和计算所得。

上述分析揭示，中澳铁矿贸易对中国经济飞速发展意义重大，难有替代；而作为铁矿已成为本国第一大出口商品的出口大国澳大利亚，一旦失去中国市场，要想找到替代市场，也是不可能的。无疑，蓬勃发展的中澳铁矿贸易存在着高度和敏感的相互依赖性，双边铁矿贸易一旦切断或受阻，双方都很难作出调整，都会遭受惨重的经济损失。对双方而言，巩固和发展中澳之间铁矿领域的互补合作政策不应动摇，双方间可以也肯定会有竞争，但任何可能实质性损害这一合作关系的言行都应予以避免和制止，更不应因竞争产生对抗。

二、中国对澳大利亚铁矿业投资

（一）投资概况

中国投资澳矿产资源领域起步较晚。20 世纪 70 年代，中国无钱投资海外；20 世纪 80 年代，中国依然缺少投资资金，但进行了初步尝试，其中就包括当时两个最大的海外投资项目：1986 年 5 月签订的中国投资澳大利亚波特兰炼铝厂项目、1987 年 11 月签署的中澳合营恰那铁矿项目。恰那项目总投资 4.2亿澳元，中方持股 40%。对恰那的投资是中国投资澳铁矿业的序幕。

20 世纪 80 年代初期，中国政府意识到有必要在资源领域做一些力所能及的投资，之所以选择澳大利亚作为投资地，主要因为作为全球资源大国的澳大利亚相距中国相对较近，当时中澳两国相互尊重、双边关系极为友好，两国政府热衷于将双边关系建设为不同社会制度、不同经济发展水平国家间关系的典范。中国国内意见认为，进入 80 年代后，澳执行放宽限制、鼓励投资的政策，澳国内政局稳定、资源丰富，投资风险较小，是中国对外投资的理想场所之一。①

针对恰那项目，澳方态度积极，哈默斯利公司拿出了西澳州皮尔巴拉地区哈默斯利盆地六大矿区中尚未开采的露天矿恰那铁矿，周围 24 平方公里范围内，拥有可开采的铁矿储量 2 亿多吨。②恰那铁矿 1988 年初开工建设，1990 年建成投产。恰那合营企业不仅按协议规定可为中国输送 2 亿吨优质铁矿，也为中澳双方带来了经济效益。早在铁矿石价格飙涨前，中方即可每吨获利 4

① 邢厚媛：《澳大利亚投资市场》，《国际经济合作》1987 年 6 月。
② 陈庆槐、王攻城：《恰那铁矿——中澳经贸合作的丰硕成果》，《国际商报》1994 年 1 月 27 日。

美元多,[①]而代表中钢集团经营恰那铁矿和在澳矿产业务的中钢澳大利亚公司,多年前已为澳当地政府累计贡献各类税收 2 亿多澳元。[②]

恰那矿合营期限 20 年,2011 年到期。2010 年 12 月,合营双方签署恰那合营企业延期协议,决定项目自 2012 至 2017 年延续 5 年,其间恰那矿区将开采 5 000 万吨的铁矿资源,所产铁矿由中钢集团负责在中国市场销售。这表现了双方对恰那合营公司合作经营的满意,体现了中澳两国铁矿领域合作的活力和可持续性。恰那合营企业被公认为是中澳两国之间成功合作的典范,也是铁矿领域中澳贸易关系向投资关系拓展的成功范例。

自 1986 和 1987 年签署投资波特兰炼铝厂和恰那合营铁矿后的十余年间,中国鲜有一定规模的对澳资源业的投资。20 世纪 90 年代,澳政府和业界积极推介澳矿业,使我们认识到铁矿、煤炭和黄金是澳三大出口创汇产品和重要投资行业,中国也意识到利用外国资源的重要性,以及澳矿业投资环境的优越性和可行性。[③]之后,中国提出要利用国内和国外两大市场、两种资源,并喊出了中国企业要"走出去"的口号。但进入 21 世纪时,中国对澳矿产投资依然有限,发展缓慢,投资项目零散,其中一次较大的投资来自宝钢。2001 年 12 月,按照为期 20 年的协议,宝钢和力拓旗下的哈默斯利公司各出资 46% 和 54%,组建宝瑞吉矿业公司,合资开发帕拉伯杜铁矿东坡,每年向宝钢输送 1 000万吨铁矿,宝钢的出资额是 1.24 亿澳元。[④]这是继恰那铁矿后中澳间第二个较大规模的铁矿合资经营企业。

表 3.5 反映了澳大利亚外国投资审查委员会核准的中国历年对澳协议投资额。可以看出,中国对澳铁矿和其他资源行业投资真正意义上的高潮是 2003 年后才开始的,其推动因素主要有二。其一,随着中国经济持续高速发展,石油、天然气、铁矿等资源产品短缺日趋突显,"走出去"充分利用国外资源日显必要。更为重要的是,中国外汇储备增长迅猛,投资国外能矿资源领域,既有助于保障中国能矿资源供应的安全,也已成为消化外汇和分散外汇风险

---

① 郑瑞芳:《境外投资建设铁矿:实例、经验与策略》,《国际经济合作》2005 年第 2 期。

② 陈建辉:《友谊花盛开、合作求共赢——中钢集团公司跨国经营纪事》,见 http://www.sinosteel.com/xwzx/mtkzg/gnmt/jjrb/2007-07-30/1038.shtml。

③ 何宪开:《澳大利亚、新西兰投资环境略述》,《国际经济合作》1992 年 3 月。

④ *Sydney Morning Herald*, Beijing strains at the industrial seams, 18 August 2003.

的途径之一。

表 3.5　　中国对澳投资(2000—2014)

年　度	能矿业投资(百万澳元)	总投资(百万澳元)
2000—2001	0	0
2001—2002	20	311
2002—2003	0	0
2003—2004	971	1 100
2004—2005	39	264
2005—2006	6 758	7 259
2006—2007	1 203	2 640
2007—2008	5 448	7 479
2008—2009	26 416	26 599
2009—2010	12 186	16 282
2010—2011	9 758	14 976
2011—2012	10 505	16 190
2012—2013	8 298	15 803
2013—2014	5 699	27 650

资料来源:根据澳大利亚政府所属“外国投资审查委员会”历年年度报告整理所得。

其二是2003年开始的铁矿石等资源产品的连年涨价。始于2003年,铁矿价格一路暴涨,6年间飙升了约7倍,2009年因国际金融危机的特殊原因,价格暂时下跌,但由于中国钢铁产能持续攀高,多年间铁矿价格水涨船高,始终高位运行。铁矿价格上涨抬升了钢企的成本、挤压了钢企利润。多年的铁矿石价格谈判中,中方话语权小,中国的努力无法阻止价格连年走高。全球最大铁矿石买家却对价格无影响力的窘境令中国不悦和担忧,争取更多矿企股份就成为外汇丰富的中国的选择。一旦投资矿企,进入了产业链上游,即便不能对定价施加影响,也能以股份红利适当弥补矿价上升带来的损失。作为中国最大的铁矿石供应国的澳大利亚,资源丰富、相距较近,且有恰那合营铁矿的示范效应,自然成为中国投资资源产业的首选目标。

2003年之后中国掀起的投资澳资源业的高潮,以2008年为界。前段时期投资浪潮初显，协议投资额增长平稳适度。2008 年金融危机引发的澳矿企资金链的断裂，以及会说中文的陆克文 2007 年 12 月出任澳大利亚总理后在中国产生的对中澳关系向好的社会预期，推动了中国对澳投资的暴涨。

这波中国投资高潮在 2013—2014 财年之前集中于澳大利亚能源和矿产资源领域，尤以铁矿业居多。2003—2004 至 2012—2013 的十个财政年间，澳政府累计批准中国投资者投资额 1 085.92 亿澳元，其中 75.1％的 815.82 亿澳元投入能矿业；占比最高的 2008—2009 年度尤为突出，99.3％的协议资金进入能矿领域。

受矿业景气疲弱、澳投资移民政策的鼓励，以及中国国内房地产市场的降温等因素的影响，2013—2014 年中国对澳协议投资额的约 44.9％(124.06 亿澳元)进入澳地产业，投向澳能矿业的资金约占 20.6％。

在这次投资高潮中，中国对澳铁矿业投资项目众多，重要的包括：2006 年，中信泰富以 4.7 亿美元购得西澳州 20 亿吨磁铁矿开采权；2008 年，中钢集团花费 14 亿澳元全面收购澳大利亚中西部矿业公司；同年，首钢花费 4 亿澳元购得吉布森山公司 28％的股份；2009 年，华菱钢铁以 12.71 亿澳元收购福蒂斯丘金属集团 17.4％的股权；2009 年，中国中冶全资收购兰伯特角矿业公司 100％股权，耗资 4 亿澳元；同年，宝钢以 2.86 亿澳元购买阿奎拉资源公司 14.99％的股份。

从股权占比和投资模式层面分析，中国企业投资澳铁矿可分为四种类型：100％全资收购、超过 50％的控股收购、低于 50％的少数股权收购、投资于新建的合营项目。其中第四种类型合营项目投资，又可分为投资额低于项目金额 50％，以及投资额等于或大于 50％。四类型中，少数股权收购占多数，因为与全资或控股收购模式比较，少数股权收购更具灵活性，约束性小，遭遇行政审批阻碍或限制的概率相对较低，投资风险和失败的概率较低。

四种投资模式中，合资企业模式的数量仅次于少数股权收购，成功率最高，未闻失败的案例，有些已经带来可观的经济与社会效益。比如：中钢—哈默斯利合营恰那铁矿、宝钢—力拓合营宝瑞吉公司、武钢等四家中国钢企与必和必拓合资经营威拉拉矿业公司。这三个合营项目都是 2005 年铁矿价格疯涨之前签约和投建，条约中的一些规定对中国企业较为有利，等到日后矿价飙涨时，这三个项目都产生了可观的效益，恰那铁矿的效益尤其令人瞩目。这三个项目的成功给我们的最大启示是，投资时机很重要，对未来走势有科学、合理、正确的预判，才能抓住机遇，获得有利的投资环境和条件。

2005年之后的合营项目，规模适度，均采用了循序渐进的分阶段投资的方式，在早期的可行性研究和勘探阶段先联合投入一部分资金，一切正常并前景看好时再作后续投入，而且总投资适当，操作较为稳妥。

合营企业较为成功的事实给我们提供了一些有益的经验和启示：第一，中澳合营是一种合资双方利益共享、责任和风险共担的模式，有利于提高澳方企业对项目成功的期盼和为成功所作的努力，有利于获得行政审批，这些因素决定了合资经营企业较全资和控股投资形式更有助于成功。第二，投资规模要适当，规模越大，风险越大，获胜越难。第三，与澳企合营，利于分享澳公司适于本土的经营管理上的长处，可利用澳企在资源勘探、土著人事务处理、政府审批等方面的优势，从而降低项目失败的风险。第四，中国企业在海外生产和经营管理经验不足，合资经营企业，利于学习和借鉴外方经验，助推中国企业在海外的成长。

（二）中铝—力拓并购案的教训和启示

21世纪由中国掀起的投资澳矿业高潮，恰逢西方经济问题和困难接连产生和对澳资源业投资萎缩时期，这使得中国推动的对澳资源领域的投资浪潮十分显眼，容易引发澳方特别针对中国投资的情绪和举措。2009年，中澳关系经历了历史上首次因中国投资因素产生的严重波折。

2008年下半年世界金融危机重创了澳大利亚诸多矿企，澳矿业巨头力拓公司陷入困难，急需资金支持。经与中铝公司接洽，双方于2009年2月12日达成中铝向力拓注资195亿美元的协议，注入的资金分为两部分。第一部分72亿美元，用于购买力拓可转股债券，这将使得中铝在力拓的持股比例由原先的9%上升到18%。第二笔资金123亿美元，中铝通过合资企业和项目勘探模式，收购力拓旗下铁矿、铜矿、铝矿等优质矿业资产的部分股权，所收购的资产包括力拓在西澳州的铁矿、昆士兰的铝土矿、智利的铜矿、美国的铜矿等。协议还规定，中铝将获得力拓集团董事会两个席位；中铝和力拓将合建营销公司，负责向中国市场供应铁矿。

澳大利亚“外国投资审查委员会”接到申请报告后深感为难，将批准与否的决定推迟至当年6月中旬。但6月5日，力拓单方面毁约，宣布终止与中铝之间195亿美元的交易。至此，中铝增持力拓股份的努力终成泡影。

探索中铝收购失败的教训和启示有益于中澳关系的健康发展。首先，虽说两国经济上尤其是资源领域的相互依赖日益加强，但遇到事情，双方之间互信不足、沟通欠缺就暴露无遗。2008年2月，中铝联合美铝通过伦敦证交所并购力拓9%股权。据说，澳政府和力拓对此事先并不知情。不久，杨洁篪外长访澳，两国建立战略对话机制，看似提升了两国的政治和战略关系。但对杨洁篪关于中铝、美铝收购纯属企业行为，中国政府未介入的解释，很多澳大利亚人不信。[①]同样，力拓踢开中铝并与必和必拓在铁矿业务上结盟后，尽管澳政府声称，那是商业行为，政府没有插手，但全中国很少有人相信此言。互信的缺失是中澳发展投资关系的重大障碍之一，双方应努力解决。互信的构筑和发展不可能一蹴而就，未来，我们的收购应注意策略手段，比如，可以只收购部分、不控股的股份，与外企形成紧密的利益共同体，这不但有利于提高收购的成功率，降低收购成功后我方的运营风险，也有利于促进互信建设。

其次，中铝—力拓交易案越出了经济范畴，掀起了震撼中澳两国关系的波澜。对于中国大量资金集中投向澳资源业的行为，澳国内产生了忧虑，一些澳大利亚人担心中国国企的投资，在未来将使中国政府有能力控制澳资源，或者影响澳资源产品的价格。澳在野党、部分议员、具有强烈经济民族主义情绪的人士政治化中铝的收购，向澳政府乃至力拓集团施加压力，要求拒绝收购。如此社会反响令澳政府和力拓集团如履薄冰。

第三，必和必拓的作梗是中铝收购告吹的重要因素之一。全球重大能矿资源企业的集中度不断提高，其中就包括矿产领域三巨头巴西的淡水河谷、澳大利亚的必和必拓及力拓。2007年，必和必拓不惜斥资1 700多亿美元收购力拓，欲组建矿产领域的巨无霸，引起中、日、韩、欧洲国家的强烈反对。后因价格谈不拢、不久爆发的金融危机的打击等因素，必和必拓放弃收购。2008年，中铝入股力拓，也有阻止两拓合并的考虑。而中铝2009年继续注资力拓既是中国阻截两拓合并的延续，也不失为做大力拓、提升中国在国际矿业格局中影响力的战略考量。

必和必拓完全意识到中国的意图。因此，它立即在澳大利亚政府、议会、

---

① Rowan Callick, "Rio Tinto deal's failure won't deter Beijing", *The Australian*, 6 June 2009.

力拓股东、媒体等诸多层面掀起一场阻止中铝收购的游说和宣传攻势。同时，必和必拓推出向力拓支付58亿美元组建铁矿业务合作的计划，以此吸引力拓管理层和股东。必和必拓还做好了预案，如果达不到促使澳政府否决中铝收购的目的，便继续搅局，提出自己的方案，挑战中铝，阻击收购。①

第四，中铝2009年收购是继中国在美国和加拿大收购大型资源企业失败后在美、加以外地区的首次大手笔尝试，它的告吹进一步显示了在美、加、澳这些资源丰富的发达经济体，中国收购大型资源企业的艰难道路，这要求我们总结经验教训，调整投资策略。从中国在澳资源领域投资成功和失败的经验看，难以成功或易受限制的投资主要落在金额巨大的投资项目，对成熟和优质矿企的并购、全资收购、控股性收购，澳方认为可能在某地区或领域造成垄断的收购，军事禁区或安全敏感区域的收购。

第五，有观点认为，中铝收购力拓失败的原因之一是市场因素。自2009年2月12日交易公布至6月5日力拓毁约的三个多月时间里，铁矿石市场回暖，力拓股价大幅走高，使得力拓对自己的价值有更高的预估，股东更不愿以原先谈妥的价格售股。②可是，市场的转暖、力拓股价的上扬，正是由于中铝出手相救力拓，以及2009年中国企业逢低吸纳性扩大铁矿石进口。对这种自己提升起来的市场信心，反过来毁了自己机会的事例，我们应深刻吸取教训，杜绝类似事件的重演。

第六，中国对澳投资蜂拥而上，显示中国企业对澳社会反响的敏感度低、反应慢，对可能影响投资的澳社会、文化、多党竞争、媒体等因素的了解有限，不仅企业之间相互竞争、缺乏协调，甚至也缺失政府有关部门与企业之间的有效协调。对我们而言，加强企业之间、政企之间的沟通和协调，避免扎堆投资以减小在东道国可能造成的社会反响刻不容缓。同时，如同世界其他国家和地区一样，澳大利亚国内也存在和潜藏着政治性风险。对此，我们不仅要有清醒的认识，而且要对政治风险对投入和产出的影响进行科学合理的评估，以利于提高投资的成功率和收益率。

---

① Australian Associated Press, "BHP Billiton set for bold offer to Rio", *The Australian*, 16 May 2009.

② 钱学锋：《中铝收购应该联手国外"野蛮人"》，2009年6月5日，见 http://blog.sina.com.cn/s/blog_4c1f043b0100ejag.html。

第七，作为澳最大的贸易伙伴，中国在经济上尤其是资源领域对澳的重要意义显而易见。如果澳一味对华投资抱怨，或施加一些限制，将迫使本想投向澳大利亚的资本转向他处。我们要增进与澳大利亚的资源合作，但我们的资源投资不能把目光只放在澳大利亚。多元化将有利于中澳资源合作中中国的处境，缓解我们铁矿石依赖国外带来的窘境，提高中国铁矿石贸易中的话语权。

概而言之，我们该吸取教训，完善收购战略和策略，把影响并购的各方面因素考虑周全，避免让愤怒、冲动左右我们的政策和对澳关系，以免发生有碍于中国现代化建设之事。在对外投资方面我们尚缺乏经验，在投资领域增进与东道国的了解和沟通还有不少工作要做。

第三节　天然气资源合作

一、澳大利亚液化天然气对中国的意义

天然气作为一种清洁、高效的能源日益受到各国注重，其消费近年呈爆炸式增长态势。最近 10 年，中国年均天然气生产和消费增长均超两位数，中国已制定了 2015 年和 2020 年使天然气在一次能耗中分别占 8%和 10%的战略发展目标。

中国拥有比较丰沛的天然气资源，长时间内一直自给自足，近年尤其是迫于减排要求，因而缺口连年放大，天然气输入渐显迫切。由于与中国接壤的俄罗斯、中亚诸国、缅甸，以及跨海邻国印尼、马来西亚、澳大利亚、文莱等，均为天然气输出国，因此，中国天然气贸易的地缘条件较为有利，既可接受来自他国的陆上管道天然气，也可输入跨海运输的液化天然气。纵观中国十余年来天然气业的发展轨迹，其显示的特征包括：大力推进长距离管线建设，实现国内市场的规模扩大，促进天然气生产的发展；实施积极的陆上管道气和海上液化天然气引进计划，推动海外天然气来源和品种的多元化。

因此，多年来，中国实施陆上管道气自东北、西北、西南入境和海运的液化天然气自东南上岸的天然气引进战略。依照该战略，东北方向气源来自俄罗斯，西北方向自俄罗斯和中亚国家（主要是土库曼斯坦）输入，西南自缅甸输入燃气，东南上岸的则是来自澳大利亚、卡塔尔、印尼、马来西亚等国的液化天然气。

十余年前，中国已充分意识到进口俄罗斯和中亚油气对经济发展的重大

战略意义，且更看重资源极为丰富的俄罗斯，将引进俄油气当作首选。[①]但是，中俄天然气贸易谈判步履维艰，长时间卡在价格的坎上，这促使中国加紧寻找其他气源。在此背景下，中国加大沿海液化天然气接收站建设规模，三大石油公司与澳大利亚、卡塔尔等国所签订的液化天然气购销和投资合同增速加快，进一步显示了液化天然气对实现中国天然气发展战略的重大意义。

澳大利亚是世界主要液化天然气出口国之一，其炼制的液化天然气用于出口。1989 年，澳西北大陆架公司向日本输出首船液化天然气，宣告澳进入液化天然气出口国行列。西北大陆架公司成为澳第一家生产和出口液化天然气的企业。至 2012 年，澳拥有三家液化天然气出口企业，年产能提高到了 2 430 万吨。

澳大利亚液化天然气主要售予亚太用户。进入 21 世纪后，一方面是日本、韩国进口量的增加，中国、印度等新兴经济体需求的迅猛增长，另一方面是印尼、马来西亚本国消耗的增加和出口增量的受限，使得澳大利亚获得了日益扩大的市场份额，给其液化天然气行业发展带来极大的推动。因此，尽管相较印尼、马来西亚、卡塔尔，澳大利亚是竞争激烈的液化天然气市场上的迟来者，但已显示出后来居上的态势。

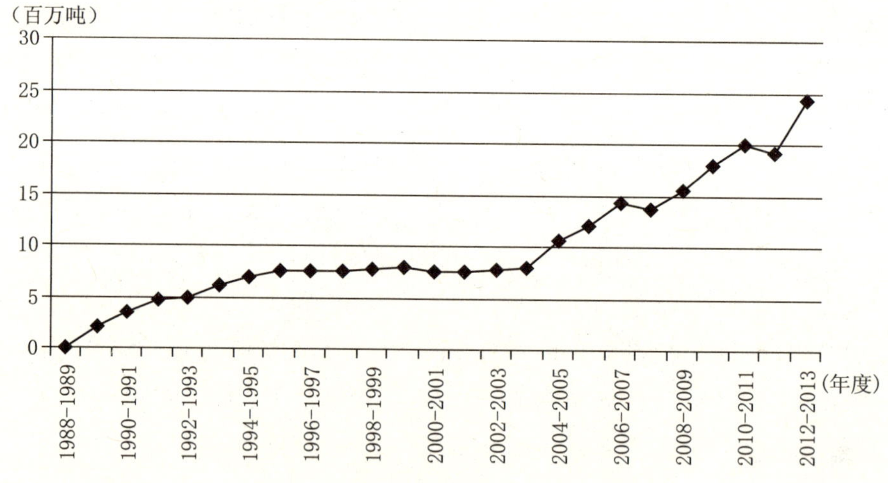

图 3.1　澳大利亚液化天然气出口量

资料来源：根据澳大利亚政府资源主管部门发表的 *Energy in Australia* 历年卷所供数据整理绘制而成。

---

① 中国燃气网：《引进俄罗斯和中亚油气资源，建立中国长期能源安全战略体系》，2001 年 11 月 16 日，见 http://www.chinagas.org.cn/hangyexinxi/veiw_gnrq.asp?id=198。

目前，炼制液化天然气的原料主要有天然气和煤层气。澳大部分天然气资源分布在西澳州，西澳州天然气产业在澳独占鳌头，保持着澳对外天然气输出的霸主地位。昆士兰州则集中了澳绝大多数煤层气资源。随着煤层气转产液化天然气技术的成熟，昆士兰在21世纪掀起了液化天然气产业发展的大跃进。2009年9月，昆士兰政府颁布了旨在促进液化天然气产业发展的蓝皮书，计划推出8个煤层气转产液化天然气项目，最终预计产能5 900万吨/年。①

其结果是，近年来，西澳州和昆士兰州大地上新建和规划筹建的液化天然气项目如火如荼地展开，使澳成为全球最大的液化天然气建设工地。除三个营运中项目（西北大陆架、达尔文、普鲁拓）外，有七个在建工程（高庚、格兰斯通、柯蒂斯、澳大利亚太平洋、双鱼座、普莱琉达、威特斯通），计划竣工时间2014至2017年。若七个项目准时投产，届时合计新增产能可使澳全国液化天然气年产能提高到8 610万吨，超过目前卡塔尔7 750万吨的产能，可能挑战卡塔尔世界头号液化天然气生产国和出口国的地位。

澳轰轰烈烈地扩张液化天然气产能，显示的是大力培植液化天然气业，使其成为与澳前两大出口商品铁矿石和煤炭比肩的出口产品，甚至赶超它们的强烈欲望。

澳液化天然气产业大跃进对中国的意义何在？如前所述，向中国东南沿海经济发达地区输入液化天然气是我构建的四大天然气进口渠道之一。据预测，2020年后中国液化天然气进口规模可达7 000万—8 000万吨，占中国天然气进口总量的约48%。如此巨大的进口量如何保障？亚太液化天然气市场从早先日本唯一买家，到韩国和中国台湾的加入，再到印度和中国大陆分别于2004和2006年进入到输入液化天然气的行列，使得燃气需求膨胀。与此同时，亚太天然气主要生产和出口大国印尼、马来西亚、澳大利亚、文莱的可供气增量落后于需求增量的现象逐年加剧，致使亚太的供需缺口持续扩大（见表3.6）。

---

① Department of Employment, Economic Development and Innovation (DEEDI), Queensland Government, *Blueprint for Queensland's LNG Industry*, DEEDI, 2009, pp.1—9.

表 3.6　　亚太地区天然气供需缺口　　（单位：十亿立方米）

年　份	产　量	消费量	缺　口
2000	272.1	290.8	18.7
2001	282.0	308.2	26.2
2002	300.5	324.3	23.8
2003	322.0	350.3	28.3
2004	344.8	377.7	32.9
2005	373.4	408.2	34.8
2006	391.7	436.3	44.6
2007	407.3	468.9	61.6
2008	426.9	499.3	72.4
2009	448.2	512.6	64.7
2010	494.7	571.6	76.9
2011	496.9	612.2	115.3
2012	504.0	647.6	143.6
2013	512.3	665.3	153
2014	531.2	678.6	147.4

注：此处亚太仅包括东北亚、东南亚、南亚和大洋洲。

资料来源：根据 *BP Statistical Review of World Energy* 历年卷所供数据整理和计算所得。

中国和印度已成为业界一致看好的未来亚太液化天然气需求增量的主要来源，两国都面临如何提前锁定未来供应的任务。目前情形是，印尼和马来西亚的出口增量有限，卡塔尔 7 750 万吨高峰产能已被亚、欧、美三地用户瓜分，而且尚需出口 200 多亿立方米的管道天然气。同时为了可持续发展的需要和避免产生供过于求的局面，2005 年，卡塔尔政府决定暂停批准新的燃气开发项目，由此又给如何满足中国和印度未来燃气增量需求带来了不确定因素。

在此背景下，澳液化天然气大开发的热潮，表明澳意识到本国过去 20 多年液化天然气产业发展偏慢，失去了一些市场机会，正吸取经验教训，力争通过高速推进产业发展，进一步拓展传统的日本市场的同时，尽量扩大在中国、印度新兴市场的份额。因为未来液化天然气增量很大部分来自澳大利亚，澳气在满足中国规划中的液化天然气高需求方面，无疑将扮演举足轻重的角色。

中澳天然气合作的意义，不仅仅是澳满足中国一定程度的燃气需求，给澳方带来更多收入和就业机会，还在于双方在天然气产业相关的诸多方面的合作。比如，中国企业可入股澳企，进入澳液化天然气上游产业链，进行生产、技术、经营、管理等多方面合作。澳在煤层气生产和转产液化天然气、海上浮动生产体系、海上气井的钻探和服务、海上设施开发和管理、海陆管道建设和管理等领域，具有一定优势，在这些领域的合作将是互利共赢的。中国油企已与几个煤层气项目签署投资和购销合同，中企在澳大利亚的经营活动，不仅会给中国带来燃气输入，更有益于中国企业学习和实践煤层气生产和转产液化天然气方面的技术，对中国国内的煤层气产业发展有所裨益。中国是海洋大国，大洋深处的天然气资源开发需要借鉴国外先进技术和设备，海上浮动液化天然气生产体系，在中国尚是空白，中澳液化天然气贸易和投资有助于促进两国在这方面的合作。

二、中澳天然气合作主要项目

由澳大利亚西北大陆架公司提供液化天然气的深圳大鹏液化天然气公司，是中国首个引进液化天然气试点项目，自 2006 年运营以来，产生了令人瞩目的经济和社会效益，堪称中澳天然气合作的范例。

广东是中国资源匮乏、经济发达的省份，对进口燃气有迫切的需求，且适度发展液化天然气也是广东实施能源多元化战略的需要。1994 年 10 月，广东启动液化天然气引进项目调研；1996 年 12 月，中海油向中央政府呈递了“东南沿海地区利用液化天然气和项目规划报告”。此后，中央、地方两级政府和企业进一步展开论证和探讨。

在中国决策过程中，澳政府和业界发挥了积极的作用。早在 1988 年，澳向日本出口液化天然气的前夕，澳能源部就派人对中国能源业进行考察，在其后出台的《中国能源部门状况与澳大利亚可能提供的技术合作》报告中，澳方建议中国改变对煤和原油的依赖，提高天然气在一次能耗中的比重，以减轻环境压力。①

1997 年，朱镕基副总理和澳大利亚总理霍华德互访对方国家期间，双方重点探讨了加强和扩大能源、矿产资源领域互补合作关系，包括天然气合作。同年

---

① 鲁华:《澳大利亚专家谈中国能源问题》,《能源政策研究通讯》1989 年第 6 期。

10月,西北大陆架公司所在的西澳州总理理查德·考特来华推动对华天然气销售。1998年10月,西澳州总理再度访华,与朱镕基总理再次商讨了液化天然气项目。同月,国务院正式批准引进液化天然气计划,并将试点项目落户广东。这意味着澳大利亚的支持、鼓励、协作对中国发展液化天然气产业决策发挥了积极作用。

经过一段时间研究和论证,中国决定将项目安置在深圳大鹏湾秤头角。大鹏项目立项后,引来多国公司的竞争,最先参与竞标的有6家公司,经初选后淘汰3家,最后,由澳、英、美、荷、日等国6家公司联合组成、澳大利亚伍德赛德公司担任作业者的澳大利亚西北大陆架公司,于2002年8月竞标最后阶段击败另两家分别来自卡塔尔和印度尼西亚的公司,获得大鹏项目。项目为期25年,澳向中国年供气330万吨,总金额250亿澳元。此为截至当时澳历史上最大的单一商品贸易合同。

2004年12月,一个全面有效的广东大鹏液化天然气项目正式购销合同签署。合同将先前双方约定的内容予以正式规定。关于价格,中澳签订的是“照付不议”合约,具体价格保密。但由于当时是买方市场,因此有利于中方,据报道与15—25美元/桶国际原油定价区间挂钩,即澳方卖给大鹏公司的液化天然气价格最高不得超过国际油价25美元/桶时相应的液化天然气价格,约合2.50—3.16美元/百万英热单位。中国定于2006年年中前完成大鹏液化天然气接收站及其配套工程的建设,届时澳气将运抵中国,供大鹏项目投产营运。这个合同具有里程碑意义,它标志着中澳能源合作时代的诞生,将与中澳矿产资源合作形成两轮驱动,将两国资源合作推向新的高峰。

当时,印尼和卡塔尔在国际液化天然气产业界位列一、二,而且印尼距离中国最近,更具地域优势。三国中,澳大利亚要价最高,澳并不具备价格和运输距离上的优势,缘何最后胜出拿到了中国第一个液化天然气进口项目?不可否认,这是中澳双方政府、企业多年共同努力的结果。

为了更有效地拓展亚洲市场,尤其是新兴的中国、印度市场,澳西北大陆架公司于1998年特意组建了负责进一步推销澳液化天然气的专门机构——澳大利亚液化天然气公司。多年间,该公司与中国政府和相关企业持续接洽和沟通,向中国推广和介绍澳液化天然气的优势所在。由于澳方要价最高,因此,竞标过程中,澳方注重强调本国的以下优势:其一,澳突出本国资源充沛,政局稳定,无动荡之忧,能保证供应的长期稳定,而当时,印尼正遭受亚齐分离运动之痛,有消息称，供应的安全和稳定正是中国选择澳大利亚的考虑因素之一；[①]其二，澳强调本国法制完备，具有良好的商业信誉，自1989年向日本等国出售液化天然气以来从未出错；其三，为增强吸引力和竞争力，澳公司满足我方关于上游参股等要求，推出旨在帮助中国燃气业发展的中澳天然气技术伙伴关系基金。[②]

澳总理霍华德长期关注中国项目，为澳大利亚企业竞标成功提供政策支持和政治层面的协助。在揭标前关键时刻的2002年5月，霍华德亲率代表团来华实施高层外交，为澳公司最后的成功创造了有利的政治氛围。

作为中国首个进口液化天然气项目，大鹏液化天然气公司自2006年投产后，在缓解中国燃气短缺、基础设施建设、液化天然气相关技术和培训等诸多方面，发挥了颇为积极、有益的标杆作用。

第一，大鹏项目在中国气荒接连发生的时刻，缓解了中国燃气供应的不足。2006—2009年，中国输入燃气全部为液化天然气，其中大部分来自澳大利亚。2010年中国开始自中亚进口管道天然气，但数量有限。2012年时，中亚管道气进口量才达到214亿立方米，首次超出液化天然气进口量。显然，自2006年中国启动燃气输入至中亚管道气实现较大规模输入前，液化天然气是主要进口气，而自澳引进的液化天然气举足轻重。

表3.7　　　　中国液化天然气进口量（2006—2014）

年　份	进口总量（亿立方米）	从澳进口量（亿立方米）
2006	10.0	10.0
2007	38.7	33.0
2008	44.4	36.1
2009	76.3	47.5
2010	128.0	52.1
2011	166.0	50.0
2012	200.0	48.0
2013	245.0	48.0
2014	271.0	52.0
9年累计	1 179.4	376.7

资料来源：根据历年 *BP Statistical Review of World Energy* 所供数据整理所得。

① 许芙：《中澳能源合作：另一种思路》，《中国石油石化》2006年第8期。

② 侯敏跃：《中澳天然气合作的现状与问题》，《华东师范大学学报》（哲学社会科学版）2012年第1期。

第二，大鹏项目加快了广东能源基础设施建设的步伐。大鹏项目包括14个独立的子项目，形成液化天然气产业链，在这个链上生成了一系列能源基础建设工程，包括广东省“十五”重点工程的383公里长的液化天然气输气干线工程，广州、深圳、佛山、东莞、香港5城市燃气公司管网置换工程，年接收能力370万吨的液化天然气接收站工程，新建惠州电厂、深圳前湾电厂、深圳东部电厂和广州珠江电厂等配套燃气电厂和深圳美视电厂的油改气发电项目工程，计划新增装机容量456万千瓦。

中国天然气主要用于民用燃气和化工原料，仅约12%用于发电，利用率不高。大鹏项目65%的燃气投入电力生产，这是中国天然气消费结构的一场变革。历年运行的结果显示，大鹏项目对广东能源基础设施建设、能源结构优化、电网调峰容量的提高具有极为重要的作用。

第三，大鹏项目为中国造船企业进入液化天然气运输船建造领域提供了机遇。中国船厂原先并不建造液化天然气船，但伴随国际液化天然气海运市场的扩大，尤其是中国计划引进液化天然气，产生了液化天然气运输自主化、船舶建造国产化的需求。中澳大鹏项目谈判和几乎同时进行的中印(尼)福建莆田液化天然气项目谈判中，中方提出的要求之一是，由中国船厂建造国产的液化天然气船，用于运输采购自澳、印两国的液化天然气，此要求获对方同意。因此，2002年，上海的沪东船厂首次获得了5艘液化天然气船的订单，其中3艘用于大鹏项目，2艘服务于莆田项目。2008年4月，第一艘国产液化天然气船交付使用，实现了中国在液化天然气造船市场上零的突破。

第四，由澳政府和企业共同出资设立、大鹏项目框架内的中澳天然气技术伙伴关系基金对中国天然气和液化天然气产业发展作出了独特的贡献。基金提供培训、奖学金、研究项目资助及技术转让便利等。内容涉及天然气开采到消耗，上、中、下游产业链的各种知识、技术和管理，有关天然气作为能源的应用及用途在政策、立法、法规、商业及技术层面的知识和信息，天然气行业的国际商业管理知识等。而人员培训和交流、实地考察、实践锻炼、项目研究、双边会议等，不仅有利于保障双方已有合同的顺利实施，更对培养和发展两国业界、政府管理部门、乃至两国百姓之间的情谊带来一定的促进作用，有益于两国天然气领域合作的深化和发展。

第五，大鹏项目使中国锁定了长达25年、每年300多万吨的低价液化天然气。中澳签订的大鹏协议是 25 年期的“照付不议”合同，价格与 15—25 美元/桶油价区间挂钩，意味着合同期限和数量内澳输往大鹏的液化天然气最高售价不得超过 25 美元/桶油价对应的液化天然气价格。但协议签署后国际油价持续上行，2006 年当澳开始向大鹏输气并执行所定合同价时油价已达 70 美元/桶，上涨了数倍，并继续走高。大鹏协议保证了中国长时期每年数百万吨廉价液化天然气的供给，以后的合同不仅气价远超此价，而且时常因油价高企而面临卖方涨价的诉求。

三、中澳天然气合作的迅猛发展

大鹏项目极大地提升了两国业界和管理部门进一步推进和深化双边合作的热情和信心。

澳大利亚方面采取了一些主动和有积极意义的举措。澳力争扩大向中国东南沿海地区输出燃气。在大鹏合同签署后不久，澳农业和资源经济局联合中国能源研究院，对江苏、上海、浙江、福建的燃气市场和作用进行调研，并发布了报告《华东天然气液化天然气的作用》。两国联合调研队认为，华东沿海省市是中国经济发展最快、最具活力的地区之一，其经济增长有赖于大幅提高能源消费。报告预测，截至 2015 年，该地区的燃气消耗年均增长率可望达到 12.5%，[①]中国即将投入营运的西气东输工程仍难以满足东部地区燃气需求，东部沿海将成为澳液化天然气的主要市场。

与此同时，澳与山东商谈提供液化天然气事宜；与上海和浙江有关部门就兴建液化天然气码头工程，展开联合研究，澳希望借参与沪、浙两地码头建设研究，推动本国获得对两地拟建中的液化天然气接收站的供气合约。

广东大鹏和福建莆田的液化天然气项目获批并成功签订液化天然气长期供应合同后，东南沿海其他省市加快向中央政府申请的程序和寻找海外液化天然气来源的进程，中海油、中石油和中石化三大公司也很快与东南沿海省市联手，推出更多液化天然气接收站建设项目。这引起了卡塔尔、澳大利亚、印度尼西亚、马来西亚等液化天然气生产大国的角逐。

---

① 中国燃气网：《天然气大鳄角逐中国，印尼属意江苏澳洲青睐山东》，2003 年 11 月 21 日，见 http://www.chinagas.org.cn/hangyexinxi/veiw_gnrq.asp?id=1097。

对中国而言，澳在液化天然气生产潜力和供应能力上拥有优势，中澳各自液化天然气产业发展战略、资源互补和地缘相近的现实使得两国扩大天然气合作具备有利条件，加之中外第一个液化天然气合作项目大鹏项目的示范效应，在争取更多中国液化天然气项目的激烈竞争中，澳大利亚广受中方用户的青睐，因而中澳之间签署了诸多长期合同。

表 3.8　　中外主要液化天然气长期购销协议

签约时间	计划供货时间	合约期限（年）	年供量（万吨）	签约公司	气源地
2002.10	2006.5	25	330	中海油—澳西北大陆架	澳大利亚
2004.7	2009.7	25	260	中海油—印尼东固气田	印尼
2006.10	2009.9	25	303	上海液化天然气—马来西亚液化天然气	马来西亚
2008.4	2011.5	25	300	中石油—卡塔尔天然气—壳牌	卡塔尔
2008.11	2014	20	200	中石油—壳牌	澳大利亚
2009.8	2015	20	225	中石油—美孚澳大利亚	澳大利亚
2009.11	2014	20	200	中石化—埃克森美孚	巴布亚新几内亚
2010.3	2014	20	360	中海油—英国天然气	澳大利亚
2011.4；2011.12	2015	20	430（2011 年 4 月签约量），330（2011 年 12 月签约增量）	中石化—澳太平洋液化天然气	澳大利亚
2012.10	2015	20	500	中海油—英国天然气	英国天然气集团全球 LNG 资源组合供应

资料来源：根据媒体公布的信息整理所得。

表3.8收列的长期购销合同锁定的年度液化天然气最大供应量为3 438万吨，其中约55%(1 875万吨)直接来自澳大利亚，另外，中海油和英国天然气合同内的500万吨，也会有一些来自澳大利亚。液化天然气产业的上下游呈齿轮般紧密结合关系，一旦签署买卖合约，在合约期内双方谁也离不开谁，因此，在液化天然气领域，中澳已形成较大的相互依赖，液化天然气合作成为了中澳能源合作的又一亮点。更为重要的是，有4份中澳协议包括了我方上游参股和全产业链合作的内容，这些中澳天然气合作历程中贸易促进投资和全产业链合作的成功案例，对中国企业走向澳大利亚，顺利实施对澳投资战略，对进一步推进中澳资源合作不无启示和借鉴。

第四节 煤炭领域合作

煤炭是中国最主要的一次能源，在国民经济发展中居重中之重的地位，改革开放以来，中国的煤炭消费在一次能源消费总量中始终占约70%的比例。中国消耗的煤炭部分自国外输入，近年来中外煤炭领域合作发展迅猛，澳大利亚为中国重要煤炭合作伙伴。

一、中澳煤炭贸易

中国一度是煤炭出口第一大国，进口煤炭只是补缺，一般是进口特殊煤种以填补国内短缺。但随着经济的持续快速发展，煤炭的需求和进口量增长迅猛，煤炭净出口量逐年下滑。2009年，中国进口煤炭1.26亿吨，较前一年增长211.9%；出口煤炭2 240万吨，下降50.7%；煤炭净进口量达1.03亿吨，首次成为煤炭净进口国。[①]而无论是中国成为煤炭净进口国之后，还是在此之前，澳大利亚一直是中国重要的煤炭进口来源。目前，中国主要煤炭进口来源国是印尼与澳大利亚，自两国输入煤炭量占输入总量的近7成。

澳大利亚和印尼对中国煤炭的供应各具优势。印尼的优势很大程度上在于低廉的价格，澳大利亚的强势主要在于煤种的优质。很长时间里，澳对华出

---

① 新华网：《我国2009年首次成为煤炭净进口国》，见http://news.xinhuanet.com/fortune/2010-01/22/content_12857804.htm。

表 3.9　中国自澳大利亚、印尼煤炭进口量及占中国进口总量比重(1998—2014)

年　份	澳大利亚(百万吨)	澳占比(%)	印尼(百万吨)	印尼占比(%)
1998	1.18	74.7	0.00	0.0
1999	1.10	65.6	0.00	0.0
2000	1.29	60.9	0.21	10.1
2001	0.67	26.9	0.84	33.9
2002	4.49	41.5	1.94	17.9
2003	5.10	47.4	0.78	7.2
2004	5.35	28.8	1.32	7.1
2005	5.88	22.5	2.40	9.2
2006	6.90	18.0	5.17	13.5
2007	4.14	8.6	11.24	23.4
2008	3.54	8.8	11.19	27.7
2009	43.95	34.9	30.31	24.1
2010	36.96	22.4	55.03	33.4
2011	32.54	17.9	64.70	35.5
2012	59.46	20.6	120.0	41.4
2013	88.19	27.0	125.70	38.4
2014	94.41	32.4	106.05	36.4

资料来源:根据 *China Energy Databook* (*Version* 7.0)和 www.coal.com.cn 所供数据整理和计算所得。

口煤炭主要是用于炼钢的炼焦煤,而印尼对华出口煤炭多为用于发电的动力煤,以 2010 年为例,当年澳输华煤炭中炼焦煤占比为 63%,印尼输华煤炭中动力煤占比95%。①然而最近几年,澳输华煤炭中动力煤比重渐趋提高,且已超过炼焦煤的比重。

---

① Kevin Jianjun Tu and Sabine Johnson-Reiser, "Understanding China's rising coal imports", 16 February 2012, http://carnegieendowment.org/files/china_coal.pdf.

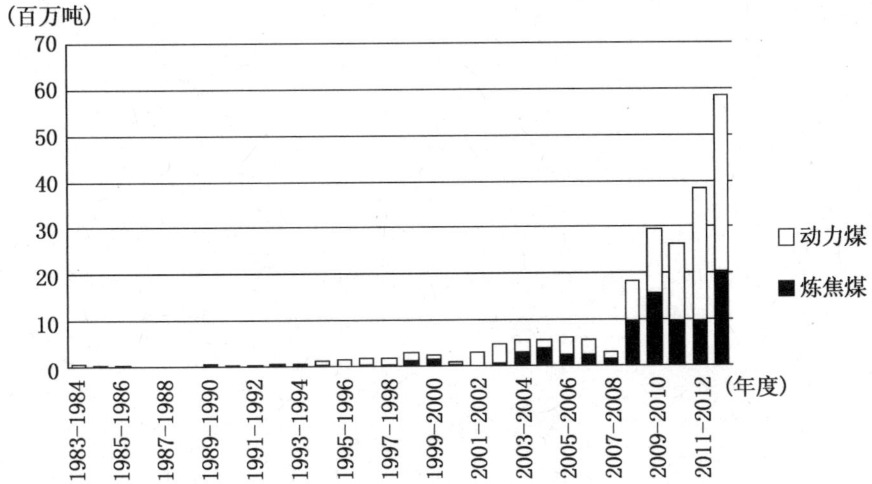

图 3.2　中国进口澳大利亚煤炭构成

资料来源:根据澳大利亚政府部门出版的 *Resources and Energy Statistics* 与 *Australian Energy Statistics* 历年卷所供数据绘制而成。

实际上,中国自 20 世纪 80 年代中期开始从澳输入煤炭,当时主要是补缺,每年进口量仅在几十万吨;直至 90 年代中期,进口量才逾 100 万吨;进入 21 世纪后,输入加快攀升,2009 年迎来爆炸式增长,自 2008 年的 354 万吨猛升至 4 395 万吨。原因是,一方面,由于前文分析的因素,2009 年中国煤炭净进口量大幅增加,成为煤炭净进口国;另一方面,受全球金融危机影响,国际市场煤炭需求不振,价格暴跌,2009—2010 财年,澳黑煤单价从 2008—2009 财年的 209.1 澳元/吨跌至 124.6 澳元/吨,跌幅达 40.4%,作为煤炭出口大国的澳大利亚却必须加紧开拓中国市场。

2010 年岁末、2011 年初,澳煤炭主产区昆士兰和新南威尔士连降豪雨,煤炭生产和基础设施遭严重损坏,导致产量和出口量锐减,因而 2010 和 2011 年中国从澳煤炭进口量略降,但依然处高位。2012 年以来,随着澳煤炭主产区的生产恢复正常,产量和出口量随之回升,但同时期,却是国际煤价处下行通道,澳煤价格不高,中国自澳输入煤炭数量飙升,直至 2014 年达到史无前例的 9 441万吨,迈向亿吨大关。

从历年来的操作层面看,中国在澳煤炭价格飙涨时,减少或控制自澳进口量,在澳煤价格下跌时,则大幅增加进口量。这反映了中国充分利用价格杠杆，调整进口量，以保障本国利益的策略。

澳由来已久的最大煤炭出口市场是日本，澳输华煤炭占其煤炭出口总量的百分比长期较小，20 世纪 80、90 年代时低于 2%，21 世纪以来，逐步上升至近年来的接近四分之一，中国对于澳煤炭输出的重要性大步提升。以出口值为例，自金融危机以来，澳对中国的煤炭输出值上升较快，多年位列第二。

表 3.10　　澳大利亚煤炭主要出口市场及占比　（单位：亿澳元；占比：%）

年　份	2009	2010	2011	2012	2013	2014
对华出口值（亿澳元）及占比（%）	56.51 (14.3)	51.91 (12.1)	45.43 (9.7)	67.83 (16.4)	90.82 (22.8)	83.26 (21.9)
对日本出口值（亿澳元）及占比（%）	158.56 (40.2)	148.35 (34.5)	166.19 (35.6)	149.46 (36.2)	136.83 (34.4)	118.68 (31.2)
对韩国出口值（亿澳元）及占比（%）	49.15 (12.5)	53.73 (12.5)	66.51 (14.2)	54.25 (13.1)	50.22 (12.6)	51.38 (13.5)
对印度出口值（亿澳元）及占比（%）	50.07 (12.7)	68.07 (15.8)	72.21 (15.5)	53.48 (13.0)	47.94 (12.0)	51.91 (13.7)
澳煤炭出口总值（亿澳元）	394.39	429.67	466.91	412.73	398.05	379.99

注：括号内数值为占比。

资料来源：根据 Department of Foreign Affairs and Trade, Australia, *Composition of Trade Australia* 历年卷数据整理和计算而成。

中澳煤炭贸易也会有争执，但双方之间的协商和保障机制足以应对产生的问题，使两国煤炭贸易顺利发展。2014 年 10 月，中国取消煤炭零进口税率，恢复实施 3%—6%的税率。该举措立刻遭到澳煤炭矿商的反对，他们担心印尼凭借中国—东盟自由贸易协定继续享受关税豁免，给澳对华出口带来不利。澳矿业组织向中国发出取消征税的呼吁，并要求澳政府在与中国谈判自由贸易协议时，与华交涉。一个月后，中国在与澳达成自由贸易协定意向书时，同意取消澳洲煤炭对华出口关税，并在 2015 年 6 月正式签署的中澳自由贸易协定中，作出了明确的规定。①

① 《中华人民共和国政府和澳大利亚政府自由贸易协定》，附件 1-B-2 中华人民共和国减让表第二节，第 608 页。

中国经济增速放缓，以及减少污染排放，保护大气环境的需要，使得近年来中国面临控制和减少煤炭进口，提高煤炭质量的要求。2014 年中国进口煤炭 2.91 亿吨，较 2013 年减少约 3 900 万吨。[①]2015 年 1 月，中国实施新的《商品煤质量管理暂行办法》，减少高灰高硫煤开采与销售，进口煤的标准予以提高。澳大利亚煤企对此颇有怨言，担忧对华出口受阻。实际上，在国际市场上，澳大利亚的煤炭质量较高，中国进口煤的新规定，对印尼、越南、南非等国煤企的冲击更大。中国经济庞大的体量和中高速发展的速度，将继续使中国煤炭进口市场保持较大规模，澳大利亚煤炭对华出口的优势地位难以撼动。

2014 年 12 月，国际能源署发布的《煤炭市场中期报告》指出，由于澳大利亚货币汇率在未来五年将处于较低水平，中国对澳煤的需求预计将会增加。而中国煤炭另一重要进口来源国印尼国内较高的煤炭需求及政策收紧，正导致其煤炭输出放缓。各种影响因素叠加，将使澳大利亚成为煤炭出口增长最快的国家。国际能源署预计，未来五年，在全球煤炭出口增量中，澳大利亚将占比最大。[②]显然，中澳煤炭贸易的前景继续看好。

二、中国对澳大利亚煤业投资

澳大利亚丰富优质的煤炭资源、稳定的社会与政治环境以及健全的法律制度吸引了来自诸多国家的投资。历年来，越来越多的中国煤电企业投资澳煤业，进行煤炭资源的勘探、开发和利用，两国煤炭投资领域的合作形式也变得越来越灵活多样，无论是独资、合资，还是并购、参股，中澳两国在煤炭投资领域的合作卓有成效。重要投资案例包括但不限于以下各项：

2003 年 12 月，华能集团以 2.27 亿美元收购昆士兰的奥丝电力公司 50％的股权。2005 年 7 月，华能斥资 2 942.3 万澳元购得奥丝电力公司附近的蒙托煤矿 25.5％的股份。华能计划将在蒙托煤矿中拥有的权益煤炭中的一半运回国内，供旗下电厂使用，另一半煤炭则供给奥丝电力公司。华能的两大收购首开中国电企布局全球的先河，不但开辟了海外煤炭供应国内电企的新渠道，而

① 海关信息网：《2014 年我国进口煤总量缩减行业景气度走低》，2015 年 1 月 30 日，见 http://www.haiguan.info/files/HotCare/305.aspx。

② 国际煤炭网：《澳大利亚将成为煤炭出口增长最快的国家》，2014 年 12 月 25 日，见 http://coal.in-en.com/html/coal-14451445892228434.html。

且首次在海外搭建了煤电产业链。

2008 年 11 月，神华集团全资子公司神华沃特马克煤矿有限公司向新南威尔士州政府缴纳 3 亿澳元，获得沃特马克煤矿的探矿权。

2010 年 2 月，中国冶金科工公司利用名为“中国第一”的煤矿项目管理费 2 亿美元入股澳矿业公司源库资源，同时获得该项目设计、采购和施工总承包管理及年产 3 000 万吨煤炭销售 4%的固定佣金权益。

2011 年 4 月，太原重型机械集团煤机有限公司（简称“太重煤机”）以 1.3 亿澳元全资收购澳大利亚威利朗沃国际集团。此为中国煤机装备制造业首次收购国际煤机企业，利于太重煤机进一步获取国际先进技术，填补产品和技术上的空缺，也利于太重煤机开拓包括澳大利亚在内的国际市场。

2012 年 9 月，山东能源临沂矿业集团出资 2.06 亿澳元，收购澳大利亚罗克兰公司全部股权，获得了罗克兰公司在昆士兰的一处采矿权和两处探矿权。

此外，兖州煤业（以下简称兖煤）对澳投资不失为中国对澳煤炭业更为典型、极具启迪的投资案例。

兖煤介入澳大利亚煤炭业为时较早。1999 年，它带着自主研发的综采放顶煤开采技术，赴澳寻求机会，与澳联邦科学与工业研究组织开展技术研发项目合作。在对澳市场初步了解的基础上，兖煤于 2004 年投资 6 400 万澳元，注册设立全资控股子公司—兖煤澳洲公司，作为在澳开展企业并购的平台。同年底，兖煤澳洲以 3 200 多万澳元收购位于新南威尔士的南田煤矿 100%的股权，并将其更名为澳思达煤矿。该矿生产的煤炭主要是硬焦煤和半软焦煤，属国际煤炭市场紧缺煤种。但由于采煤技术的原因，当地无法对其进行深层开采。而兖煤拥有自主知识产权的综采放顶煤技术恰好适用于该煤矿的开采。①此次收购虽然资金规模不大，却是中国成功投资发达国家煤矿产业迈出的第一步。

之后，兖煤历经五年加深对澳政治经济环境、投资法规和煤炭运营模式的了解。在深入论证分析 30 余个并购项目的基础上，2009 至 2012 年间，兖煤先后实施四次规模性并购，获取位于昆士兰和新南威尔士的优质煤矿资源，初步

---

① 煤炭网：《兖州煤业收购澳南田煤矿总价款 3200 万澳元》，见 http://www.coal.com.cn/Gratis/2004-12-24/ArticleDisplay_75751.shtml。

完成了集团在澳大利亚的业务布局。四次并购中，最引人关注的为2009年12月其出资33.33亿澳元并购菲利克斯公司，一举获得菲利克斯经营的三大矿产资源。兖煤澳洲的一系列收购标的涵盖了矿山、煤炭开发企业、煤炭下游运输企业，充分发挥了完整的产业链协同作用，体现了兖煤前瞻性的产业规划。

兖煤在澳大利亚的投资兼具经济和政治意义。在经济层面，根据兖煤公布的数据，在集团总部煤炭产量保持平稳的情况下，兖煤澳洲原煤产量在集团总产量中的占比不断上升，兖煤澳洲迅速跃升为兖煤集团业务发展的有生力量，其未来前景继续向好。

表3.11　　兖煤集团原煤产量　　（单位：百万吨）

年　份	2009	2010	2011	2012	2013
总　部	33.4	34.3	34.0	34.3	35.9
山西能化	1.0	1.5	1.2	1.4	1.5
菏泽能化	0.0	1.6	3.0	2.7	2.9
鄂尔多斯能化	—	—	4.4	6.9	6.3
兖煤澳洲	1.9	12.0	13.1	19.3	21.1
兖煤国际	—	—	—	3.3	6.1
合　计	36.3	49.4	55.7	67.8	73.8

资料来源：根据兖煤公司年报及市场公开数据整理所得。

另外，从长期资源潜力看，兖煤收购的煤矿资源为其未来成长提供了充足储备，使兖煤的资源扩张战略迈出了坚实步伐。

兖煤曾遭遇汇兑损失，广受诟病，而其面对巨亏依然扩张的做法，更遭到国内舆论的抨击。①但兖煤辩称，实际上这有利于公司的资产运营。一是账面虚亏可以规避纳税，获得境外低成本融资利益，实现低成本发展；二是利用澳洲资产出现亏损，申请澳大利亚政府解除对兖煤澳洲股权减持的法定要求。兖煤董事、兖煤澳洲公司副董事长张宝才说："澳洲资产实施高负债运营，是兖矿为维护集团整体利益，确保海外投资安全，经过周密分析、审慎决策而做出的战略性选择。""高负债运营策略实现了'境外投资、境内受益'的战略目标，

① 郑重：《兖州煤业澳洲踩雷仍不收手　海外子公司巨亏45.6亿元》，见http://finance.ifeng.com/a/20140308/11835147_0.shtml。

已经累计获得综合财务收益 50 亿元以上。"[①]兖煤在澳大利亚进行的矿产资源整合及财务资本运作，最终胜败如何，仍需拭目以待，但无论结果怎样，兖煤对澳投资实践将为我们带来更多、更深刻的启示。

在政治层面，兖煤在澳大利亚的十余年投资历程成为稳定和改善两国政治关系的经济案例之一，体现了经济政治学对中澳关系的积极作用。尤其是其 2009 年的收购菲利克斯的案例是中澳关系转缓的表现，也为未来两国政治关系的良好发展起到了助推剂的作用。在此之前，中澳关系历经 2009 年中铝并购力拓的败北、力拓胡士泰间谍案、澳国内抵制和限制中国投资的叫嚣、热比娅访澳等事件冲击，处在十分微妙的阶段。同年澳政府批准兖煤收购菲利克斯公司，是两国关系企稳和澳政府释放的改善双边关系的积极信号。

三、中澳煤炭领域技术合作

中澳两国共同面临的一次能源消费导致的生态环境问题，中国在设备制造和澳大利亚在能源技术方面的优势互补，以及双方在能矿资源领域长期以来良好贸易合作共同奠定了两国间能源技术合作的基础。而两国间的一些合作机制则为两国煤炭技术合作提供了平台。除涉及范围更为广泛的"中澳资源合作双边对话机制"、"中澳气候变化伙伴关系"外，两国间具体的煤炭合作机制包括"中澳煤炭峰会"、"中澳洁净煤技术联合协调小组"(简称 JCG)与"中澳 JCG 伙伴关系基金"。

在上述能源尤其是煤炭技术合作的基础和平台上，中澳两国在煤炭技术领域开展了一系列较有成效的合作。一些较突出的合作项目包括：

2007 年 4 月，重庆煤炭集团与昆士兰的脉冲能源公司价值 3.12 亿澳元的合作协议，规定将使用澳方开发的燃烧低浓度煤层气产生清洁能源的技术，在重庆建设 4 座装机 6 万千瓦的清洁煤电厂。

2007 年 9 月，中国华能集团和澳联邦科学与工业研究组织签署《关于洁净煤发电及二氧化碳捕集与处理等技术研究的合作框架》协议。合作的课题涉及发电厂烟气二氧化碳的捕集与处理、煤气化技术、煤气净化技术等。双方将利用上述技术，在华能北京高碑店热电厂建设一座二氧化碳捕集试验示范项

① 李国政、张伟、吴玉华，《兖煤国际化营运透视》，《企业家日报》2014 年 3 月 25 日。

目，对高碑店热电厂进行碳捕集改造，设计二氧化碳回收率大于85%，年回收二氧化碳能力为3 000吨。项目已于2008年7月正式投产。该项目是“中澳洁净煤工作组”的首个项目，也是中国第一个碳捕集示范项目。

林克能源在华技术合作项目。澳大利亚林克能源公司拥有先进技术，能将煤炭在地下就地气化，再以气液转换技术生产柴油等洁净液体燃料。该技术不仅使利用地下深处的煤炭资源成为可能，且能将燃烧煤炭产生的粉尘留在地下，从而减少污染。林克能源在华技术合作项目主要有三个：2008年启动的与华电煤业集团在中国应用林克能源的煤炭地下气化技术和气液转换技术合作项目；2008年开启的与中国新汶矿业集团的合作，主要是在新疆伊宁开发煤炭地下气化业务和气液转换业务，以及开发煤炭地下气化田，用以生产煤气，并通过“西气东输”管道将煤气东运；2012年，与总部位于香港的协鑫集团组建合资企业，将煤炭地下气化、气液转换技术和经验商业应用到合资企业在华项目上。

2010年获批的中海油与阿尔托纳资源公司共同在澳投资煤制油项目，项目投资额30亿美元，计划年产1 000万桶油，发电能力为56万千瓦。

2011年，兖州煤业与美国博地能源公司在澳大利亚开启技术合作项目，将兖州煤业拥有自主知识产权的综采放顶煤技术运用于澳大利亚的煤矿，以提高煤炭资源回收率，提升矿井煤炭产量。此次合作“是中国煤炭企业首次以技术为资本，参与境外煤炭资源开发，实现‘风险共担、利益共享’，对加快公司核心技术资本化进程和中国煤炭生产技术国际化、商业化推广具有重大的战略意义”。①

总结而言，中澳煤炭技术合作的主要形式，是双方企业在中国或澳大利亚共建合资企业，就煤的洁净利用展开合作，一般是中国企业制造相关设备，澳大利亚企业提供先进技术，兖州煤业与美国博地能源在澳技术合作的案例是一例外。应该指出的是，中国煤炭企业的先进技术主要体现在煤炭开采方面，在洁净煤技术领域，中国还需向澳大利亚学习。中澳煤炭技术合作已有一定的基础和经验，双方可继续合作，共同研究和提高煤炭技术，为两国能源消费

---

① 中证网：《兖州煤业技术资本化取得国际新突破》，见 http://money.163.com/11/0811/18/7B6QUMAK00253B0H.html。

结构的优化、气候环境的改善作出更大的贡献。

第五节　其他重要资源合作

铁矿、天然气、煤炭是中澳资源合作领域三大支柱，但两国在其他资源产品上也有紧密合作，具有一定规模的合作产品包括铀、铜、铝、原油。本节就中澳在这四大产品方面的合作予以简述。

一、铀矿

当今，中国面临巨大的碳减排压力，但同时，中国对于能源需求的增长态势不减，于是提升非化石能源在发电中的占比十分必要。在非化石能源领域，相比之下，核燃料铀的能量密度高、便于运输，核电技术相对于其他新能源技术较为成熟，且不受气候、日照条件等因素的影响，加之核电的洁净、燃料成本经济等优势，发展核电成为中国的选择之一。

1983 年 6 月 1 日，中国第一座核电站——秦山核电站破土动工。截至 2013 年 6 月，中国现役核电站共 8 座。目前，中国还有几十个在建核电项目，是世界上核电在建规模最大的国家。

中国核电领域雄心勃勃的规划需要大量铀矿的稳定供应。尽管中国铀矿探明经济资源量(相当于经合组织核能机构和国际原子能机构分类体系中开采成本小于 130 美元/公斤的合理确定资源量)有 10.95 万吨，世界排名第十，但中国铀矿的经济可采储量(开采成本小于 40 美元/公斤铀)的预计量只有 4.58万吨，[①]且大多是中小规模、中低品位的矿藏，中国的铀矿产量难以满足消费需求。以 2011 年为例，该年，中国铀产量和消费量分别是 1 500 吨和 4 400 吨，供需缺口 2 900 吨。[②]中国须通过现货市场购买铀矿石，或与国外供货商签订长期合同获取铀矿资源。

---

① OECD Nuclear Energy Agency(NEA) and International Atomic Energy Agency(IAEA), *Uranium 2011: Resources, Production and Demand*. Paris and Vienna: OECD NEA and IAEA, 2012, p.19.

② World Nuclear Association, "Uranium production figures 2002—2012", July 2013, http://world-nuclear.org/info/Facts-and-Figures/Uranium-production-figures/#.UjLYALWBTB8. 马思佳：《中国如何应对海外铀依赖》，见 http://www.yicai.com/news/2012/04/1654156.html。

澳大利亚铀矿的资源量位居世界首位，且其资源量中绝大多数是开采成本在每公斤40—80美元的优质铀矿。作为全球重要的铀矿生产国，澳却并不消费本国生产的铀。澳大利亚铀矿自然是中国愿意购买的来源之一。

2006年4月，温家宝总理访澳期间，两国签署了《中澳和平利用核能合作协定》与《核材料转让协定》，开启了澳大利亚向中国输出铀矿的大门。如今，中国每年从澳进口约500吨八氧化三铀。①

除进口铀矿外，国内企业也实施"走出去"的战略，进军海外，收购和开发澳大利亚、加拿大、蒙古、哈萨克斯坦、乌兹别克斯坦、尼日尔、纳米比亚等国的铀矿资源。2006年9月，中钢集团与澳铀矿开采商皮皮尼矿业公司签署谅解备忘录，共同开发皮皮尼公司位于南澳的铀矿资源。项目投产后，产品将全部由中钢集团销往中国。

中国广东核电集团（简称"中广核"）也是投资澳铀矿的领军企业之一。2009年9月，中广核全资子公司——中广核铀业发展有限公司出资8 362万澳元收购澳能源金属公司70%的股权，此为中国企业首次收购海外铀矿开采公司，也是中国企业在澳买下的第一座铀矿。2012年1月，中广核的子公司托罗斯矿业公司控股收购在纳米比亚拥有2.8亿吨铀矿储量的澳大利亚埃克斯特拉科特资源公司。

除中钢集团与中广核外，中国还有一些国企或私企投资澳铀矿。比如：2010年2月，上海易兆投资集团（私企）投资1 000万澳元，参股澳大利亚考尔金能源公司；2009年12月，中信集团全资子公司中信澳大利亚公司与澳大利亚塔尔博特集团组建合资公司，并由这家合资公司购入澳南方铀矿公司部分股权；2010年5月，重庆在澳上市的公司中国西部国际控股公司（国企）宣布，从开采勘探澳洲有限公司收购了澳大利亚北昆士兰的羽毛床铀矿项目。

二、铜矿

目前中国铜精矿的对外依存度颇高，约2/3的铜精矿依赖进口。中澳铜矿资源贸易主要是中国自澳进口铜矿砂及其精矿。澳大利亚的铜矿砂及其精

---

① World Nuclear Association, "Australia's uranium", August 2013, http://www.world-nuclear.org/info/Country-Profiles/Countries-A-F/Australia/#.UiRlQqIiT8A.

矿主要出口到中国、印度、日本、韩国、德国、菲律宾等。表 3.12 显示了中国自澳进口铜矿砂及其精矿的演变情况：

表 3.12　　中国自澳大利亚铜矿砂及其精矿进口量及占比(1999—2013)

年　份	自澳进口量(千吨)	占中国进口总量比重(%)	占澳出口总量比重(%)
1999	226	72.0	21.8
2000	285	62.9	28.1
2001	453	80.4	36.4
2002	371	71.8	32.1
2003	362	53.9	26.5
2004	216	30.0	18.3
2005	571	56.6	35.6
2006	540	59.5	34.6
2007	412	36.4	26.7
2008	602	46.4	33.3
2009	643	41.9	35.7
2010	564	34.9	30.1
2011	629	39.3	34.8
2012	647	33.0	33.0
2013	1 009	40.0	47.1

资料来源：根据澳大利亚政府部门出版的 *Resources and Energy Statistics* 和 *Australian Commodity Statistics* 历年卷所供数据整理和计算所得。

由表 3.12 可见，进入 21 世纪以来，除个别年份外，中国铜矿砂及其精矿的进口总量持续攀升，自澳进口的铜矿砂及其精矿的数量也在波动中逐步增加。中国自澳进口铜矿砂及其精矿占中国进口总量的比重以及占澳出口总量的比重都较大，双方对彼此都很重要。从中国方面看，在有些年份，澳大利亚铜矿砂及其精矿对华出口占中国进口总量的逾一半。然而，近年来，智利和秘鲁的铜矿产量和出口量增长较为稳定，另外，随着蒙古最大铜金矿奥尤陶勒盖铜金矿于 2013 年投产并开始向中国出口，中国自澳进口铜矿砂及其精矿占中国进口总量的比重有所减少。从澳方看，除了个别年份中国是仅次于印度的澳铜矿砂及其精矿的第二大出口目的地，大多数年份中国都是澳铜矿砂及其精矿的最大出口市场。然而，随着中国铜矿进口来源不断增多，进口地区结构的逐渐优化，自澳进口铜精矿占进口总量的比例相应减小。

三、铝矿

中国自 2002 年以来为铝产品净出口国，但制造铝产品的原料却是中国大宗短缺矿产资源之一。澳大利亚是中国铝土矿、氧化铝以及铝（包括原铝和再生铝）主要进口来源之一。

中国铝土矿进口来源地集中在印尼、澳大利亚和印度，这三国的占比之和超过 95%，进口来源非常单一。澳大利亚是仅次于印尼的中国第二大铝土矿进口来源国，其占比自 2008 年以来维持在 20%左右。

表 3.13　　中国铝土矿主要进口来源及各自占进口总量比重(2006—2013)

年　份	印尼（万吨）	印尼占比（%）	澳大利亚（万吨）	澳占比（%）	印度（万吨）	印度占比（%）
2006	881	91.0	36	3.7	357	3.6
2007	1 543	66.3	231	9.9	525	22.6
2008	1 709	66.3	499	19.3	352	13.6
2009	1 425	72.4	511	26.0	19	0.9
2010	2 293	76.2	659	21.9	51	1.7
2011	3 572	79.7	840	18.7	63	1.4
2012	2 791	70.5	947	23.9	131	3.3
2013	4 744	67.7	1 415	20.2	533	7.6

资料来源：根据中国海关总署所供数据整理和计算所得。

尽管世界主要铝土矿出口国是几内亚、巴西、牙买加、委内瑞拉等，但在地理位置上，同上述国家相比，澳大利亚、印尼和印度距离中国更近，进口铝土矿的运费相对低廉。近年来，随着中国氧化铝产能的迅速扩张，铝土矿进口开始逐渐替代氧化铝进口，其进口量连年增加。受印尼即将禁止铝土矿原矿出口的影响，2012 和 2013 年中国增加了自澳大利亚和印度的输入量，同时也扩展了进口来源地，包括启动从斐济、牙买加、巴西和几内亚等国进口。

尽管澳大利亚是世界第一大铝土矿生产国，但其生产的铝土矿大多用于炼成氧化铝，仅有少量铝土矿供出口。世界主要氧化铝进口国有美国、中国、俄罗斯、加拿大、挪威、欧盟和海湾地区国家，其中尤以美国和中国的进口量最大。近年来中澳氧化铝贸易数据见表 3.14 和表 3.15。

表 3.14　　中国氧化铝主要进口来源及各自占进口总量比重(2006—2012)

年　份	澳大利亚(万吨)	澳占比(%)	印度(万吨)	印度占比(%)
2006	389	56.3	69	9.9
2007	432	84.2	60	11.6
2008	389	84.8	64	13.9
2009	461	89.6	34	6.5
2010	399	92.5	27	6.2
2011	182	96.8	3	1.7
2012	466	92.8	14	2.8

资料来源：根据中国海关总署所供数据整理和计算所得。

表 3.15　　澳大利亚氧化铝对华出口占澳出口总量比重(2006—2012)

年　份	2006	2007	2008	2009	2010	2011	2012
占比(%)	26.0	28.3	24.5	27.7	23.9	11.4	25.5

资料来源：根据中国海关总署与 Geoff Armitage, *Resources and Energy Statistics 2012*, Canberra: BREE, 2012 所供数据整理和计算所得。

上表显示，目前中国九成以上的进口氧化铝来自澳大利亚，从印度的输入只是补缺，进口来源非常单一。尽管中国在澳氧化铝出口中所占的比例相当可观，但远不及澳在中国氧化铝进口总量中的比重。澳大利亚氧化铝的出口市场除中国大陆外，还包括日本、韩国、美国、中国台湾等。换言之，双方在氧化铝贸易中的重要性不对称，中国更加依赖澳大利亚。

中国铝进口来源地有俄罗斯、澳大利亚、阿曼、南非、印度、塔吉克斯坦、巴西等国，进口的大部分份额来自俄罗斯和澳大利亚。而澳大利亚铝出口市场主要是日本、韩国、泰国、中国台湾、马来西亚、印尼、中国香港、新加坡以及中国内地等。

中国自澳大利亚进口铝(包括原铝和再生铝)的数量变化见表 3.16。

表 3.16　　中国自澳铝进口量及占比(1984—2013)

年　份	自澳进口量(千吨)	占中国进口总量比重(%)	占澳出口总量比重(%)
1984	18.7	7.4	4.6
1985	73.7	15.1	13.1
1986	65.8	24.7	11.4
1987	17.2	11.6	2.4
1988	6.5	8.6	0.8
1989	17.9	10.2	1.9
1990	2.5	3.5	0.3
1991	5.5	12.6	0.6
1992	24.9	10.8	2.7
1993	14.2	8.6	1.3
1994	1.9	1.1	0.2
1995	10.7	2.7	1.1
1996	11.8	3.2	1.1
1997	11.2	3.9	1.0
1998	4.8	1.6	0.4
1999	17.7	3.3	1.3
2000	18.6	2.0	1.3
2001	20.0	3.8	1.3
2002	46.4	8.0	3.0
2003	72.0	8.2	4.7
2004	75.2	7.3	4.9
2005	59.5	9.3	3.8
2006	37.4	7.3	2.3
2007	29.3	10.4	1.8
2008	15.9	6.1	0.9
2009	139.3	8.0	8.3
2010	40.3	11.0	2.4
2011	65.1	19.5	3.9
2012	98.9	15.5	6.0
2013	85.0	17.7	5.5

资料来源:根据澳大利亚政府部门出版的 *Resources and Energy Statistics* 和 *Australian Commodity Statistics* 历年卷所供数据整理和计算所得。

数据揭示，总体上，中国自澳大利亚进口铝的数量在起伏中逐步增加，但2009年情况特殊。那年，由于中国政府推迟对进口铝恢复征税，因而国内贸易商和加工厂的铝输入量猛增，自澳大利亚的铝输入量也相应骤升。

四、原油

中国与澳大利亚的原油资源都无法满足本国消费需求，都需从国外进口，但由于中澳地理位置邻近，以及原油品种与炼油厂匹配的因素，两国间也有原油相互进出口贸易。

表3.17显示，中国从澳大利亚进口的原油比出口到澳的多，相对于澳大利亚，中国是原油净进口国。从比重看，中国自澳输入的原油占中国进口原油总量的比例在0.2%—2.5%之间浮动，中国出口到澳的原油占中国出口原油总量的比例在0.8%—8.1%之间变动。而澳大利亚输华原油和其他炼油原料占澳出口原油和其他炼油原料总量的比例在0.7%—22.9%之间波动。总体而言，原油贸易在中澳各自原油进出口、乃至两国双边能矿贸易中所扮演的角色并不突出。

表3.17　　中国对澳原油进出口量(1996—2014)

年　份	自澳进口(万吨)	占中国进口原油总量比重(%)	对澳出口(万吨)	占中国出口原油总量比重(%)	自澳净进口(万吨)
1996	18.82	0.8	16.35	0.8	2.47
1997	32.55	0.9	17.04	0.9	15.51
1998	35.39	1.3	30.65	2.0	4.74
1999	90.10	2.5	26.26	3.7	63.84
2000	110.84	1.6	22.43	2.2	88.41
2001	70.91	1.2	14.55	1.9	56.36
2002	115.64	1.7	20.43	2.8	95.22
2003	177.93	2.0	22.15	2.7	155.77
2004	151.02	1.2	44.42	8.1	106.60
2005	23.24	0.2	35.01	4.3	−11.77
2006	40.21	0.3	27.64	4.4	12.57

续表

年　份	自澳进口（万吨）	占中国进口原油总量比重（%）	对澳出口（万吨）	占中国出口原油总量比重（%）	自澳净进口（万吨）
2007	46.35	0.3	7.75	2.0	38.60
2008	89.70	0.5	—	—	—
2009	156.50	0.8	32.63	6.3	123.87
2010	287.04	1.2	5.75	1.9	281.29
2011	408.06	1.6	5.00	2.0	403.06
2012	371.56	1.4	5.53	2.3	366.03
2013	302.57	1.1	—	—	—
2014	272.72	0.9	—	—	—

资料来源：根据历年《中国统计年鉴》和中国海关总署所供数据整理和计算所得。

但自澳大利亚适当地进口一些原油，对保障中国石油安全有一定益处。第一，中国逾70%的原油从中东和非洲进口意味着中国原油进口集中度过高，石油安全存在风险隐患，自澳进口原油有利于中国原油进口来源的多元化，降低对中东和非洲原油的过度依赖。第二，众所周知，原油进口运输距离越长，遭受干扰或威胁的风险越高。澳大利亚距离中国较近的地缘优势有助于减少原油运输线受干扰甚至威胁等隐忧。

第六节　中澳资源合作：问题与困难

中澳资源合作发展势头总体迅猛，但并非一帆风顺，也产生过波折、困难和挑战。下述问题值得引起我们的重视。

一、矿业集中度差异导致中国议价能力薄弱

经过多年大规模的收购兼并，目前澳大利亚矿业集中度已经很高，矿商规模较大。全球三大矿业巨头中，除巴西的淡水河谷集团，另两家，力拓与必和必拓公司，都是澳大利亚矿商。力拓与必和必拓这两大巨头在澳处于垄断竞争地位。相比之下，中国矿业集中度较低，大多数矿商规模不大，彼此之间竞

争激烈。因此双方在议价过程中，处于寡头垄断的澳方往往掌握着主导权，而产业集中度较低的中方无法形成合力与澳方协商，在定价方面的话语权弱小，常被动接受涨价。例如，2002 年至 2004 年 3 月，国际原材料价格飙升，中国自澳进口的能矿产品价格也显著上扬，其中铜矿砂、铬矿砂和氧化铝的平均进口价格涨幅分别高达 127%、154%和 111%。2005 年，中国钢铁企业被迫接受了进口铁矿石价格 71.5%的涨幅。面对大幅涨价，中国能矿企业进口成本陡增，损失巨大。

有鉴于此，一方面，我们需要逐步通过资源整合、兼并重组，提高矿业集中度，规范矿企市场行为，以便以一致的行动应对议价挑战；另一方面，中国能矿企业应积极实施国家的“走出去”战略，投资澳大利亚矿业，进入产业链的上游，拥有澳能矿企业的部分股权，这样即便澳矿价格高企，中国企业上升的资源购买成本也能从投资的股份分红中获得一些补偿。

二、长期购销合同带来价格矛盾风险

有些中澳资源购销合同的价格安排是长期的固定或半固定价格。尽管这种长期购销合同为中国以低于现货的价格长期稳定地获得资源供应和为澳能矿资源找到稳定的消费客户作出了贡献，并且长期合同有助于稳定市场，避免资源价格大幅涨落，但是，一旦国际市场现货价格剧烈波动，双方就会产生价格争议。

例如，21 世纪初，油价处低区，签订大鹏液化天然气项目协议时，即便我们选择了出价最高的澳大利亚，也依然是价格史上的低位。此后，液化天然气价格大幅上扬。由此，澳方认为，大鹏项目合约规定的 25 年“照付不议”价格给澳造成了巨大经济损失。澳方有调价的欲望，可由于合约中 25 年价格不变的约束，又显得无奈，但怨气却在积累。①这表明合约期内几十年价格不变的照付不议原则，随着价格的起伏会给买方或卖方带来利益损害，引起不满或摩擦，可能影响双方合作顺利。

中国能源市场长期以来相对封闭，国内能源价格受国家控制，使得国内消

---

① Stephen Wyatt & Colleen Ryan, “China signs up for $50bn gas deal”, *The Australian Financial Review*, 19 August 2009.

费者和企业的消费成本低于世界基准。能矿资源进口的高定价将使中国市场遭受严重冲击，带来经济损失。因此，中国能矿资源报价相对国际能矿资源价格偏低，导致了与澳大利亚在能矿贸易中的价格矛盾。如何制订一个双赢的定价机制，成为中澳能矿贸易亟待解决的一个现实问题。

三、竞争因素的影响

一方面，澳大利亚距离亚洲较近的地缘优势使其能矿产品更具运费以及相应的成本优势；另一方面，未来能矿资源需求增量将主要来自亚太地区，亚太诸多国家需要进口大量能矿资源以确保其快速的经济发展。因此，澳能矿产品的出口市场多在亚太地区。中国自澳进口能矿产品过程中，面临来自他国的竞争，尤其是来自印度、日本和韩国的竞争。

事实上，除面临他国竞争外，中国企业之间也有竞争。比如，武汉钢铁、鞍山钢铁、宝山钢铁与中国钢铁曾为了并购西澳皮尔巴拉地区的一座铁矿山竞相出价，使得收购价格提高了1/3。[①]有鉴于此，中国企业互相间竞争时应努力避免恶性竞争，以免鹬蚌相争、渔翁得利。

四、政治制度和市场经济体制差异导致的问题

中澳两国在政治制度和市场经济体制方面的差异可能成为双方加深相互理解和加强政治互信的障碍。这一问题在澳方对中国企业大量投资澳能矿业的态度上愈发明显。

澳国内有人对中国对澳矿业投资表示担忧，主要是因为这些投资的中国公司多为国企。除了国企，一些中国的投资基金，如中国投资公司的“主权财富基金”也积极参与到投资澳矿的潮流中。这也令澳国民充满担忧。另外，这些中国国企往往通过国有大银行，以极低的利率为其收购澳矿企进行融资。澳民众担忧，中国国企与中国政府关系紧密，它们的投资可能造成中国控制澳大利亚的资源，尤其是矿产资源，一旦这些国企控制澳矿产资源，就会因中国政府的压力而不遵从商业运营的规则，对矿产品的供应与定价施加影响，甚至

① 邓瑶：《央企海外并购频现恶性竞争互相抬价自挖墙脚》，《21世纪经济报道》2011年5月10日。

使澳本土企业丧失资源定价权。为减少澳国内对中国国企投资澳矿的疑虑和担忧、保障澳国家利益，澳大利亚外国投资审查委员会曾对一些中国投资项目提出附加条件，引发中方不满。

为此，中国政府应鼓励更多私企投资澳矿，使投资主体多样化；对澳投资时，少一些对当地大型矿企的投资，多一些对较小规模矿企的投资；多一些小额参股和组建合资企业，少一些控股收购和全资收购；从企业和政府各层面加强与澳方的沟通，及时消除误解。以多管齐下的方法提高中国企业投资澳矿的成功概率。

五、澳环保与原住民保护政策带来的挑战

根据澳法律，企业取得勘探许可证，并不代表也获得了划定区域内的土地使用权和开采权，还需要通过全面的环境测评①和社区讨论，在此期间，企业需要不断修改方案，以保证不会对生态环境和文化遗产构成影响或威胁。若土地现有使用者不承认政府授予的"土地使用权"，则需法庭仲裁。环境评估与社区意见征询一般为期一至四年，而勘探权的有效期一般为三至五年。若无法在一定时间内达成一致，那么大笔投资和大量心血就会付诸东流。中国电工与 HRL 公司的褐煤干燥气化发电厂项目的失败便是一例。

对此，建议企业雇佣当地专业人士担任顾问，积极配合环境测评和社区讨论，把对当地民众生活和环境的影响降至最低，消除当地民众的顾虑。

---

① 澳大利亚的矿业投资环境保护主要由州政府负责，但涉及联邦《环境保护和生物多样性保护(1999)》规定的内容(包括世界遗产地、国家遗产地、国际重要湿地、濒危物种或生态群落、迁徙物种、联邦海域、核行动(包括铀矿山)等)，也需联邦政府批准。

第四章　中俄与中澳资源合作模式的实践比较

21世纪以来，全球经济对于资源（尤其是能源资源）的需求急剧扩张，导致世界资源品的价格一路飙升。其中，以中国为首的新兴经济体的强势经济增长，给具有资源禀赋的国家带来了前所未有的机遇，包括俄罗斯、澳大利亚以及中东等国家，其资源经济的出口和资源部门的扩张，不仅成为这些国家经济增长的拉动因素，也推动了国际资源价格的暴涨。资源部门的扩张、资源经济的出口、资源价格的暴涨，成为21世纪第一个十年最为重要的经济现象，资源型经济的合作模式也引发人们的关注与思考。

第一节　中、俄、澳资源经济的重点和布局

总体看，中国、俄罗斯与澳大利亚都是地域辽阔、资源禀赋丰富的国家。从三国资源禀赋所具有的特征而言，三国在绝对资源储量、绝对资源开采量和绝对资源经济规模（主要是资源的出口量及其对GDP的贡献度）上能够在世界上居于前列。尽管三国属于资源禀赋丰裕国家，但在资源的种类、构成、分布以及经济发展水平等方面，中、俄、澳之间存在着差异，也正是这些差异促进了中俄与中澳之间的资源合作。

一、资源的种类状况

（一）资源禀赋程度

中国已探明的矿产资源种类比较齐全，资源总量比较丰富，但是中国的人均资源占有量和资源种类难以完全满足经济发展的需要，因此，中国不断加强

与俄罗斯和澳大利亚之间的资源产品的合作。目前,中国已发现 170 多种矿产资源,已查明资源的储量有 158 种。其中,煤、石油、铁、铜、铝、铅、锌等是中国资源经济发展的支柱性矿产。根据中国国土资源部发布的《中国矿产资源报告 2014》的数据,截至 2013 年底,中国拥有煤炭、石油、铁、铜、铝、铅和锌等矿产的查明资源储量分别为 14 842.9 亿吨、33.7 亿吨、798.5 亿吨、9 111.9 万吨、40.2 亿吨、6 737.2 万吨和 1.37 亿吨。①根据英国的数据,截至 2013 年,中国拥有已探明的石油储量 25 亿吨、天然气储量 3.3 万亿立方米、煤炭储量 1 145亿吨,其中,煤炭占世界总探明储量的 12.8%,居世界第三位,已探明石油和天然气储量分别占世界总探明储量的 1.1%和1.8%。②尽管中国也不失为一个资源丰裕的国家,但与俄罗斯和澳大利亚相比,中国的资源出口绝对量及其对 GDP 的贡献度很低。

俄罗斯是当今世界上唯一资源能完全自给的资源禀赋大国。俄罗斯的天然气储量居世界前列,石油储量居世界第二位(见图 4.1)。截至 2012 年 1 月 1 日,俄罗斯的 C1 类石油可采储量为 178 亿吨,C2 类为 102 亿吨;C1 类天然气储量为 48.8 万亿立方米,C2 类为 19.6 万亿立方米。这是俄罗斯国家储备数据解密后,首次正式对外公布有关俄石油和天然气储量数据。③依据英国方面的数据,2013 年底,俄罗斯探明的石油储量为 127 亿吨,占世界探明总储量的 5.5%,居世界第 7 位;探明天然气储量 31.3 万亿立方米,约占世界探明总储量的 16.8%,居全球第二位;探明煤炭储量 1 570 亿吨,占世界探明总储量的 17.6%,居世界第 2 位。④如所周知,对俄罗斯这样的资源大国来说,石油天然气是俄经济的主导产业,油气收入约占俄预算收入的 50%以上,占到俄罗斯外贸出口额的约 2/3。可见,以石油天然气为主导的俄罗斯能源资源的出口,是关系到其国家预算收入、贸易进出口乃至经济增长与国家的重要经济支撑。此外,俄罗斯的铁矿石储量约有 1 000 亿吨,占世界总储量的三分之一左右,稳居世界第一位。俄罗斯大约半数以上的铁矿石储量集中在几个大型铁矿床,

---

① 中国国土资源部:《中国矿产资源报告 2014》,地质出版社 2014 年版,第 4—6 页。

② BP, *BP Statistical Review of World Energy June 2014*. London: BP, 2014, pp.6—32.

③ 中国石油新闻中心:《俄罗斯首次公布石油和天然气储量数据》,见 http://news.cnpc.com.cn/system/2013/07/16/001437752.shtml。

④ BP, *BP Statistical Review of World Energy June 2014*. London: BP, 2014, pp.6, 20, 30.

每个铁矿床的储量都超过 10 亿吨。

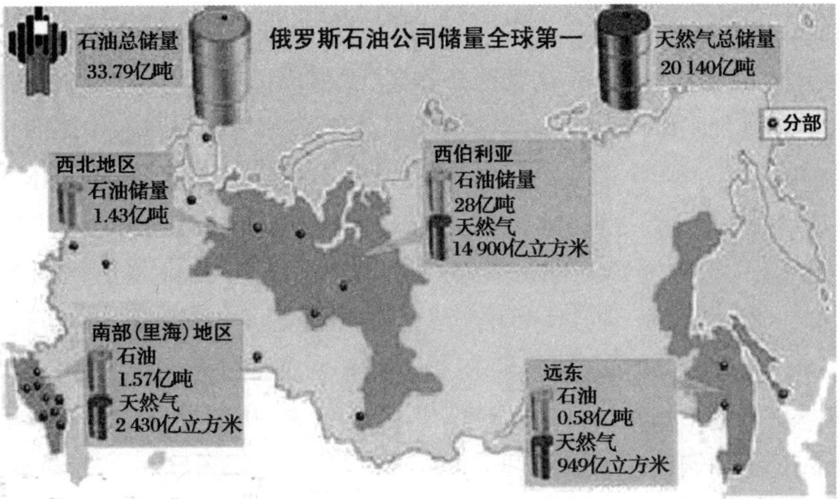

图 4.1　俄罗斯石油天然气储量

资料来源:俄罗斯石油公司官方网站。

澳大利亚是矿产资源丰沛的国家,以铁矿和煤矿为主要出口产品。2013 年底,澳大利亚探明的煤炭储量为 764 亿吨,占世界探明总储量的 8.6%,位居世界第 4。按照 2011 年的产量,其煤炭储量中的黑煤可供开采 40 年左右,褐煤可供开采至少 500 年。澳已探明的天然气资源达 3.7 万亿立方米,占世界总储量的 2%,储采比逾 85 年。[①]澳大利亚是世界上最大的铀矿资源国,占世界全部铀矿资源的比率为 34%,据澳地球科学署 2012 年评估,澳大利亚拥有已探明有经济意义的铀矿资源 119.6 万吨。在有经济价值的铁矿石储量中,澳大利亚位居世界首位,占据了 22%的份额。澳大利亚拥有已探明有经济意义的铝矾土资源为 56.65 亿吨,排名世界第二,仅次于几内亚。虽然澳大利亚的石油储量在世界上属于中等规模,占世界总储量的 0.2%,但按照目前的开采速度可供应 21.9 年。

(二) 资源地理分布

在中国,煤炭资源是数量相对丰富的资源品种。煤炭的地理分布呈现西

① BP, *BP Statistical Review of World Energy June 2014*. London: BP, 2014, pp.6, 20, 30.

多东少，北多南少的格局。以中国的大兴安岭—太行山—雪峰山为界，以西地区查明资源储量约占全国的87%，以昆仑山—秦岭—大别山为界，以北地区的查明资源量约占全国的90.5%。中国煤炭资源地域分布上的北多南少、西多东少的这一特点，决定了中国的西煤东运、北煤南运的基本格局。与煤炭相比，中国的油气资源储量较小，产量更低。主要含油气区分布在中国的北部、中部、南方和海域四个部分。石油资源集中分布在渤海湾、松辽、塔里木、鄂尔多斯、准噶尔、珠江口、柴达木和东海陆架八大盆地，其可采资源量172亿吨，占全国的81.13%；天然气资源集中分布在塔里木、四川、鄂尔多斯、东海陆架、柴达木、松辽、莺歌海、琼东南和渤海湾九大盆地，其可采资源量18.4万亿立方米，占全国的83.64%。金属矿藏中，铁矿和铜矿主要分布在华北地台北缘铁矿带(铁矿储量约占全国一半)、长江中下游铁(铜)矿带、川西滇东铁(铜)矿带、华南沉积型铁矿区、东疆甘西北铁矿带、金川—白银铜矿区、西藏昌都铜矿区等。铝土矿主要分布在晋中—晋北区、豫西—晋南区、黔北—黔中区和桂西—滇东区。铅锌矿主要集中分布在南岭地区。①

在俄罗斯方面，其能源和矿产资源绝大部分集中在其东部的西伯利亚与远东地区，该地区蕴藏着俄80%以上已探明的各种矿产资源。这一地区能源资源储量的潜在价值为25万亿美元，是俄主要的矿产基地。而且，这一地区也是当今世界仅存的尚未得到充分开发利用的矿产资源区。俄罗斯已探明的石油资源主要分布在西西伯利亚、东西伯利亚和远东三个地区。西西伯利亚含油气盆地是世界上油气资源最丰富的含油气盆地之一，今后的30—40年，这一地区仍将是俄重要的油气产区；位居俄罗斯第二位的东西伯利亚含油气盆地是世界上面积最大的盆地，东西伯利亚和远东地区拥有150亿吨石油的初始资源总量，占全俄的18%。石油探明储量为12亿吨，是俄具有巨大潜力的后备油气区。位于鄂霍次克海西南端的萨哈林油气区，也发现了一批大油气田，包括伏尔加—乌拉尔含油气盆地、蒂曼—伯朝拉含油气区、滨里海油气区以及北高加索油气区，也是俄罗斯油气资源十分丰富的地区。俄罗斯还拥有十分广阔、颇具远景的海域含油气区。关于俄罗斯西伯利亚和远东的石油产量及其预测见表4.1。

① 孙仕敏等:《我国矿产资源重点开发区的布局》,《中国国土资源经济》2006年7月。

表 4.1 **俄罗斯西伯利亚和远东石油产量及预测** （单位：百万吨）

项目＼年份	2005	2006	2007	2008	2009	2010	2011	2012	2013	2014	2015	2020
基础油田	0.3	1.0	1.2	1.9	4.0	13.2	17.3	21.3	25.4	28.2	30.1	30.7
塔拉干斯克	0.2	0.7	0.7	0.7	0.5	6.5	6.5	6.3	6.4	6.5	6.3	6.9
上乔	0.1	0.2	0.5	0.9	2.0	4.1	6.0	7.6	8.5	8.5	8.5	8.2
尤鲁勃钦诺—托霍姆斯克	—	—	—	0.1	0.4	0.7	1.9	3.5	5.7	7.5	8.6	9.0
古尤宾斯克	—	—	—	0.1	1.0	2.0	2.9	3.8	4.7	5.7	6.6	6.6
卫星油田	—	—	—	—	—	—	1.3	3.4	4.6	5.0	5.4	6.3
塔拉干斯克—上乔区（瓦库纳伊斯克、达尼洛夫斯克、德布奇甘斯克、阿林斯克、恰扬金斯克）	—	—	—	—	—	—	0.9	2.0	2.1	2.3	2.4	2.8
巴图奥宾斯克区（中巴图奥宾斯克、塔斯—尤利亚赫斯克、伊列利亚赫斯克、马乔宾斯克、斯塔纳赫斯克、米尔宁斯克、伊克杰赫斯克、上乔维柳强斯克）	—	—	—	—	—	—	0.3	1.2	2.1	2.2	2.3	2.5

续表

项目＼年份	2005	2006	2007	2008	2009	2010	2011	2012	2013	2014	2015	2020
雅拉克金斯克—杜利希明斯克区（马尔科夫斯克、雅拉克金斯克、杜利希明斯克、比留金斯科）	—	—	—	—	—	—	0.1	0.2	0.2	0.3	0.4	0.7
索宾斯克、拜金斯克	—	—	—	—	—	—	0.0	0.1	0.1	0.2	0.3	0.4
资源 C3＋Д1	—	—	—	—	—	—	—	—	—	0.6	1.8	19.4
东西伯利亚和萨哈共和国（雅库特），总计	0.3	1.0	1.2	1.9	4.0	13.2	18.6	24.8	30.0	33.7	37.3	56.4
萨哈林州	1.6	14.1	14.4	13.8	18.3	19.1	19.5	18.9	18.7	18.7	17.4	14.2
萨哈林—1		12.4	12.4	10.1	12.2	12.6	12.7	12.5	12.5	12.6	11.6	7.5
萨哈林—2	1.6	1.7	2.0	3.7	6.1	6.5	6.8	6.4	6.2	6.1	5.8	5.0
萨哈林—3	—	—	—	—	—	—	—	—	—	—	—	1.7
东西伯利亚和远东，总计	1.9	15.1	15.6	15.7	22.3	32.3	38.1	43.7	48.7	52.4	54.7	70.6

资料来源：俄罗斯自然资源部。

此外，东西伯利亚和远东地区蕴藏着俄罗斯天然气初始资源总量的21%，达54万亿立方米，探明储量为4.9万亿立方米，占到10%左右，东西伯利亚和远东天然气资源探明程度分别为8.6%和11.3%；东西伯利亚和远东凝析油的初始资源总量为33亿吨，探明储量2.2亿吨，探明率分别为6.3%和7.9%。未发现的资源总量约占50%，表明开展地质勘探工作具有远大前景。①

总体上，澳大利亚的矿产资源主要分布在西澳大利亚、北部地区、新南威尔士州等沿海地区。澳大利亚已探明储量居世界第二位的铝矾土资源，主要集中在以下三个地区：昆士兰北部，即卡奔塔利亚湾附近的韦帕和戈夫地区，占澳铝矾土总探明储量的57%；西澳大利亚珀斯南面的达令山脉和北部的米切尔高原及布干维尔角，占39%；北部地区，占4%。其中，前两者也是世界上最大、已探明可以开发的铝矾土蕴藏地。

澳大利亚的煤炭资源主要分为黑煤和褐煤。黑煤矿藏在各州均有分布，但84%以上富集于昆士兰州和新南威尔士州。昆士兰的黑煤以露天矿藏为主，已探明可采经济储量占全澳的61%，主要分布在伯温盆地，自北向南由科林斯维尔一直延伸到布莱克沃特和毛拉，南北绵延1 000多公里，可采黑煤储量达25兆吨左右。新南威尔士占澳黑煤已探明工业经济储量的40%，主要分布于悉尼盆地至甘纳达盆地的东西两侧。井下开采矿藏主要分布于卧龙岗—阿平—布利地区、布拉贡朗谷和利斯戈—马奇地区，而猎人谷地区以及甘纳达附近地区多为露天矿藏。褐煤仅在维多利亚州开采，主要用于发电。几乎全部褐煤资源都在维多利亚州，其中90%以上的已证明有经济意义的褐煤资源位于拉筹伯谷。澳大利亚的油气资源主要分布在卡那封、吉普斯兰、波拿巴、库拍/伊罗曼加、阿马迪厄斯、鲍恩等含油气盆地。

澳大利亚的铀矿资源主要分布在以下几个矿床：(1)南澳的奥林匹克坝，它是世界上最大的铀矿床，拥有澳65%的铀矿资源；(2)北部地区卡卡杜国家公园附近的鳄鱼河地区的浪子、加比卢卡、昆嘎拉；(3)西澳的金都列和叶里瑞。就铁矿而言，澳大利亚各州均有铁矿，但94%已探明的铁矿资源集中在西澳大利亚的两大地区：皮尔巴拉地区和中西部地区。皮尔巴拉地区的铁矿石主要是高品位的铁矿石，具体品种包括低磷、高磷布鲁克曼矿、马拉曼巴矿、河

① 庞昌伟：《俄罗斯油气资源及中俄油气合作》，《俄罗斯学刊》2013年第4期。

床矿等。中西部地区的铁矿石主要是低品位的磁铁矿、少量的赤铁矿及混合矿等。皮尔巴拉地区共有13个矿场，其中6个由哈默斯利公司经营，2个属于罗布河公司，5个由必和必拓公司经营。此外，在西澳大利亚的库尔亚诺宾和白鹦鹉岛也有铁矿场。在南澳大利亚的米德尔巴克山脉和塔斯马尼亚的萨维奇河也有矿场。①

（三）资源产量

中、俄、澳都是资源生产大国。截至2013年底，中国的煤炭产量为36.8亿吨，全球第一，占世界总产量的47.4%；天然气产量1 170.5亿立方米，占世界总产量的3.5%；一次能源产量为34亿吨标准煤，较2012年上升2.4%；10种有色金属产量达4 054.9万吨，同比增长9.7%。

表4.2　　2013年中国主要矿产品产量

矿　产　品	产　量	增减变化(%)
一次能源(亿吨标准煤)	34.0	2.4
原煤(亿吨)	36.8	0.8
原油(亿吨)	2.09	1.8
天然气(亿立方米)	1 170.5	9.4
粗钢(亿吨)	7.8	7.6
黄金(吨)	428.2	6.2
10种有色金属(万吨)	4 054.9	9.7
磷矿石(万吨)	10 851.0	13.5
原盐(万吨)	6 460.3	2.5
水泥(亿吨)	24.2	9.3

资料来源：2013年中国国土资源公报，第12页。

2011年以来，俄罗斯的石油产量常居世界第一、二位。根据石油输出国组织发布的《2013年年度数据》报告，2012年俄罗斯的原油产量为每天1 043万桶，占全球原油总产量的13.8%，居世界第一位；俄罗斯的原油日出口量5 857桶，全球占比14.5%。根据俄罗斯国家统计局的数据，2012年俄罗斯石油(包

① 黄梅波等：《澳大利亚经济》，经济科学出版社2011年版，第127页。

括凝析油）开采量为5.19亿吨，每日生产1 037万桶。在国际石油需求下降的2015年，俄能源部长诺瓦克于2015年6月在维也纳召开的石油输出国组织研讨会上表示："俄罗斯制定的长期石油战略是将保持目前大约每天1 050万桶原油的产量稳定。"[①]2012年俄罗斯的原油初加工量为2.66亿吨，增长3.6%；2013年俄罗斯石油（包括凝析油）开采量为5.23亿吨，占世界总产量的12.9%，石油消费约占3.4%，世界排名第五位，石油出口占世界贸易量的大约15%；2014年石油（包括凝析油）开采量增加0.6%，达到5.26亿吨，日均开采量为144.3万吨，创1987年以来日均开采量最高水平。俄罗斯天然气产量大约占全球天然气产量的18%。2012年，俄天然气以及副产品为6 550亿立方米；2013年为6 680亿立方米，约占世界总产量的17.9%；2014年由于国际石油价格暴跌，俄天然气出口收入547亿美元，同比下降18.6%。2014年，俄罗斯石油出口数量和收入亦有下滑。据俄联邦海关的数据，2014年俄石油出口数量为2.23亿吨，同比下降5.6%；石油出口收入1 539亿美元，同比低11.4%。据俄罗斯国家统计局数据，2012年俄罗斯的煤炭开采量为3.56亿吨，2013年为3.47亿吨，2014年恢复到3.57亿吨，俄罗斯的煤炭开采量约占世界总产量的4.3%。

英国石油公司在2 035年前世界能源发展预测报告中指出，未来20年俄罗斯仍将是世界最大能源出口国，可满足全球能源需求的4%。报告指出，2012年至2035年，俄罗斯能源开采和消费将分别增长21%和20%。与此同时，俄罗斯在世界能源生产和消费领域所占份额将从10%和6%水准上各下降一个百分点。报告称，2035年前俄液态油气开采量预计为每天1 100万桶，位列全球第三，仅次于沙特阿拉伯和美国。在天然气方面，俄将主要开采传统天然气资源。值得一提的是，尽管页岩气开采份额在2 035年前仅占总量的5%，但这已经让俄罗斯在开采比重方面仅次于美国，位居世界第二。[②]

澳大利亚是世界上重要的资源生产大国。过去的30年里，其资源产量整体呈稳步增长态势（见图4.2）。截至2013年底，澳煤炭产量为2.69亿吨，居世

---

① 俄能源部长：《俄将保持每天1 050万桶的原油产量稳定》，见 http://news.hebei.com.cn/system/2015/06/04/015645933.shtml。

② 北极星火力发电网：《俄罗斯将保持世界最大能源出口国地位》，见 http://www.chinawuliu.com.cn/zhxw/201401/20/273849.shtml。

界第3位，占世界总产量的4.3%；天然气产量为429亿立方米，位列世界第19；铀产量居世界第3位。[①]澳大利亚具有世界领先的矿产资源，其铁矿产量占世界总产量的17.34%，也是澳大利亚资源产品最重要的组成部分。

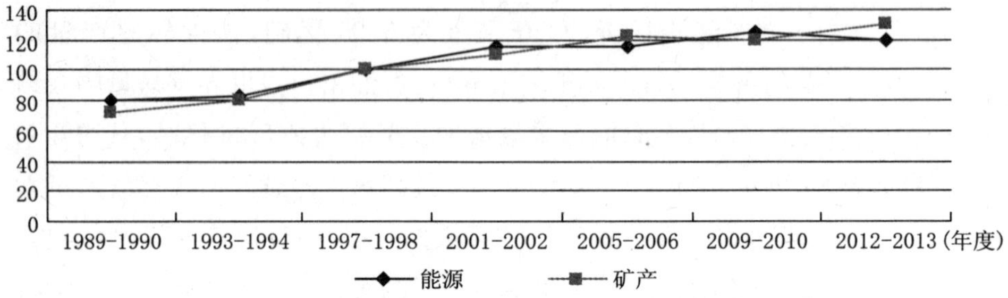

图4.2　澳大利亚资源产量指数

资料来源：根据 Bureau of Resources and Energy Economics（BREE），Australia，*Resources and Energy Quarterly 2013-7* 所供数据整理绘制。

二、资源的构成与进出口布局

从中国、俄罗斯和澳大利亚的资源构成上看，差异性体现在：中国的煤炭资源在资源经济构成中占主导地位，但出口的数量与比重很低，大多用于国内消费；俄罗斯的石油和天然气不仅在其资源经济中居于重要地位，且出口量很大；澳大利亚以矿物资源（主要为铁矿）和煤炭为主要资源经济产品，其中铁矿石的出口数额巨大。

（一）资源的构成

从资源结构上看，中国资源经济中占主导的是煤炭资源。虽然目前中国已经初步形成了煤炭为主体、电力为中心、石油、天然气和可再生能源全面发展的能源供应格局，基本建立了较为完善的能源供应体系。但是，中国仍是一个以煤炭为主要能源消费的国家，煤炭在能源生产和消费中的比例长期保持在约70%，而且由于中国的清洁能源难以满足需求，这种以煤炭为主要消费品种的格局短期内不会根本改变；有关专家预测，到2050年，煤炭在中国能源中

① Geoff Armitage, *Resources and Energy Statistics 2012*, Canberra: BREE, 2012, p.141.

的比例仍占 50%以上。①

煤炭在中国能源资源中占有绝对优势地位，油气资源量少。中国能源构成的这一特点，是由中国能源资源条件所决定的。截至 2007 年底，中国常规能源(包括煤、油、气和水能，水能为可再生能源，按使用 100 年计算)查明和剩余可采总资源量中，煤炭占 73.2%，石油占 1.3%，天然气占 1.3%，水能占24.2%。②根据中国国家发改委能源研究所对中国能源需求和构成的预测，2050 年基准情景一次能源需求量由 2005 年的 289×08 t 标准煤增加到 6 657×08 t 标准煤，其中煤炭占 44%，石油占 27.6%，天然气占 10%，核能发电占9.0%，水力发电占 6.0%，风电、生物质能发电等新能源和可再生能源占3.4%。③由此可知，直至 2050 年中国能源需求结构中仍然以煤为主，传统化石能源仍居绝对优势，这是中国在考虑能源利用对策时必须依据的基本国情。

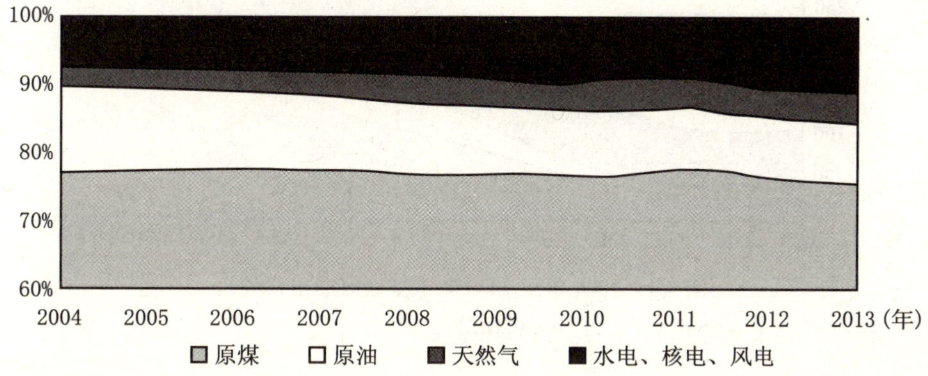

图 4.3　中国能源生产结构

资料来源：中国国土资源部：《中国矿产资源报告 2014》，北京：地质出版社 2014 年版，第 14 页。

在俄罗斯的资源结构中，能源主要是原油和天然气是最为重要的资源，资源经济是俄罗斯经济的支柱。在俄经济统计中，俄罗斯的能源工业被称为燃料动力综合体或者燃料工业，它主要包括石油、天然气和煤炭工业。石油工业

① 傅雷、仲冰：《中国矿产资源现状与思考》，《资源与产业》2008 年第 1 期。

②③ 许红星：《我国能源利用现状与对策》，《中外能源》2010 年第 1 期。

是俄最重要的能源工业部门，天然气工业是俄发展迅速的能源部门，煤炭的生产在俄能源生产中始终占有重要地位，它是俄燃料工业平衡的基础。目前，俄罗斯是世界上工业国家唯一燃料能够完全自给并可保持一定出口的国家。在俄燃料工业体系中，石油天然气产业是俄在国际能源市场上举足轻重的产业。石油天然气产业在俄经济发展中起着重要作用，是俄联邦预算收入、外汇收入、经济增长与国家发展的主要资金来源。燃料能源产业是俄出口所倚重的最主要行业，尤以石油为重（见图 4.4）。

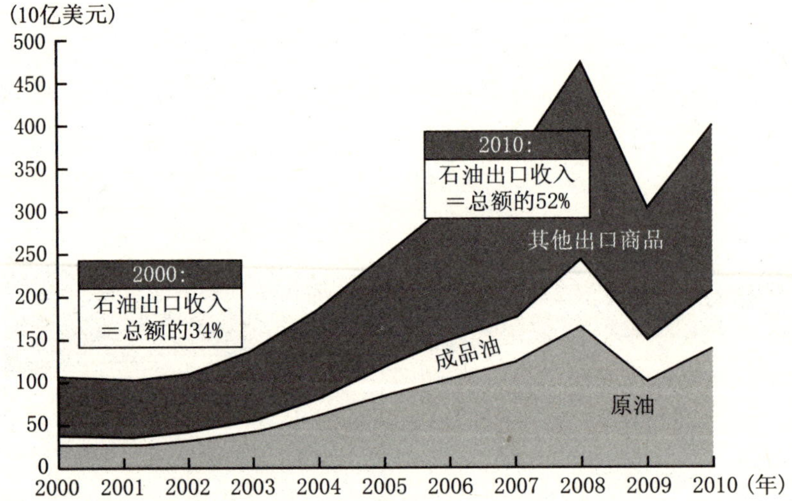

图 4.4　2000 年至 2010 年俄罗斯石油出口收入

资料来源：俄罗斯央行；HIS 剑桥能源咨询公司。

近年来，俄出口倚重燃料能源的格局呈发展态势，来自俄罗斯联邦海关总署的数据显示，2013 年，石油天然气产品占俄出口收入总额的 68%，其中原油及石油产品的收入是天然气的近四倍，原油出口的价值远大于非油产品和天然气的出口。俄罗斯的能源出口，不仅成为俄财政和外汇收入的主要来源，也成为俄国家经济正常运转的保障。

相较而言，澳大利亚是以矿物资源（尤其是铁矿）和煤炭为主要资源经济产品。在过去二十年内，资源产业对 GDP 的贡献率较为稳定，居 11%—15% 之间，其中铁矿石和煤炭等矿产资源的贡献率最大。澳铁矿石产量常年居全球首位。虽然铁矿石储量和产量位居世界前列，但由于澳钢铁工业受市场及水资源等因素的制约，发展空间有限，所以其铁矿石一直以出口为主（见表4.3）。此外，铁矿在澳大利亚前25大出口商品和服务中居于首位，2013年，出口额高达694.94亿澳元，占总出口额的21.8%。由此可见，铁矿石对澳大利亚出口的拉动作用尤为巨大。从出口市场看，中国是澳铁矿石及铁精矿最大的出口市场，澳出口的铁矿石及铁精矿一半以上输往中国，其次是日本和韩国。

表4.3　　澳大利亚铁矿石产量与出口量

年　份	2001	2002	2003	2004	2005	2006	2007	2008	2009	2010	2011	2012	2013
产量（百万吨）	181.2	187.2	213.0	234.0	261.9	275.1	299.0	343.4	394.4	419.9	477.3	519.9	610.0
出口量（百万吨）	156.7	165.9	187.7	209.8	239.3	247.4	266.9	309.5	362.9	401.9	437.8	491.6	579.0

资料来源：根据 Geoff Armitage, *Resources and Energy Statistics 2013* 和 Department of Foreign Affairs and Trade(DFAT), Australia, *Composition of Trade Australia* 历年卷的资料整理和计算所得。

煤炭是澳主要的能源来源，也是其重要的工业部门之一。图4.5揭示，煤炭产量占澳能源生产总量约半壁江山。澳煤炭与铁矿石一样也主要用于出口，澳煤炭出口量在世界海运煤炭贸易中占约30%的市场份额，长期雄踞世界

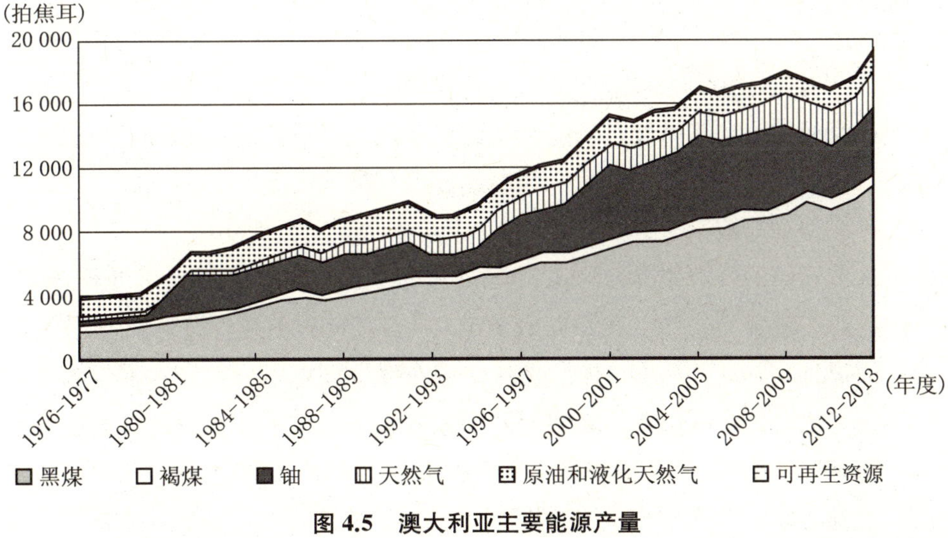

图4.5　澳大利亚主要能源产量

资料来源：BREE, *Australian Energy Update July 2014*, Canberra: Commonwealth of Australia, 2014.

最大煤炭出口国地位。2013 年，其出口煤炭逾 3.58 亿吨，价值近 398.05 亿澳元，分别占全球煤炭出口量的 26.9%和澳大利亚商品出口总值的 12.5%。从出口流向看，东亚地区是澳煤炭出口主要目的地。显然，煤炭工业不仅是澳大利亚的支柱性资源产业，同时也对全球，尤其是东亚地区的能源供应和经济发展有着重要而积极的贡献和影响。

（二）资源进出口分布

随着世界经济全球化的发展，各国在能源矿产方面的相互依赖不断加深，各国的资源贸易进出口不断扩大。

从中国的资源进出口看，中国自经济进入快车道后，迅速扩大在全球的资源品贸易进口，与中国进行资源贸易的国家迅猛增加。可以说，中国的资源贸易伙伴来自世界各国。中国的资源合作正向多元化方向发展，中国推行的多元化的贸易伙伴关系，为中国矿产品出口和资源来源的稳定提供了重要保障。这是因为，在现阶段，中国已有多达二十多种主要矿产资源依赖进口，例如铁矿、原油等，其中涉及的进口国或者地区数量达 200 之多，既有发达国家和经济体，也有发展中国家和地区。以 2012 年为例，①中国内地矿产品贸易对象国和地区主要为澳大利亚、俄罗斯、巴西、韩国、美国、沙特阿拉伯、安哥拉、日本和印度尼西亚以及中国香港；从矿产品出口看，2012 年中国内地输往其前 10 位矿产品出口国家或地区的矿产品之和，占其矿产品输出总量的比重为 56.0%，其中，中国香港、美国、韩国、日本和印度居前 5 位，这表明，亚太地区是中国矿产品的主要输出地。从矿产品进口来看，2012 年中国从其前 10 位矿产品进口国家或地区进口矿产品之和占其进口总量的比重为 54%，其中，澳大利亚、沙特阿拉伯、俄罗斯、韩国和日本位居前 5。

从俄罗斯的资源贸易伙伴来看，由于俄罗斯是一个资源自给自足的国家，所以它的资源贸易伙伴主要是其资源出口国，其资源的进口需求在数量和品种方面很有限。其资源出口的贸易伙伴遍布欧洲和亚洲。欧洲国家是俄罗斯的传统天然气出口的主要市场，俄罗斯原油出口的主要对象国由欧洲国家组成，包括荷兰、德国、意大利、波兰、白俄罗斯等。2012 年，俄罗斯对荷兰的原油出口达到 3.697 亿桶，占俄出口总量的 21.1%。亚洲是俄罗斯近年来开辟的能

---

① 国土资源部信息中心:《国土资源形势分析报告 2012》，地质出版社 2012 年版，第 13—16 页。

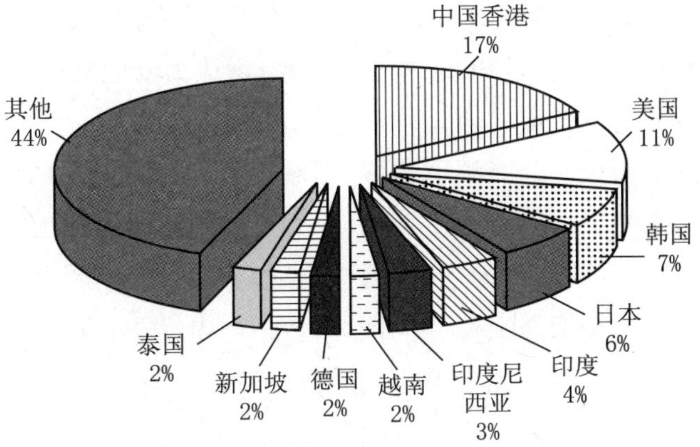

（1）出口

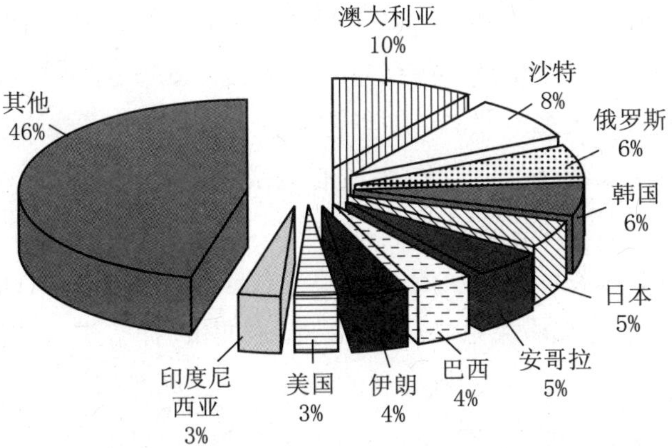

（2）进口

图 4.6　2012 年中国内地矿产品进出口流向

资料来源：国土资源部信息中心：《国土资源形势分析报告 2012》，北京：地质出版社 2012 年版。

源出口新市场，俄第二大原油出口对象是中国，2012 年对华出口量为 1.634 亿桶，占比 9.3%。随着俄罗斯向中国出口天然气大单的实施，中国还将成为俄罗斯的天然气大市场。俄罗斯对中国能源出口大幅增加，使得俄在亚洲的能源出口份额有较大提升。

欧洲国家在俄能源出口中占比最大。欧洲的能源自给率不高，其石油、天然气、煤炭三大主要能源资源的自给率分别为 15%、60%和 65%，它的能源进口和消费为世界最大。随着北海油气田产量的逐渐下降，以及中东欧 10 国加入欧盟，欧盟能源自给率进一步降至50%左右，另外的50%需要依靠进口。由于俄罗斯与欧盟之间密切的地缘经济联系，俄成为欧盟和欧洲国家原油、天然气和石油产品的重要出口国。

欧盟是俄罗斯最大的能源消费体，但欧盟各国对俄能源的依存度高低各异。可以把欧盟国家大致分为三类：第一类是对俄能源的依赖度超过50%的国家，包括捷克、斯洛伐克、匈牙利、爱沙尼亚、芬兰、拉脱维亚和立陶宛等；第二类为对俄能源依赖度高于10%的国家，包括德国、法国、意大利和波兰等；第三类则是对俄能源依赖度低于10%的国家，如挪威、丹麦、西班牙和英国等。① 一直以来，欧盟从俄罗斯进口的石油占欧盟石油进口总量的三分之一，欧盟从中东进口的石油占其总进口的比重约为36%，也有学者认为，目前俄原油出口量的77%是输往欧洲。②在欧盟28个成员国中，天然气进口有约40%来自俄罗斯，这其中的一半，需要经由乌克兰的天然气管道输送到欧盟成员国。在欧盟28个成员国中，天然气供应100%依赖俄罗斯的有6个，依赖率达50%的则有12个。其中，德、法、意等欧盟核心成员国对俄天然气的依存度分别为28%、9%、38%。③由此，欧盟国家也是俄能源设备和技术的主要提供者。

能源成为俄欧关系的重要纽带和经济载体。为了保持这种关系，俄罗斯曾与欧盟签署《能源战略关系协议》等文件，强调俄“拥有进入欧洲能源市场的特殊权利”。但由于乌克兰危机导致的地缘政治关系紧张，2014年5月24日，欧盟委员会提出了能源安全新战略。根据该战略，欧盟将积极实现能源进口多元化，从里海以及地中海沿岸国家进口能源；积极发展可再生能源及核能；修建更多液化天然气码头，增加液化天然气的进口等。在2014年中国与俄罗斯签署天然气大单后，俄能源部对未来俄欧能源关系做了评估。评估报告认为，预计到2035年前，欧盟仍是俄石油和天然气的主要出口市场，俄石油出口的50%仍将输往欧洲，到2035年前俄石油出口将增长3.6%，达2 450万吨，其中的70%面向西方(目前是80%)。

我们认为，俄罗斯在2014年前所发布的几个能源战略报告，基本没有或者很少考虑页岩油气新技术对市场价格的影响。然而，从2015年的页岩油气

---

① [西班牙]安东尼奥·桑切斯·安德列斯：《俄罗斯—欧盟的能源相互依赖》，《参考资料》2007年7月2日。

②③ 李建民：《中俄天然气大单的多重影响》，《世界知识》2014年第13期。

发展趋势看，目前页岩油对石油价格下跌已经产生重大影响，使全球石油价格持续下跌；从趋势看，页岩气的发展也将对全球天然气价格有重要影响。因此，俄欧能源的相互依赖与市场价格将可能发生新的变化，因此需要给予关注。

亚洲尤其是中国与俄罗斯能源贸易发展很快。在亚太地区，俄的主要能源合作伙伴是中国、韩国、日本、印度，这些是俄罗斯油气、电力、核电技术和核能产品的主要销售市场。从 2010 到 2030 年的俄罗斯能源规划来看，出口到亚太地区的能源只占 20%。这表明，俄罗斯虽然有扩大亚太市场的意向，但其主要市场依然在欧洲。这意味着，俄对东北亚的石油能源输出依然可能面临很多竞争。近年来，俄能源面向亚洲的“东向化”战略意图更加清晰。俄新修订的《2035 年前俄罗斯能源战略草案》明确提出，到 2035 年将把向亚洲出口的石油销量翻一番，天然气销量扩大四倍。其中，加快向中国的油气出口是重要内容。2013 年俄对华供应原油 2 435 万吨，同比增长 35%。因此，俄罗斯在美国页岩油气成功上市、国际能源市场供求格局发生变化、因乌克兰危机面对西方制裁、欧洲要摆脱对其能源依赖的情况下，与华进行能源合作的愿望将会更为强烈。

在原油领域，2013 年 6 月，中俄签署增供原油长期贸易合同。未来，中石油进口俄罗斯原油数量每年将达 4 610 万吨，接近去年中国石油消费总量的十分之一。根据合同，俄罗斯将在目前中俄原油管道（东线）每年 1 500 万吨输油量的基础上逐年向中国增供原油，到 2018 年将达到每年 3 000 万吨，增供合同期 25 年，可延长 5 年；通过中哈原油管道（西线）于 2014 年 1 月 1 日开始增供原油 700 万吨/年，合同期 5 年，可延长 5 年。俄方还承诺在中俄合资天津炼厂建成投运后，每年向其供应 910 万吨原油。

在天然气领域，经历了 10 年的艰难谈判后，2014 年中石油和俄罗斯天然气公司签署了《中俄东线供气购销合同》。双方商定，从 2018 年起，俄罗斯通过中俄天然气管道东线向中国供气，输气量逐年增长，最终达到每年 380 亿立方米，累计合同期 30 年，天然气供应协议总额约 4 000 亿美元。2014 年 11 月 APEC 北京会议期间，中石油与俄气公司签署了《关于沿西线管道从俄罗斯向中国供应天然气的框架协议》，预计年供气量将达到每年 300 亿立方米。

因此，俄罗斯亚太能源战略的实施，将使俄东部地区的能源潜力得以充分发挥,并支撑其成为亚太国家重要的能源供应国。石油和天然气领域的合作是俄罗斯亚太能源战略的核心,合作方向主要有两个:一是吸引资金技术,开发东部地区的石油资源。在大陆架油气资源勘探开发方面,俄罗斯的开采技术还很有限,因此,这一领域的资金和技术引进成为《2030 年前俄罗斯能源发展战略》的优先方向。2013 年,俄罗斯石油公司获得北极大陆架 5 个海域 12 个区块的开采许可证,其中 7 个区块与美国埃克森美孚石油公司合作开采。此外,俄罗斯石油公司还计划邀请日本、韩国和朝鲜,参与其中的一些项目并直接面向亚太市场,确保俄在亚太地区占有与其能源大国地位相匹配的市场份额。二是鼓励俄能源企业进行海外扩张。越南、印度是俄扩大海外能源资产的重点国家。例如,俄罗斯天然气工业公司和越南国营石油公司,正在努力筹建"俄气越南"合资企业。

目前,全球新的"页岩革命"和天然气及石油出口的预期,已成为全球能源市场变化的很大的影响因素。包括俄罗斯、澳大利亚、卡塔尔在内的主要油气出口国,都瞄准了亚太地区不断扩大的能源消费增量,纷纷酝酿和布局出口项目。特别是俄罗斯,乌克兰危机加速了俄能源战略东移的步伐,它除与中国敲定天然气协议外,加紧推动与朝鲜、韩国、日本、印度等国签订能源合作协议,推动俄罗斯—朝鲜—韩国天然气管道建设,签订对印度石油管道建设协议,酝酿对日本出口天然气。

从澳大利亚的资源贸易伙伴来看,澳大利亚不断扩大与亚洲国家特别是中国的资源贸易。第二次世界大战后初期,澳资源贸易伙伴主要是英、美和欧洲等国家和地区。当时澳大利亚的经济发展并不突出,对资源产品的开采和利用缺乏资金和技术,以英国为代表的欧洲国家采取向澳输入资金和技术策略,目的是大量开采澳能源和矿产资源,为本国的经济发展提供急需的资源保障。如 1958—1962 年间,英国在澳投资占澳同期外国投资总额的 50%以上,且大部分用于资源产品的开采和生产;1963—1968 年间,澳大利亚引入外国矿业投资达到每年 9 000 万美元,占外国总投资的 80%—90%,其中 80%是美国资本,故澳大利亚丰富的铁矿、铝矿和煤炭等资源又为美国经济发展的资源高消耗提供了有力的补充。

20 世纪 70 年代以来,随着世界政治格局的演变和经济重心的转移,澳资源贸易伙伴持续转向亚太地区。以 2012—2013 年度为例,澳能源产品主要销往日本、韩国、中国和印度，其中日本是澳最大的能源出口市场，占总能源出口额的 41%，其次是中国（15%）和其他亚洲国家和地区（13%）。同期，澳大利亚矿产资源产品主要出口中国、日本、泰国、韩国等，其中，中国是澳最大的矿产资源出口市场，占总矿产出口额的 52%（见图 4.7）。2012—2013 年度澳大利亚主要的资源进口来源地有印度尼西亚、马来西亚、新加坡、越南、中东和新西兰等，其中印度尼西亚是澳最大的资源进口国，占总资源进口额的 34%，其次是新加坡（19%）和其他亚洲国家和地区（17%）。

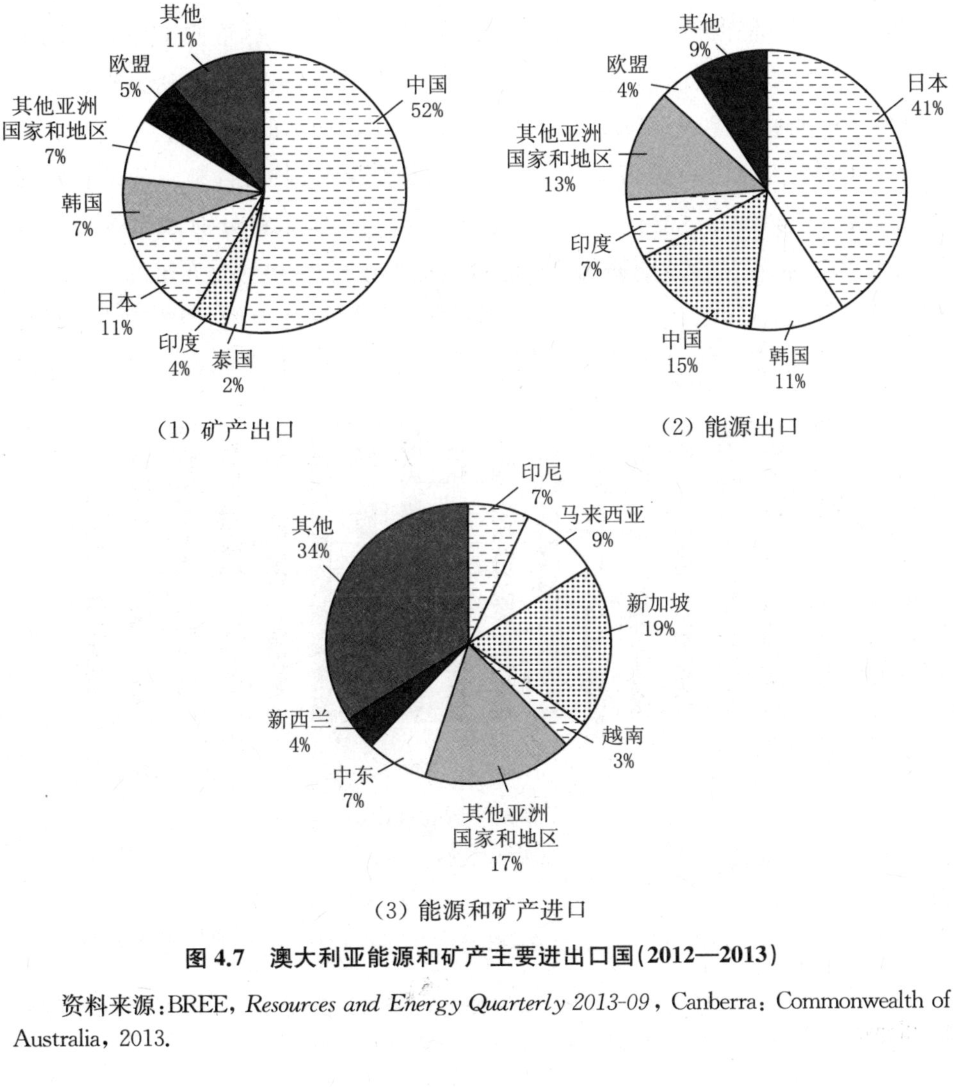

图 4.7　澳大利亚能源和矿产主要进出口国（2012—2013）

资料来源：BREE, *Resources and Energy Quarterly 2013-09*, Canberra: Commonwealth of Australia, 2013.

第二节　中俄与中澳资源合作的领域和结构

俄罗斯和澳大利亚均是中国重要的资源合作伙伴，但因两国在资源结构、管理制度、产销方式、地缘位置等方面存在差异，中俄、中澳的资源合作领域和结构不尽相同。下文拟从多重视角对中俄、中澳合作领域和结构作简要比较。

一、中俄与中澳资源合作的领域

俄罗斯的石油、天然气储量和产量巨大，而人口只占世界的2.5%，能源消耗相对较小，故石油和天然气的产出有大量剩余用于出口。尽管近年来数家机构及诸多专家预测，西西伯利亚地区油气产能达到顶峰并逐渐降低，将会影响俄罗斯油气供应的稳定性，但随着新技术的应用，以及新油田的开发，俄油气产能在一段时间内较为稳定。①据俄罗斯自然资源部长东斯科伊披露，2012年俄新发现油气资源分别达到6.81亿吨和8 160亿立方米，实际开采量分别为5.18亿吨和6 550亿立方米。②从俄罗斯的油气产能看，俄罗斯的能源供应是充足的。

中俄资源合作实际上是能源的合作，合作领域较为单一，以石油为主（见图4.8）。以贸易金额来衡量，1995年石油占比为66.61%；1997—2008年间，

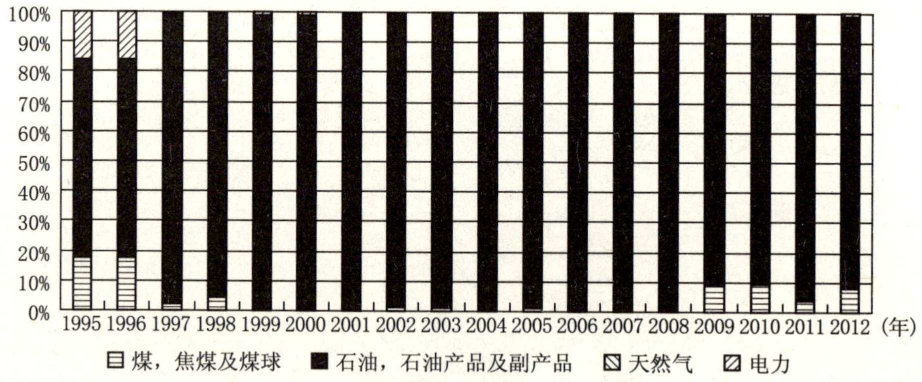

图4.8　俄罗斯对中国能源出口结构

资料来源：根据联合国贸发会议数据库相关数据整理。

---

① ［日］本村真澄：《俄罗斯2030年前能源战略——实现的可能性和不确定性》，《俄罗斯研究》2010年第3期。

② 中华人民共和国商务部：《2012年俄罗斯新发现油气资源多于开采量》，见 http://www.mofcom.gov.cn/article/i/jyjl/l/201301/20130100009373.shtml。

石油占中俄能源合作总额的比例始终保持在95%以上，最高为2008年的99.82%；2009年后，中俄煤炭资源合作发展加速，石油占比有所下降，稳定在90%左右。而中俄之间的天然气合作，截至本书成稿时，东线输气管线已缔约，西线最终协议尚在谈判中，较大规模的天然气实际贸易几年后才能实现。

中澳资源合作的重点为铁矿石、煤炭、天然气、铀矿、铜、镍等矿产和能源资源。澳大利亚铁矿石储量和产量均居世界前列，但其国内消耗量很小，大部分产出用于出口；其人口相对于其煤炭、天然气储产量来说较少，因此其产出很多用于出口；此外，澳大利亚的铀矿储量居世界首位，由于澳实行无核化政策，故铀矿产出全部用于出口。历年来，澳能矿产品对华出口值占对华出口总值的绝对多数，其中铁矿尤为突出。

表4.4　　澳大利亚主要能矿产品对华出口值及占比

	澳对华商品出口总值（亿澳元）	铁矿出口值（亿澳元）及占比（%）	煤炭出口值（亿澳元）及占比（%）	铜矿出口值（亿澳元）及占比（%）	其他矿砂出口值（亿澳元）及占比（%）
2005	161.27	57.63 （35.7）	5.30 （3.3）	6.47 （4.0）	6.01 （3.7）
2006	204.15	76.78 （37.6）	5.99 （2.9）	12.07 （5.9）	8.00 （3.9）
2007	237.92	90.24 （38.0）	3.82 （1.6）	8.36 （3.5）	13.43 （5.6）
2008	323.37	179.32 （55.5）	5.08 （1.6）	12.18 （3.8）	15.17 （4.7）
2009	425.26	217.90 （51.2）	56.51 （13.3）	10.50 （2.5）	13.41 （3.2）
2010	584.21	346.85 （59.4）	51.91 （8.9）	13.14 （2.2）	20.92 （3.6）
2011	714.63	439.70 （61.5）	45.43 （6.4）	15.01 （2.1）	18.56 （2.6）
2012	729.73	384.40 （52.7）	67.83 （9.3）	13.64 （1.9）	15.49 （2.1）
2013	946.55	526.53 （55.6）	90.82 （9.6）	18.96 （2.0）	20.07 （2.1）
2014	900.61	505.79 （56.2）	83.26 （9.2）	20.77 （2.3）	20.69 （2.3）

注：括号中数值为占比。
资料来源：根据DFAT，*Composition of Trade Australia*历年卷资料整理和计算所得。

澳大利亚也是世界上重要的黄金生产和输出国，近年来，中国自澳的黄金输入增势迅猛，2012—2014 年的三年间，进口总值 206.26 亿澳元，年均进口值占商品进口总值的7.9%。①

中澳资源合作领域相较中俄资源合作领域更广泛和多样，展开合作的资源种类更多。但一个共同特点是，俄、澳对华资源输出中，各有占输出值半壁江山以上的产品，俄罗斯是石油，澳大利亚则是铁矿石。这反映了资源领域两国各自的比较优势，以及他们的比较优势领域与中国形成的强有力的互补关系。除能矿产品贸易合作外，中澳资源合作还包括了能矿技术领域的合作。在能源技术方面，澳大利亚的清洁煤技术、煤层气生产和煤层气转产液化天然气、可再生能源技术的研发等技术均处于世界领先水平。近几年，中澳两国在煤炭开发、开采技术、安全培训等方面开展了一系列合作，成效较佳。澳大利亚的中澳煤层气能源公司的总部和高层管理人员常驻北京，其主要业务集中在中国大陆发展煤层气项目。②中俄则在石油、核能领域有一定规模的技术方面的合作，并取得了一些成绩。

二、中俄与中澳资源合作的结构

中俄、中澳在石油、煤炭、天然气、铁矿等领域均有合作，但两者合作的具体结构各有侧重。中俄、中澳资源合作结构的异同表现在以下方面。

在石油方面，中俄、中澳均有相关合作，但石油合作是中俄两国能源合作的主体领域，且合作形式较为多样，如石油贸易、输油管道建设、油田合作开发项目以及合资炼油项目。在石油贸易方面，以俄罗斯出口、中国进口为主。近年来，俄罗斯对中国石油出口呈快速增长趋势，中俄双方正建立起以石油为基础的紧密的贸易关系。2014 年，中国自俄罗斯进口石油 3 300 万吨，较 2013 年增长 36%。同年，中国自最大石油进口国沙特的石油输入减少 8%，自委内瑞拉石油输入减少 11%。而俄罗斯接受人民币作为中俄石油贸易的结算货币，极大地刺激了中国从俄增加石油进口的积极性。2015 年，俄罗斯对华输出

---

① DFAT, *Composition of Trade Australia 2014*, p.102.

② 中国经济网：《中澳煤层气能源公司总裁：双赢的能源合作》，见 http://intl.ce.cn/gjmy/zxdt/200606/13/t20060613_7314801.shtml。

原油 4 104 万吨,中国成为俄罗斯原油第一大进口国。[①]在输油管道的建设方面,两国一直将其视为彼此石油合作的重点方向之一,但发展历程较为曲折。早在 20 世纪 90 年代,两国就开始对管道建设领域的合作进行磋商。但时隔二十年后的 2010 年 12 月,俄罗斯东西伯利亚—太平洋石油管道中国支线才全线贯通,这条输油管道每年向中国供应原油 1 500 万吨。该输油管道增强了中俄能源合作的机会,促进了亚太地区稳定可靠的能源市场的形成,推进了俄罗斯能源出口的多元化进程。在油气合作开发项目上,中俄两国的能源企业一直在积极谋划合作项目,有代表性的项目有:2005 年 7 月,俄罗斯石油公司与中石化签署了有关建立合资企业共同参与俄远东萨哈林 3 号项目中维宁油气田开发的协议;2006 年 3 月 21 日,中石油和俄罗斯石油公司宣布在 2006 年底前组建合资公司,经营上游业务;2006 年 8 月,中石化完成了对俄罗斯乌德穆尔特石油公司的收购,总交易额为 35 亿美元;2006 年 7 月,中石油购买俄罗斯石油公司的股份。

相较中俄石油合作形式的多样性,中澳石油合作形式主要体现在双方的石油贸易上,主要是原油贸易和液化石油气贸易。中国与澳大利亚的原油资源都无法满足本国消费需求,都需从国外进口,但由于中澳地理位置的临近,以及原油品种与炼油厂匹配的因素,两国间也有原油相互进出口贸易,但以中方从澳方进口为主。从比重看,近年来,中国自澳输入的原油占中国进口原油总量的比例低于 2%,约 300 余万吨,占澳出口原油总量的比例在 15%—23%之间。[②]总体而言,原油贸易在中澳各自原油进出口、乃至两国双边能矿贸易中所扮演的角色并不突出。

中澳液化石油气贸易主要体现为中国自澳输入液化石油气。中国 90%以上的进口液化石油气来自中东地区,其余自澳大利亚等国进口。从 1995—1996 年度开始自澳进口液化石油气至 2010—2011 年度,大部分年度里,中国是仅次于日本的澳第二大液化石油气出口目的国,出口量自 1.24 亿升至 9.92

---

① 中国石油新闻中心:《俄罗斯成中国最大原油进口国》,见 http://news.cnpc.com.cn/system/2015/07/14/001550549.shtml;新浪财经:《2015 年中国成为俄罗斯原油第一大进口国》,见 http://finance.sina.com.cn/roll/2016-01-22/doc-ifxnvhvu6995637.shtml。

② 摘自澳大利亚政府部门出版的 *Resources and Energy Statistics* 和 *Australian Commodity Statistics* 历年卷所供数据。

亿升不等，占澳出口总量的比例在5%到41%之间变化。[①]近年来，中国城镇居民的燃气陆续置换为天然气，以及新增炼厂投产和现有炼厂提高加工量使国产液化石油气供应量加大。因此，2011—2012财年，中国未从澳进口任何液化石油气；2012—2013年度的输入量也仅为600万升，是中国自引进澳液化石油气以来输入量最低的年度。中国自澳进口液化石油气的前景有待观察。

在煤炭方面。中国是世界上最大的煤炭生产国，2013年中国煤炭产量占全球总产量比重达47.4%。然而，由于中国是全球最大的能源消费国且能源消费结构以煤炭为主，故中国也是全球最大的煤炭进口国。根据《BP世界能源统计2014》，2013年俄罗斯是世界第六大煤炭生产国，产量占全球总产量的4.3%。与中国不同的是，俄也是世界上煤炭主要净出口国之一。因此，煤炭领域合作也是中俄资源合作的重点选择。

总体而言，中俄煤炭合作形式主要有煤炭贸易和煤炭合作开发项目。在煤炭贸易方面，中俄煤炭合作主要表现为俄罗斯向中国出口。尤其是近两年，俄对中国的煤炭出口呈较快增长态势，2012年中国是俄第一大煤炭出口对象国，出口额达20.8亿美元，出口量逾1 800万吨，占俄煤炭总出口的15.23%，成为中国第四大煤炭供应国。2013和2014年，俄超计划完成对华煤炭出口，出口量猛增至2 700万吨和2 539万吨，俄超越蒙古成为中国第三大煤炭供应国。在煤炭合作开发项目上，由于中俄煤炭通道的运输能力是影响双方煤炭贸易的重要因素，因此中俄双方在修建铁路、公路等煤炭运输通道、购买矿产挖掘设备等方面积极进行协商，旨在制定符合实际的合作路线。2012年12月，《中俄煤炭领域合作路线图》出台，助推了中俄煤炭项目开发合作进程。根据路线图，卡拉坎投资公司将同中煤矿山建设集团共同开发位于克麦罗沃州别洛夫区的卡拉坎煤矿，中煤集团和神华集团将与Evraz公司和俄罗斯燃料工业公司参与开发俄两个大型煤矿，神华集团与En+集团共同开发俄东部地区的煤炭资源。

与中俄煤炭合作形式相较而言，除了煤炭贸易和煤炭合作项目外，中澳煤炭合作还包括煤炭领域技术合作以及中国对澳大利亚煤业的投资。首先，中

---

① 摘自澳大利亚政府部门出版的 *Resources and Energy Statistics* 和 *Australian Commodity Statistics* 历年卷所供数据。

澳煤炭贸易主要表现为中国自澳进口、澳大利亚向华出口。过去二十多年间，中国从澳大利亚进口煤炭的数量整体呈现上升趋势。1991—1992 年度，中国进口澳煤炭 31 万吨，占澳煤炭出口比重仅为 0.3%；而 2011—2012 年，进口量攀升至 3 828 万吨，占比为 12.7%，较二十年前增长了 40 多倍。数据显示，中澳煤炭贸易量仍高于中俄煤炭贸易量。2014 年中国输入煤炭总量 2.91 亿吨，前四大煤炭进口来源国分别为印度尼西亚（进口量 1.06 亿吨、占比 36.4%）、澳大利亚（9 441 万吨、占比 32.4%）、俄罗斯（2 539 万吨、占比 8.7%）和蒙古（1 927万吨、占比6.6%）。①

其次，在煤炭领域技术合作方面，中国在设备制造和澳大利亚在能源技术方面的优势互补，双方在能矿资源领域长期以来良好的贸易合作奠定了两国间能源技术合作的基础。多年来，中澳两国在煤炭领域展开了一些卓有成效的技术合作，其中以下六个合作项目尤其令人瞩目：HRL 公司褐煤干燥气化发电厂项目、中国重庆煤炭集团与澳脉冲能源共建清洁煤电厂、华能集团和澳大利亚联邦科学与工业研究组织关于燃烧后碳捕集技术的合作、林克能源在华技术合作项目、中海油与澳阿尔托纳资源共同投资煤制油项目、兖州煤业与美国博地能源在澳技术合作。总体而言，中澳煤炭技术合作的主要形式，是双方企业在中国或澳大利亚共建电厂或合资企业，由中国制造电站设备，澳大利亚提供先进技术。

最后，中澳煤炭合作还体现在中国企业对澳大利亚煤业的投资上。澳丰富优质的煤炭资源、稳定的政治社会环境以及健全的法律制度，对中国企业投资澳大利亚构成吸引力。中企投资澳煤业成功的案例主要有：兖州煤业出资 32 亿美元并购澳大利亚菲利克斯矿企、华能集团收购麦卡瑟煤炭公司在蒙托电煤工程中所拥有股权的一半、兖州煤业澳洲子公司兖煤澳洲公司与澳大利亚格罗斯特煤炭有限公司合并、重庆煤炭集团与 Pulse Energy 公司合资建造和运营四个电厂等。随着越来越多的中国煤电企业到澳进行煤炭资源的勘探、开发和利用，中澳煤炭投资领域的合作形式也变得愈益灵活多样，无论是独资、合资，还是并购、参股，中澳两国在煤炭领域进行着卓有成效的合作。

---

① 中国经济新闻网：《2014 年印尼为中国煤炭最大进口国》，2015 年 2 月 10 日，见 http://www.cet.com.cn/nypd/yw/1468795.shtml。

在天然气方面。根据中国未来的能源发展战略以及环境方面的要求，提高天然气在中国一次能源消费中的比重是趋势所在。目前，中国主要的天然气进口国为土库曼斯坦、卡塔尔、澳大利亚以及印度尼西亚等国。过去二十年，中俄天然气领域的合作，进展非常缓慢，双方谈判主要聚焦于天然气管道建设和天然气价格方面。相比之下，中澳天然气合作，尤其是在液化天然气方面的合作成效显著。2009年中亚管道天然气开始输入中国之前，中国进口的天然气是液化天然气。有一定规模的进口始于2006年5月澳大利亚首船液化天然气抵达广东大鹏液化天然气公司。[①]自此，中澳液化天然气贸易大幅提升。在2006—2014年的9年间，澳方累计向中国供应廉价液化天然气376.7亿立方米，占该时间段内中国进口液化天然气总量的约32%。[②]

中澳天然气合作，不仅限于双方的贸易合作，还在于双方在天然气产业相关的诸多方面的合作。比如，中国企业可入股澳企，进入澳液化天然气上游产业链，进行生产、技术、经营、管理等多方面合作。澳大利亚在煤层气生产和转液化天然气、海上浮动生产体系、海上气井的钻探和服务、海上设施开发和管理、海陆管道建设和管理、管道工程等领域，具有一定优势，在这些领域中澳也有互利共赢的合作。

在核能领域。截至2010年底，澳大利亚以115.8万吨可采铀（世界占比约1/3）的探明资源量雄踞全球首位。俄罗斯铀矿的探明经济资源量为17.29万吨（世界占比17%），位居世界第五。而中国铀矿的探明经济资源量为10.95万吨可采铀（世界占比3%），居世界第十位。[③]中俄核能合作主要体现在核电站建设、核燃料供应、科技交流、人员培训等多方面，其中标志性的合作成果落在江苏田湾核电站。

澳大利亚是全球重要的铀矿生产国，但并不消费本国生产的铀，同时实行无核化政策，故其核原料全部用于出口。中澳核能领域的合作主要表现为铀矿贸易和中国对澳大利亚铀矿的投资。由于铀矿的特殊性，我们暂时无法获

① 侯敏跃、韩冬涛：《中俄、中澳能源合作比较研究——合理性、有效性、可持续性探析》，《俄罗斯研究》2012年第1期。

② 根据历年 *BP Statistical Review of World Energy* 所供数据整理所得。

③ OECD Nuclear Energy Agency (NEA) and International Atomic Energy Agency (IAEA), 2012, *Uranium 2011: Resources, Production and Demand*. Paris and Vienna: OECD NEA and IAEA, p.19.

得澳大利亚铀矿出口市场的详细情况。但从2008年澳大利亚铀矿出口市场的情况可以看出:那年,中国大陆是澳第六大铀出口市场。在中国企业对澳铀矿投资上,中澳企业合作取得了一系列重要成果,如中钢集团与皮皮尼公司组建合资企业,注册成立中钢南澳铀矿公司和中钢PNN管理公司,共同开发多种铀矿项目;中广核铀业发展公司收购了澳能源金属公司66%的股份,是中国企业首次收购海外铀矿开采公司,也是中国企业在澳大利亚买下的第一座铀矿。

除能源领域外,中俄、中澳也在矿石方面积极合作。中俄方面,两国合作开发金矿、金刚石矿、锡矿、铅锌矿、铝矾土矿、乌多坎铜矿和伊尔库茨克的钾岩矿;中澳方面,在铁矿石、铜、镍、铜、铝等矿产资源上的合作也是中澳资源合作的重点,合作形式主要表现为双方的矿产贸易。

第三节　俄罗斯与澳大利亚资源出口对经济发展的贡献

从资源对于一个国家整体经济的贡献度看,资源对于俄罗斯和澳大利亚两国的经济贡献尤为显著,其中,资源出口对于GDP增长的拉动作用明显,也是其对经济贡献的主要表现。

一、俄罗斯资源出口对经济发展的直接贡献

21世纪以来,俄能源经济得到了长足的发展,它的发展不仅使俄经济在21世纪初走向复苏,而且成为经济增长的重要拉动力量。在这个过程中,普京政府推行了一系列促进能源产业发展的政策,超大型的能源公司在俄罗斯开始出现,俄罗斯的能源部门特别是石油、天然气部门,逐渐成为支撑经济发展的支柱产业。

(一)能源出口是俄罗斯经济增长的重要拉动力量

俄罗斯的能源出口占俄出口总额和GDP的比重都很高。首先,在俄出口结构中,以石油和天然气为代表的能源和原料产品出口占出口总值的绝对优势。以2011年为例,燃料能源综合体产品出口构成了俄出口贸易的基础,在俄出口结构中,占比65.6%,占5 150亿美元出口总值的3 378亿美元。

其次,能源经济促进了俄对外贸易增长。在贸易结构方面,以石油、天然

气为主的自然资源出口总额，由 1995 年的 332 亿美元上升到 2009 年的 2 033 亿美元（占比由 42.5%上升到 67.4%），成为俄对外出口贸易的支柱。2000 年俄对外贸易额仅为 1 499 亿美元，随着能源出口的不断增加，这一数额 2009 年攀升到了 4 952 亿美元，其中出口 3 034 亿美元，进口 1 918 亿美元，贸易顺差保持着连续增长势头，由 1995 年的 198 亿美元上升到 2009 年的 1 116 亿美元。

再次，能源出口拉动俄罗斯 GDP 的增长。21 世纪以来，随着国际原油出口价格一路走高，俄罗斯的各项收入都在增加。由于能源出口对于俄罗斯国家财政的重要支撑，俄每年的财政预算都是根据乌拉尔石油出口价格予以制定。例如，俄政府在制定 2015—2017 年的财政预算时，是按照乌拉尔原油价格每桶 96 美元为基础的，然而由于 2014 年国际市场石油价格的暴跌，这一价格今后很难预期。这也意味着，俄能源对于 GDP 的拉动能力将会减弱。

（二）能源出口保证了俄联邦预算收入的稳定增长

石油和天然气出口收入是俄罗斯政府的主要财政收入来源，其贡献度达到 50%左右。国家财政收入对油气出口的依赖程度随着油气出口价格的提高而不断增加。20 世纪 90 年代初期，俄财政收入连年赤字，1994—1999 年的财政赤字占 GDP 的 1%—10%。但 2001 年后，俄罗斯的财政收入逐年增加，2000 年度俄政府财政收入总额约为 2.1 万亿卢布，到 2009 年这一数字达到 13.6 万亿卢布。其中，来自石油、天然气等能源出口的收入约占总收入的 35%。自 2000 年以来，俄联邦财政预算收入出现盈余，2000—2003 年的财政盈余平均达到 GDP 的 2%以上。2001 年，来自矿物原料的包括关税在内的税收收入为 497 亿卢布，到 2005 年已经累计达到 2.181 1 万亿卢布。[①]2001—2005 年，俄罗斯各石油天然气公司缴纳的税收分别占矿产使用税的 78%、消费税的 72%（主要是天然气部门）和关税的 52%，累计占俄联邦预算的 1/3。在俄联邦预算收入中，来自油气部门的比重从 1999 年的 21%增加到 2004 年的 32%。

俄罗斯石油天然气对于财政收入的贡献，主要通过政府提高税收来实现。俄石油开采和石油加工企业的收入，占全国税收和关税总收入的四分之一。[②]

---

① C.Кимельман，Проблеманефтегазовойориентациизкономики России//Вопросы экономики. №4. C.56. 2006.

② ［俄］弗拉基米尔·布林科夫：《论石油资源在俄罗斯经济发展中的作用》，见 http://world.people.com.cn/n/2014/0604/c1002-25102291.html。

以政府对石油产品税赋为例，21 世纪以来，俄政府对石油及石油制品的关税做了 20 多次修改，提高了油气公司的各项税收。自 1999 年国际油价攀升年份开始，俄不断上调石油的出口关税，从 1999 年 2 月的每吨 2.5 欧元，提高至 2001 年 1 月的每吨 48 欧元；2005 年 6 月 1 日起，俄将石油出口关税调至每吨 136.2 美元的历史新高。具体而言，当世界石油市场价格在每桶 16 美元以上时，在俄罗斯现行的税收制度框架内和现行税率的基础上，石油的年均价格每上升 1 美元，就会给联邦预算带来 12 亿—13 亿美元的补充收入，这部分增加的预算收入占 GDP 的0.24％。①

2010 年至 2013 年，俄油气收入占 GDP 的比重大约 8％—10％，在全部联邦财政收入中大约为 50％。据俄联邦审计院 2013 年 10 月 10 日发布的报告《2014 年联邦预算和 2015、2016 年预算计划》，预测 2014 年俄联邦财政收入约为 13.57 万亿卢布，占 GDP 的 18.5％。在收入的构成上，石油和天然气相关收入约 6.5 万亿卢布，占财政收入的 48％，占 GDP 的 8.9％。余下的非石油和天然气收入约为 7 万亿卢布，占 GDP 的 9.6％。石油和天然气的相关财政收入构成为：矿产开采税（约 2.7 万亿卢布）和关税（约 3.9 万亿卢布）。从这个报告中可以看出：一是，俄联邦财政收入主要依据油气所得而制定；二是，俄通过不断提高油气税收保持国家的税收收入。2013 年，俄罗斯 50％的财政收入，来自矿产开采税和石油天然气出口关税，这一数据与 2014 年上述预测的数据大致相同。

（三）能源出口是俄罗斯外汇收入的主要来源

21 世纪以来，在国际市场油价持续上涨、俄石油出口数量变动不大的情况下，油气出口所得的石油美元却成倍增加。据俄国学者估计，在国际油价高企时，俄外汇收入的三分之一来自石油企业。②1998 年俄石油出口收入为 102.5 亿美元，1999 年增加到 141 亿美元，占出口总额的比重从 13.7％增加到18.6％。2000 年，在石油出口数量仅比 1999 年增长 7.1％的情况下，出口所得的石油美元却猛增近 1 倍，达到 236 亿美元。2001 年的石油出口收入受到国际市场石油产品价格下跌的影响，与 2000 年基本持平。但自 2002 年起其增幅接近 50％，尤其

① ［俄］Е.莎丽波娃、И.切尔卡申：《是什么给联邦预算带来收入？》，《经济问题》2004 年第 7 期。

② ［俄］弗拉基米尔·布林科夫：《论石油资源在俄罗斯经济发展中的作用》，见 http://world.people.com.cn/n/2014/0604/c1002-25102291.html。

到 2004 年,石油出口收入开始攀高,达到 550 亿美元,相当于 2002 年的 1.7 倍。正是由于自 2003 年以来的国际油价上涨,使俄罗斯结束了长期以来的赤字财政,外汇储备(含黄金储备)由 2000 年的 280 亿美元激增到 2010 年的 4 386 亿美元,同期外债余额则由 1 167 亿美元下降到了 313 亿美元,在 GDP 中所占比重也由 45%下降到了 2.44%,并基本偿还了苏联解体所欠的外债。

(四)能源出口是俄罗斯卢布汇率稳定的基础

国际油价下跌导致俄罗斯石油的出口价格萎缩,卢布贬值。我们看到,国际油价跌得越深,卢布的贬值幅度越大;卢布贬值不断加深,使俄通货膨胀不断走高。这也意味着,俄黄金外汇储备再难像过去那样大幅增加。俄经济发展部长乌柳卡耶夫曾指出,俄罗斯财政维持相对平衡的底线是石油价格每桶 3 700 卢布。据此推算,当油价在每桶 100 美元时,美元对卢布汇率可以稳定在 1∶37 左右,而当油价下跌时,俄罗斯政府为保证之前的收益,只能采取允许卢布贬值的措施。①为了抑制卢布汇率暴跌而导致卢布的贬值,俄中央银行不断向市场投放外汇,2014 年为了缓解卢布贬值,俄央行几乎将其四分之一的黄金/外汇国际储备资产售出。②截至 2015 年 5 月,俄黄金外汇储备为 3 585 亿美元。为了抵御资本外逃及其对经济的影响,俄央行计划在未来三到五年逐步增加国际储备,使其回到 5 000 亿美元的水平。然而,在俄一些经济学家看来,俄经济取决于国际油价,而国际油价基本按美元结算,美元走势又由美联储的货币政策和美国经济所决定,俄经济在其中是第三甚至第四行列,基本没有话语权和主导权。

总之,国际油价大幅下跌对俄经济造成严重冲击,特别是卢布兑美元和欧元的汇率暴跌。至于国际油价下跌对俄经济影响的程度,按照摩根士丹利的估计,国际油价每降 10%,俄石油和天然气出口将损失 323 亿美元,占俄 GDP 的 1.6%;若国际油价下跌至每桶 50 美元,俄 GDP 将会下降 6%,出口缩减 8%,通胀上涨 6%—8%;如果国际油价保持在每桶 80 美元,俄国内生产总值将下降 2%,通货膨胀将上涨 1%—2%。③尽管 2015 年国际油价在 50 美元一

---

① 人民网:《华尔街大规模做空卢布? 俄罗斯能否控制卢布暴跌》,见 http://world.people.com.cn/n/2014/1218/c157278-26231247.html。

② 汇通网:《俄罗斯未来几年将增持黄金/外汇储备至 5 000 亿美元》,见 http://finance.sina.com.cn/money/forex/hbfx/20150608/112222374608.shtml。

③ 摩根斯坦利:《俄罗斯为乌克兰危机付出沉重代价》,见 http://ua.mofcom.gov.cn/article/jmxw/201410/20141000778630.shtml。

桶左右的水平，俄罗斯2015年的GDP也未出现6%的降幅，但俄经济仍然受到重创。俄罗斯能源型经济的积弊暴露无遗。

二、俄罗斯资源出口对经济发展的间接贡献

能源产业不仅是维持俄经济增长的命脉，而且是俄发展和提升国家竞争能力、带动相关产业发展和提高社会福利的基础。因此，普京曾明确地表示"俄罗斯不会放松国家对国有能源企业的控制"。①

（一）能源资源产业对相关经济和产业发展的带动

俄罗斯的石油天然气工业是俄优势产业，它们不仅是各部门中获利最高的产业，还成为带动和促进其他产业增长的一个主要因素。21世纪，俄罗斯能源资源产业的快速发展，使俄经济扭转了因经济转型而出现的经济衰退，实现了自苏联解体以来保持多年的恢复性的快速增长局面。2004年，世界银行对俄GDP中各产业所占比重的研究表明，2000—2003年，俄工业产值从27%增长到41%，石油、天然气产业的GDP比重从8%增长到19%，服务业比重从60%降至46%。②其中最突出的特征是，整个经济增长是基于能源产业的驱动，而工业附加值的增长又集中在石油天然气产业及其产品的出口。

（二）能源产业对居民收入、就业增长与社会稳定的促进

能源产业的扩大和能源出口是拉动居民就业与收入增长的重要因素。在俄罗斯国内生产总值增长加速的情况下，俄政府利用能源出口所带来的收益，不断提高居民收入和福利水平，其人均GDP的增长伴随着能源出口收入的增加而实现。如，俄罗斯的人均GDP在2003年时为9.1万卢布，至2009年达到27.6万卢布；居民月均退休金从2000年的694卢布升到2009年的约5 191卢布；人均月工资也由2000年的2 281卢布上升到2009年的16 857卢布，扣除卢布贬值的效应，按照卢布实际购买力计算，这一数据总体上升了近4.2倍。失业人数则在2007年下降到了自苏联解体以来的历史最低水平（425万人）。同时，生活在最低收入水平线下的居民数量，也由1995年的大约3 650万人，降至2009年的1 850万人，占总人口的比重由24.8%下行至13.2%。

---

① [俄]普京：《把能源掌控在自己手中》，《经济参考报》2006年7月20日。

② 孔庆超：《浅析石油产业与俄罗斯经济》，《商业经济》2011年第10期。

若考虑俄罗斯石油业的采购和工资效应对国内需求的影响，石油工业对于经济增长的实际贡献更高。从出口看，20 世纪 90 年代，俄出口的产品结构高度集中，这一趋势在 2000 年后进一步加强，2000—2005 年间出口额的强劲增长完全由石油业推动。此外，俄罗斯主要出口产业的绩效存在着令人吃惊的差异：石油出口的增长超过了 70%，而机器制造业的出口则明显下降。

三、澳大利亚资源出口对经济发展的直接贡献

澳大利亚的对外贸易在国民经济中占重要地位，澳政府对其非常重视，视之为国民经济的重大支柱。自 20 世纪 70 年代以来，澳对外贸易额占国民生产总值的约四分之一。在对外贸易中，资源贸易发展迅速，增长较为明显，占比整体呈现逐步上升的趋势。1990—1991 年度，资源贸易额 329.99 亿澳元，至 2013—2014 年度，该数值达 2 474.3 亿澳元，二十余年间增长 7 倍之多。从对商品贸易总额的贡献看，1990—1991 年度，澳资源贸易额占其外贸总额的 24.63%，二十多年后，该比重逾 38%，增长幅度可见一斑（见表 4.5）。从进出口结构看，澳资源贸易以资源出口为主，资源进口相对较小。资源出口额在 1990—2012 年间逐年增长，占商品出口额的比重也逐渐增大。1990—1991 年度，澳资源出口额占商品出口总额的 42.11%；2011—2012 年度，占比上升到 60.5%。由此可见，资源产品已经成为澳出口创汇的主要商品，在澳出口贸易额的增长中扮演着极其重要的角色，极大地推动了澳经济的发展。

表 4.5　　澳大利亚资源贸易情况

年　度	资源贸易额（百万澳元）	商品贸易总额（百万澳元）	占比（%）
1990—1991	32 999	133 960	24.63
1995—1996	41 138	202 132	20.35
2000—2001	72 111	310 650	23.21
2005—2006	121 182	406 577	29.81
2010—2011	221 826	574 508	38.61
2011—2012	244 242	628 379	38.86

资料来源：根据 Geoff Armitage, *Resources and Energy Statistics 2012*, Canberra: BREE, 2012 所供的数据整理和计算所得。

表 4.6　澳大利亚资源出口贸易及其占比情况

年　度	资源出口额(百万澳元)	商品出口总额(百万澳元)	占比(%)
1990—1991	28 030	66 571	42.11
1995—1996	34 437	99 895	34.47
2000—2001	57 833	155 995	37.07
2005—2006	91 260	195 944	46.57
2010—2011	177 729	297 838	59.67
2011—2012	191 499	316 716	60.46

资料来源:同表 4.5。

在过去很长时间里,澳大利亚的主要出口资源产品价格处于较低水平,因此澳大利亚的资源部门曾被贴上“老年经济”的标签。但 2000 年后,随着全球主要资源产品价格的大幅上升,澳资源部门进入强势回归的行列,且其经济增长对于向中国等能源需求国的能源出口具有高度依赖性。资源出口的增长,直接带动资源部门投资的增长。以澳能矿资源(主要为铁矿、煤炭和液化天然气)的投资情况来看,2000 年以来,资源部门的投资增长创历史新高,已超过

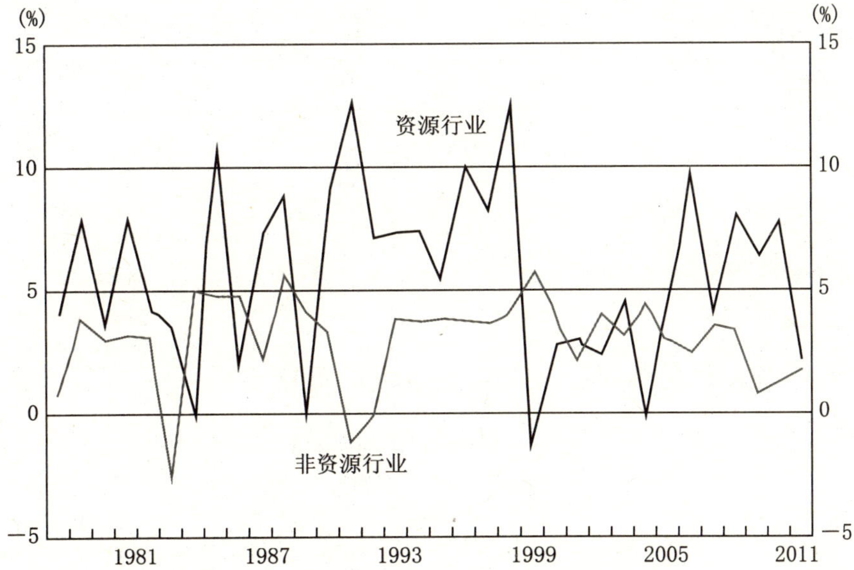

图 4.9　澳大利亚资源与非资源产业的 GDP 增长

资料来源:引自澳大利亚央行网站。

20世纪60年代和80年代资源价格上涨时期的投资水平，对资源部门的投资占GDP的比重，从2000年的1.5%，猛增到2009年的5%左右。从资源与非资源部门对GDP增长贡献的情况观察，资源部门在2000年之后具有强劲的增长势头，而非资源部门则显得疲软。这说明，澳大利亚资源产业得到快速扩张，并拉动澳大利亚的经济增长，在一定程度上产生了资源部门对于非资源部门的挤出效应。

资源出口带动的资源产业大发展，使得澳资源业产值在GDP中的占比自20世纪70年代的不到5%，升至21世纪第一个十年的逾7%。图4.10是澳采矿业的产值在1975—2012年占GDP的比重走势图。从历年的比重看，自1975年以来，该比重总体处于上升趋势。越来越多的矿藏正在被勘探和开发，大规模的采矿业不仅带动了相关服务业的发展，而且为制造业、建筑业等提供了稳定的保障。

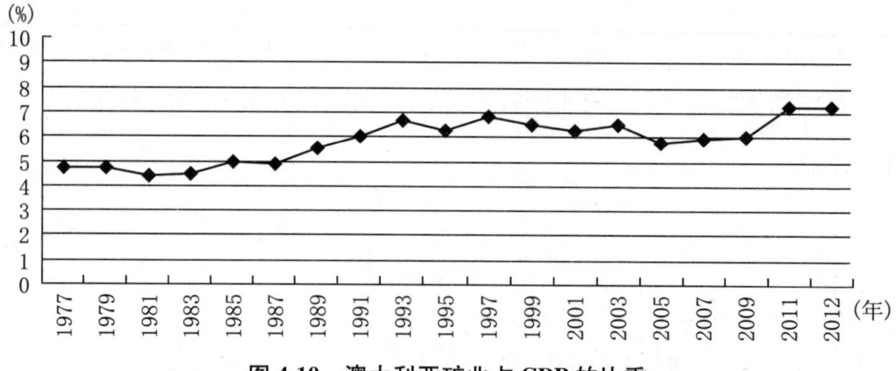

图4.10 澳大利亚矿业占GDP的比重

资料来源：根据Australian Bureau of Statistics所供数据整理和计算绘制。

四、澳大利亚资源出口对经济发展的间接贡献

澳大利亚资源出口对经济发展的贡献，不仅体现在其带动资源产业的快速发展上，也表现在它对就业、财政收入、城镇发展、科技创新等方面的推动。

第一，促进就业。资源产业的发展为澳就业岗位的增长做出了积极的贡献，如矿石勘探、开采和加工服务等工作岗位，解决了数十万人的就业问题。数据表明，资源部门的直接作业人数和占总就业人数的比重都呈现不断上升

的趋势，2011—2012年度，人数达24.8万人，占总就业人数的2.17%。

表4.7 **澳大利亚资源产业就业人数** （单位：千人）

年　度	2000—2001	2002—2003	2004—2005	2006—2007	2008—2009	2010—2011	2011—2012
资源产业	79	88	105	136	170	205	248
总就业	9 018	9 380	9 786	10 388	10 892	11 355	11 432
比　重	0.88	0.93	1.07	1.31	1.56	1.81	2.17

资料来源：同表4.5。

第二，促进财政收入、边区城镇发展。资源产业活动为澳联邦政府和州政府带来了丰厚的财政收入，是其重要的收入来源之一。尽管矿业产值只占澳经济总量的约7%，但矿业公司缴纳的公司税占国内公司税总额的16%左右。20世纪90年代中期，矿业活动每年为联邦政府和州政府带来的收益在10多亿澳元（这里仅考虑矿业企业缴纳的公司税和矿产权利金与许可证费，政府的间接税收入未计算在内），①十年后，这个数额升到70多亿澳元。

此外，资源产业还是澳边远城镇发展的主要推动力。因为矿业的开采和生产多位于边区城镇，不仅为当地的劳动力提供就业机会，而且还带动了当地的相关制造业和服务业的发展。以西澳的皮尔巴拉地区为例，皮尔巴拉是西澳的一个铁矿生产中心，铁矿开采是当地的主要产业。铁矿的开发不仅促进了当地经济的繁荣，也极大地带动了当地其他行业的发展，包括建筑业、机器设备制造、学校、电力、水厂和服务业的发展。铁矿开发为该地区修建了铁路和港口，并建立了十多个新城镇，当地大部分经济活动都直接或间接与铁矿业活动有关。铁矿开发也为当地土著人提供了就业机会。再以昆州的莫兰巴为例，20世纪70—80年代，因煤炭的开发，城市人口在2年内增加了80%；在就业方面，43%的劳动力直接为煤矿雇佣，且工人工资高于澳全国的平均水平。

第三，推动外资引进和科技创新。采矿业是澳吸引外国直接投资的主要行业，据澳大利亚统计局资料，截至2010年底，采矿业吸引外国直接投资所占比例达31.9%（见表4.8），是吸引外国直接投资比例最高的行业。外资的引进对促进和推动矿业可持续的发展发挥了重要作用。

① 何金祥：《矿业在澳大利亚国民经济中的重要性》，《国土资源情报》2010年第9期。

表 4.8　　截至 2010 年澳大利亚累计外国直接投资额及比重

产　业	投资额(百万澳元)	所占比例(%)
农林渔业	669	0.1
采　矿	151 065	31.9
制造业	88 481	18.7
电、天然气、水	9 587	2.0
建　筑	16 886	3.6
批发与零售贸易	44 500	9.4
住宅、咖啡馆与餐馆	5 855	1.2
运输与交通	43 331	9.1
金融与保险	67 653	14.3
不动产与企业服务	25 174	5.3
其他服务业	1 627	0.3
其　他	18 845	4.0
总　计	473 673	100

资料来源：根据 Australian Bureau of Statistics，Cat. No.5352.0，2010 数据整理和计算所得。

此外，矿业也是澳大利亚科技创新发展的前沿，是采用新技术最多的行业。一些先进的找矿、采矿、选矿工艺、设备以及矿山采矿的计算机控制程序，都是澳矿业公司开发或设计的，如雷达勘探、采矿用大吨位卡车等。目前，世界上 60%左右的矿山所使用的采矿软件由澳大利亚开发。①

第四节　俄罗斯与澳大利亚资源经济面临的问题与困难

关于俄罗斯能源型经济弊端及其涉及的俄罗斯经济结构问题，国际上研究俄国的学者一直予以关注，并认为俄罗斯经济增长过度依赖能源产业，乃是其经济结构不合理的突出表现，这样的经济结构难以使经济得到长期稳定发展。俄罗斯总统普京也多次表示，俄罗斯这种依靠能源获得经济收入的结构

① 何金祥：《矿业在澳大利亚国民经济中的重要性》，《国土资源情报》2010 年第 9 期。

必须改变。普京说:“我们已经多次谈到了这一点,从苏联解体至今的过去很多年间,中国的经济结构十分片面,而且最近几十年来越加片面。经济活动的参与者们主要致力于获得快速收入,而这首先涉及的是原料、油气、部分化工、金属等方面的开采加工。”①“我们的任务是要改变这种结构,但目前就是这样一种结构,短期内改变它不可能。这是一个长期的过程,需要投入大量资金。”②因此,俄罗斯早在国际能源价格高企的2004年,就将油气出口的超额收入积累起来,建立了主权财富基金。实践证明,这对于俄政府应对国际油价下跌、保持财政收支稳定具有重要的作用。③但从根本上说,俄罗斯需要经济结构的转型。

一、俄罗斯资源经济发展面临的问题与困难

第一,过分依赖石油天然气出口,导致俄罗斯的产业结构失衡。俄罗斯通过石油、天然气出口,获得了巨额财政和外汇收入,带来了巨大的贸易顺差。但同时,这也使俄罗斯卢布面临升值压力和国内通货膨胀的局面。国际市场的高油价给俄带来高额利润,使得俄大量资本投资不是投向经济增长基础的技术创新,而是进入狭窄的石油开采与加工等行业。一个国家对资源的过分依赖,必然导致其产业的单一化、结构的重型化和产品的初级化,而且一旦自然资源的国际市场价格在短期内变化幅度较大,就会加剧本国的经济波动,使本国经济发展不可避免地受外部因素的左右。例如,国际金融危机爆发对俄能源企业造成严重损失,企业外债迅速增加。当时,国际油价在5个月内下跌了100美元,俄能源企业的债务危机随之凸显,俄天然气工业公司的外债为

①② 中新网:《普京于2014年11月18日全俄人民阵线论坛上的讲话》,见 http://www.chinanews.com/gj/2014/11-19/6791016.shtml。

③ 俄罗斯主权财富基金(稳定基金)创建于2004年。最初目标是将高额石油收入储蓄起来,对布伦特原油价格超过20美元(后调整为27美元)的部分征收超额税,防止国际石油价格下降给俄罗斯财政稳定带来风险。由于国际石油价格持续上涨,稳定基金很快超过最初设定的5 000亿卢布规模,俄开始拓展稳定基金的功能,用于补充养老金、偿还外债等。2007年,普京在当年的国情咨文中提出拆分主权财富基金,将其分为储备基金和未来基金,前者仍然执行稳定财政收入的功能,采取稳健的投资办法,而后者可以实行高风险、高收益的投资策略,目的是保证能源收入的代际公平。2008年,稳定基金被拆分为储备基金和国家福利基金。拆分后的储备基金主要目标在于:平衡国家财政收入、帮助中央银行分流外汇储备、预防国家社会危机、支持国家发展战略。参见王志远:主权财富基金——中国与俄罗斯的不同,《俄罗斯中亚东欧市场》2013年第5期。

610 亿美元、俄石油公司的外债为 212 亿美元、俄石油管道运输公司的外债为 77 亿美元。俄罗斯采取了一系列措施以解决债务危机，如政府承诺向天然气工业公司、俄罗斯石油公司、卢克石油公司和秋明英国石油公司拨款 90 亿美元，用于偿还外债，将利润税率下调了 4 个百分点，企业折旧率从 10%提高到 30%。所以，俄罗斯虽然能够使经济复苏和增长，但面临着经济结构调整和产业升级的压力。

第二，俄罗斯能源中的可开采和易开采资源减少，设备陈旧并急需现代化。目前，俄罗斯 90%的石油资源来自于已被开发的老油田。其中，75%的石油产量来自大型的稀有油田，而这些油田中的多数已经过了采油高峰期。最近 20 年，经过勘探，俄重新开发的油田达 1 120 处。但在新开采的油田中，大型油田数量却只有原来的十二分之一，中型油田的数量减少为不到原来的二分之一，小型油田的数量则增加了 54%到 83%。业已发现的石油资源储量结构的变化，尤其是西西伯利亚地区的变化，从长远看，一方面，将刺激增加对改变原油基地质量的油田的勘探和开发的投资，激励研制和加速开发新型高效的石油开采技术，尤其是对开发难度较大的石油资源的开采技术；另一方面，也有助于开发东西伯利亚和雅库特地区大型油田资源。总体讲，俄罗斯现有的石油资源储备，能够使俄石油开采量在 2020 年前保持当前的每年 5 亿—5.2 亿吨的水平，但此后的产量可能会缓慢下降。①

第三，俄能源出口面临国际油价下跌和维持低价位的挑战。美国的页岩气开发正引领全球能源市场进入新时代，全球能源市场格局已然发生变化。根据英国石油公司 2015 年 6 月公布的全球能源统计显示，2014 年，美国原油生产上升至新高，每日增加 160 万桶。天然气产量亦攀升，若原油与天然气合并计算，则美国已超越了俄罗斯。②据国际能源署的数据，美国的石油及相关液态油气日产量在 2015 年 6 月和 8 月与沙特阿拉伯不相上下，约为每天1 150万桶，美国已成为全球最大能源生产国，其进口减少，造成全球能源价格下跌，甚至影响了其外交政策。

---

① [俄]弗拉基米尔·布林科夫：《论石油资源在俄罗斯经济发展中的作用》，见 http://world.people.com.cn/n/2014/0604/c1002-25102291.html。

② 中国经济新闻网：《全球能源版图位移：美国超俄罗斯成最大能源生产国》，2015 年 6 月 11 日，见 http://www.cet.com.cn/nypd/yw/1564519.shtml。

在俄罗斯方面，俄页岩油开采转入商业运作的工作在2013年业已开始。该年，俄公司在汉特—曼西自治区的克拉斯诺列宁油田开凿了第一口油井。最近几年，卢克石油公司、俄罗斯石油公司联合美国埃克森美孚，计划在页岩油领域进行开发试验工作。俄罗斯最大页岩油田是位于西西伯利亚的巴热诺夫油田，其石油储量约为75亿至80亿吨（约合500亿桶），并且位于俄罗斯石油运输设施发达地区。因此，不排除巴热诺夫油田将成为俄罗斯最先开采的新型潜在石油产地。尽管如此，俄对“页岩油革命”及其前景仍持怀疑态度。有观点认为，尽管俄罗斯页岩油储量很大，但俄罗斯的这类石油资源开采难度较大，在目前条件下，从经济角度考虑，俄仅能开采其储量的6%。①

第四，国际油价变化对俄国内生产总值涨跌的影响。俄罗斯的经济增长与国际油价紧密关联。俄学者指出，在2003—2012年的10年间，无论是俄罗斯以美元计算的名义国内生产总值，还是乌拉尔原油价格都增长了近4倍。2009年，石油平均价格下降30%也导致俄罗斯以美元计算的名义国内生产总值减少了25%之多。②也就是说，如果石油价格跌幅低于国家预算的预估值，国家财政预算就面临困难。这将影响财政支持的公务员工资和需要转移支付的企业和地区。那么，俄石油天然气工业快速增长潜力耗尽后，其未来前景如何？俄罗斯的研究者指出，在2030年前，俄罗斯石油天然气工业将由以下因素决定：第一，世界市场对石油需求的增速情况和石油价格如何变化；第二，地处偏远、新开采的油田和油井的低流量等因素是否造成俄石油储备结构的恶化；第三，俄石油加工能力能否加速现代化。

二、澳大利亚资源经济发展面临的问题与困难

由于历史需要和自身资源优势的综合作用，资源经济的产业布局一般都围绕自身的资源优势而进行，产业结构的重心是对资源的开采、加工和利用。20世纪60年代，伴随着大量矿藏的发现，澳大利亚政府在资源的开采和利用上投入了大量资金，一时间全国建立了许多矿场，相应的资源生产部门得到快速发展，在国民经济中占据重要地位。但澳整体的产业结构相对单一，虽然当

---

①② ［俄］弗拉基米尔·布林科夫：《论石油资源在俄罗斯经济发展中的作用》，http://world.people.com.cn/n/2014/0604/c1002-25102291.html。

时国内的制造业和服务业也有所发展。

与其他发达国家相似，澳大利亚经济自 20 世纪 70 年代以来经历了重大结构性调整，服务业迅速发展，在国民经济中占据主导地位；制造业结构也有了显著的变化，逐步发展为劳动生产率相对较高、资本较密集且日益全球化的部门。然而，在对外输出上，澳大利亚的出口结构仍以出口资源性产品为主，且大部分是初级产品。以 2012—2014 年的三年为例，仅矿产品、燃料、黄金三类商品的出口额便占商品出口总值的 6 成多（见表 4.9），显示澳大利亚的对外贸易活动对其国内的资源依赖性较大。

表 4.9　　澳大利亚主要资源产品出口值在出口总值中的占比（%）

年　份	矿产品	燃料	黄金	三类合计
2012	31.2	28.4	6.3	65.9
2013	34.9	25.8	5.3	66
2014	33.3	26.5	5.1	64.9

资料来源：根据 DFAT，*Composition of Trade Australia*，2012—2014 三年卷中相关数据计算所得。

金融危机以来的大多数年份里，在新兴经济体旺盛需求拉动下，国际矿产品价格强劲反弹并维持在高位，使澳大利亚吸收大量投资，带来澳元汇率上涨、通胀高企、局部劳动力短缺、加息预期增强等问题。在上述因素作用下，澳国内制造业、旅游业、建筑业、食品业以及零售业等部门经受了竞争力下滑、原材料涨价和融资成本高涨等压力。因此，澳对资源依赖的经济增长，面临的主要风险有：

一是资源部门占 GDP 比重过大。相较其他发达国家，资源部门在澳国民经济中的比重过大，澳矿业产值在 GDP 中的平均比重为 7%左右，而以美国为代表的发达国家的矿业在 GDP 中的比重约为 2%。此外，澳制造业部门规模仍较小，不论是制造业总产值还是制造业企业规模，在经济合作与发展组织的同类成员中都处于较低水平。

二是存在资源出口引发“荷兰病”的风险。在出口结构上，虽然澳大利亚制造业和服务业在出口中的比重呈逐步上升的趋势，但其出口产品仍然是以资源型产品为主的初级产品，对国际市场依赖较大。前些年，大量出口初级资源产品来获得巨额外汇收入，使得澳元汇率持续走高(见表4.10)。

表4.10　　　　澳元与美元的汇率变化

年　度	2005—2006	2006—2007	2007—2008	2008—2009	2009—2010	2010—2011	2011—2012
澳元兑美元	0.745 7	0.784 0	0.895 8	0.749 4	0.883 1	0.984 6	1.031 9

资料来源：根据 Geoff Armitage, *Resources and Energy Statistics 2012*, Canberra: BREE, 2012 所供的数据整理和计算所得。

澳元汇率的上升，使得其他出口部门如制造业的贸易条件恶化，导致其竞争力不断下降，发展受到影响。如2010—2011年度澳大利亚制造业出口额占商品出口总额的比重为34.4%，较2006—2007年度下降了16.2%。当然，制造业出口额占比的下降，其原因是多重和复杂的，但资源出口的比重越来越大，及由此带来的澳元汇率的升高是其中重要原因之一。

《经济学人》的文章指出，澳大利亚必须面对两种速度的增长，过快的自然资源出口增长和较慢的制造业出口增长。澳大利亚央行必须为表现大相径庭的各个经济部门设定单一的利率。2011年3月，澳制造业工会发布了名为《制造业：澳大利亚的未来》的文章，要求增加研发激励、推进学徒制，并敦促政府项目采取"买澳货"政策。①为抑制过快上涨的商品价格，澳央行也在不断调整利率，但这一系列提升利率的举措并未影响到销售和融资都在海外进行的采矿业。高利率和强势货币反而着实伤害了制造业和建筑业。

三是资源部门的发展吸引了大量资本和劳动力的流入，导致其他领域资本投入减少和劳动力的缺失。如2011年矿业新增就业岗位近6万个，而零售和制造业损失近5万个就业岗位。资源产业的投资额增长迅速，2005—2006年度，资源业投资额196.95亿澳元，2011—2012年度时该投资额高达820.81亿澳元，同期，制造业的投资额却不升反降，自140.32亿澳元下滑至131.92亿澳元。②

四是国际资源产品价格的不确定性。以出口资源产品为主的对外贸易是促进澳经济增长的重要方式，资源产品在出口中的比重过大，使得其资源经济

① 唐烨：《澳大利亚出口繁荣的忧虑》，《新财经周刊·世界经济》2011年4月16日。

② 摘自 Geoff Armitage, *Resources and Energy Statistics 2012*, Canberra: BREE, 2012。

发展对资源产品的价格波动十分敏感。而第二次世界大战以来，世界资源性产品的价格一直处于动荡之中，特别是能源产品、金属矿物产品的价格都出现了大幅度波动，如近几年黄金的价格最高时曾达每盎司 800 多美元，而最低仅 240 多美元；再如煤炭、石油、铜、铝等资源产品价格都先后出现了下降的情况。这些资源产品的价格波动使得澳经济发展处于相对被动的地位。以铁矿石为例，其价格在 2002—2010 年间历经了涨跌的过程，尤其是在 2009 年，受到国际金融危机的影响，下跌严重。当年的 GDP 增长率也跟着创新低，为 1.65%。可见，铁矿石价格波动在一定程度上影响着澳经济的发展。

三、俄、澳资源经济中的问题与困难的比较分析

资源经济对于一个资源禀赋丰富国家的经济增长具有促进和拉动作用，这一理论是具有前提条件的。这种增长不仅取决于出口国的资源出口意愿与能力，在一定程度和条件下，更取决于出口对象国的经济、市场、需求以及地缘政治等的状况。因此，对于俄、澳来说，资源经济模式既存在着机遇，也伴随着风险。

过去 10 多年，俄罗斯与澳大利亚的资源出口的现实表明，当俄罗斯和澳大利亚资源出口对象国的经济稳定和需求强盛时，资源出口对于俄、澳的经济拉动较为明显；但若出口对象国的需求放缓或不强烈时，会对俄、澳的资源出口带来不利影响，从而对经济的拉动受限或受阻。因此，这就成为俄罗斯与澳大利亚这样的资源禀赋国家经济中的共性问题与实际困难。21 世纪的过去年份，俄罗斯的资源出口与它所依赖的出口国的地缘经济有着密切的联系。例如，从天然气出口市场看，欧洲是俄天然气的主要销售市场，对欧洲的出口占俄出口天然气的 66%以上；中国在俄天然气出口中的比重将会增加。澳大利亚之所以能够实现经济增长和质量的双重效果，其中一个重要原因，就是其抓住了世界政治经济重心东移的有利时机，加强与中国的经贸关系，通过向中国出口丰裕的以铁矿和煤炭为重点的资源，实现了国家经济的稳定增长。目前，美国的“页岩气革命”对欧洲市场的抢占以及对传统能源格局所形成的挑战更为迫切，需要俄、澳在寻求稳定市场上进行战略性规划。

俄罗斯和澳大利亚经济的共性和差异主要体现在以下几方面：

（一）经济增长对资源出口具有依赖性

在资源结构上，俄罗斯资源经济结构中占主导的品种是油气资源，而澳大利亚以矿物资源（主要为铁矿）和煤炭为主要资源经济产品；两国经济增长具有依赖资源出口的共性，但在依附程度上，俄罗斯经济对于资源（尤其是油气能源）依附性较高，与俄罗斯相比，澳大利亚经济对于资源的依附程度相对较低。

众所周知，俄罗斯经济的强劲增长在很大程度上依赖于自2002年以来资源性产品的价格上涨。从2002年到2006年，国际原油价格指数上涨了256％，其他资源性产品价格指数也迅速上涨。[①]然而，国际市场能源产品价格变化的特点是波动频繁，幅度较大，在能源产品价格迅速下降时，俄经济对资源性产品依赖的缺陷就暴露无遗，也会导致因经济内部缺乏替代性的产品，使经济增速减缓。由此，俄资源依赖型经济表现出高度不稳定，整个经济也会频繁经历繁荣与衰退。事实上，在20世纪80年代，国际石油市场的价格从暴涨到暴跌，就曾使苏联经济遭受严重的负面影响。此外，由于政府财政高度依赖自然资源收入，资源价格波动的经济冲击，也会导致政府对于宏观经济的调控难度加大，使得政府难以应对资源价格下跌的损失，实现经济稳定与保持增长。

澳大利亚资源依赖的是煤铁模式，它更多地依赖对于新兴市场的出口。第二次世界大战后，澳大利亚对外贸易的重心从欧美转向亚洲，特别是过去十多年间以中国和印度为代表的新兴经济体对各种资源产品需求的增长，极大地刺激了澳资源贸易的繁荣。通用电气澳大利亚业务主管斯蒂夫—萨金特表示："如果说亚洲发展中国家是全球经济的增长引擎，那么矿产丰富的澳大利亚就是在提供引擎的燃料。"[②]在中国成为澳大利亚最大的资源贸易伙伴后，澳每年出口中国的资源产品的比重逐步上升。2011—2012年度，澳出口中国的矿产品占其矿产总出口的比重为41％，出口中国的能源产品占其能源总出口的比重为13％，分别比10年前增长了34％和11％。[③]以中澳铁矿石贸易为例，

① 戴丽彤：《俄罗斯经济发展的优势对中国的启示》，《经济视角》2008年第1期。

② FT中文网：《澳大利亚遭遇"资源诅咒"？》，2012年6月25日，见http://www.ftchinese.com/story/001045172。

③ 该部分数据来自BREE：Resources and Energy Quarterly 2013—06。

澳大利亚对华铁矿输出量在其铁矿输出总量中的比例，已自2000年的二成升至2014年的接近八成。显然，近年来澳矿业尤其是铁矿业的景气，很大程度上是中国资源饥渴催生的，是“中国制造”。中国经济的稳健给澳大利亚提供了外部“安全带”，澳大利亚较低的资源依赖限制了资源价格波动的冲击力，这些构成了澳大利亚经济相对俄罗斯经济较为稳定的重要原因。

（二）“荷兰病”的征兆与关联

与前一个方面的问题相联系，俄罗斯和澳大利亚经济都面临的问题是，自然资源的大量出口使外汇储备增加，进而导致本国货币升值（见图4.11），汇率升高。研究表明，乌拉尔石油增长1%将带动卢布实际汇率增长0.5%；①2005—2011年间澳元约升值31%，而资源业繁荣是澳元升值的重要原因。②因此，有必要对两国经济稍作“荷兰病”检视。

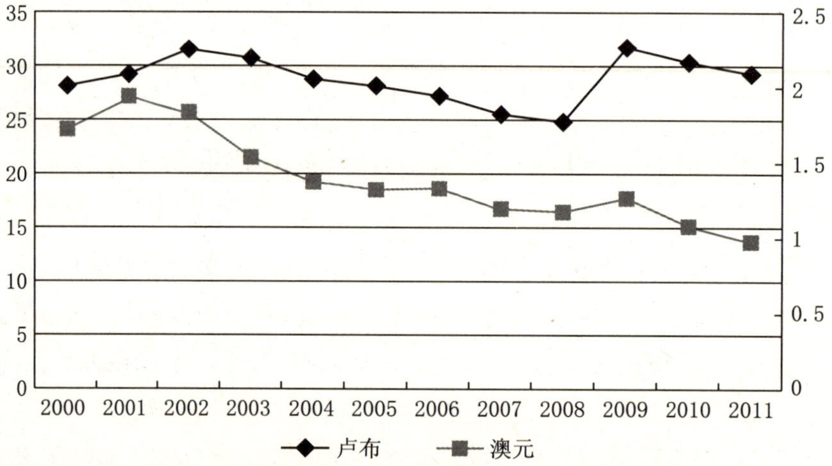

图4.11 卢布和澳元的汇率变化（卢布/美元、澳元/美元）

注：卢布兑换美元的汇率对应左轴，澳元兑换美元的汇率对应右轴。

资料来源：独联体国家网站和Geoff Armitage, *Resources and Energy Statistics 2012*, Canberra: BREE, 2012所供数据。

① Nienke Oomes and Katerina Kalcheva, “Diagnosing Dutch Disease: Does Russia have the symptoms?” IMF Working Paper, 2007:22.

② W.Max Corden, “The Dutch Disease in Australia policy options for a three-speed economy,” Australian National University Working Paper, 2011:2.

所谓“荷兰病”，是指曾经出现在荷兰的一种经济现象。一般认为，这一概念由科登和尼瑞在研究诸如荷兰等国因资源部门繁荣所带来的去工业化现象时提出，①以此作为对资源型经济产生原因的一个最为常用的解释。20 世纪 60 年代，荷兰在北海发现了大量的油气资源。随着对这些资源的开发，荷兰国内经济快速增长、收入大幅上升。然而，在 20 世纪 70 年代，这些自然财富却给荷兰带来严重的麻烦：通货膨胀、制造业衰落、收入减少和失业率大增。虽然荷兰现已成功走出了“荷兰病”阴影，但是这一称谓依旧保留下来作为指代荷兰曾经经历现象的代名词。“荷兰病”概念提出后，引起了学界的广泛讨论，并且形成了较为完善的理论模型，研究成果也可谓汗牛充栋。

“荷兰病”视角的实质是，对资源部门对于其他部门的“挤出”效应进行研究，认为资源开发所带来的丰厚收益，将给国家经济的长远发展导致若干的致命后果：一是巨额外汇收入引发本国货币升值，导致制造业等非资源部门的工资和费用上涨，打击制造业等非资源部门的发展（称为“支出效应”）；二是资源部门的繁荣促使本国劳动力和资本从制造业等非资源部门转向资源出口部门，进一步打击制造业等的非资源部门的竞争力（称为“资源推动效应”）；三是资源出口带来的收入会导致资源丰裕国家增加对制造业等的非资源部门产品的需求，但是，由于资源部门的冲击，造成对本国制造业等的非资源部门的影响，引发大量进口外国同类商品，进一步导致制造业等部门的萎缩与衰落。这些后果最终削弱一国长期经济增长的动力，形成所谓的“荷兰病”症状。

21 世纪以来，俄罗斯经济发展对能源产业的过度依赖，不断引起俄高层和学界关注。实际上，俄政府在推动能源经济发展的过程中，并非没有注意到能源产业过度发展的负面效应，一些学者直接批评俄罗斯的“荷兰病”症候，俄罗斯国内也有人担心其陷入“荷兰病”的恶性循环之中。

问题在于：既然俄罗斯必须依靠能源产业带动经济发展，那么如何实现能源产业的可持续发展，以及如何利用能源优势，提升俄罗斯的国家竞争能力？丰裕的自然资源到底是经济发展的福祉还是弊端？俄罗斯是否陷入

① W.Max Corden and J.Peter Neary, “Booming sector and de-industrialisation in a small open economy,” *The Economic Journal*, Vol.92, No.3 G8, December 1982, pp.825—848.

"荷兰病"？持俄陷入"荷兰病"观点的人认为，资源型国家如果单纯依靠能源出口，汇率上升会给其他制造业出口带来影响，同时资源所带来的收入水平提高，又导致劳动力成本大幅度上涨。在这种情况下，资源产业往往会对其他产业造成挤压，使经济增长不得不更加依赖能源产业，并由此导致一种恶性循环。

就俄罗斯是否患有"荷兰病"问题，我们认为，一方面，俄罗斯经济发展模式确实与"荷兰病"有相似之处，石油和天然气出口给俄带来巨额税收和外汇收入，也导致卢布汇率升值。卢布的升值给非能源产业的出口带来困难，尤其是可贸易的制造业出口显得不易。而且，汇率升值使进口商品更具竞争力，从而减弱俄实施的进口替代。此外，受到俄能源部门高工资的影响，其他产业劳动力成本也被拉升，这无疑降低了俄非能源部门的发展能力。这些过程中的关键问题在于，俄能否提高整个制造业的生产效率，以抵消汇率升值和劳动力成本上涨所带来的负面影响。因此，俄所必须选择的战略，是依靠能源产业带动全社会技术水平、人力资本和生产效率的全面提升。

另一方面，以"荷兰病"的视角并不能完全解释俄罗斯经济的"资源诅咒"，也不能解释其资源出口型经济。因为，"荷兰病"理论研究的最初对象是小型经济体，其假设资源丰裕的经济体在开发资源前，已经是充分就业且国内资本相对固定。但是，许多经济体（尤其是发展中经济体）存在着资本的短缺和劳动力的过剩情况。自然资源的开发有利于劳动力就业，并不一定带来工资上涨以及致使资本流入资源产业，因而也就不会对制造业的发展形成冲击。另外，制造业生产的中间产品需要进口，在资本匮乏的状况下，汇率的升值无疑有利于部分发展中国家的制造业发展。

具体而言，在投资层面（见图 4.12），俄罗斯的能源开采、制造业中焦煤和炼油的投资增长都没有发生显著上升的趋势，能源开采投资甚至在较长时间里持续下跌，之后才略有回升。分析制造业的投资状况可知，制造业的投资虽然没有呈现上升趋势，但是在 2002 年已超过能源开采的投资。同时，制造业中焦煤和炼油的投资占比一直都处于微小的状态，没有出现大规模扩张的趋向。这说明，俄罗斯资源部门的繁荣未对其制造业部门的投资出现明显的挤出效应。

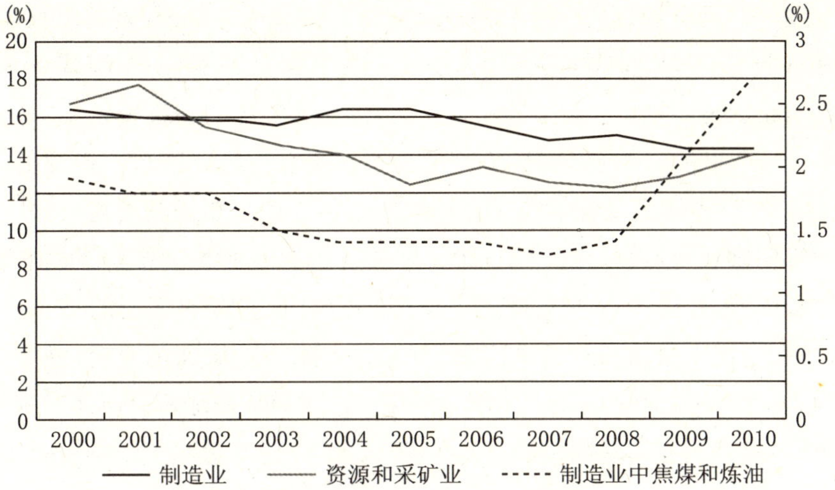

图 4.12　俄罗斯固定资本投资占比

注：制造业中焦煤和炼油投资占比对应右轴，制造业、资源和采矿业对应左轴。
资料来源：根据俄罗斯国家统计局网站历年数据整理所得。

普京和梅德韦杰夫担任总统期间，都曾提出在俄罗斯发展创新经济与现代化发展战略。在普京总统发表的《千年之交的俄罗斯》中，他已经对俄罗斯整体国家竞争能力表现出担忧，认为俄罗斯应该提高经济效率的办法在于利用知识、科学和技术潜力。最为突出的是，梅德韦杰夫在担任总统期间，提出了俄罗斯的现代化发展战略。在那篇具有广泛影响的文章《前进！俄罗斯》①中，他提出："我们出售的产品并不是我们自己生产的，如原材料或进口产品，俄罗斯的制成品之所以不受欢迎，主要是因为竞争力极差……应该由非原料交易来确认俄罗斯人的命运。"②俄罗斯的创新经济发展战略与现代化发展战略都提到了国家整体经济能力的高度，这种发展模式虽然旨在改善资源型经济发展模式，但需要能源产业的发展予以支撑。事实上，就是以能源收入为基础，对技术和人力资本进行投资，提高国家竞争能力。此时是俄罗斯能源产业发展最为迅速的时期，虽然俄罗斯政府在这一时期提出创新经济，但事实上，能源产业可能是为俄罗斯经济提供支撑的部门，并且这种发展战略能够在最大限度上避免"荷兰病"。

①② Дмитри Медведева, Россия, вперёд! 10 сентября 2009 года.

从澳大利亚资源部门(主要为铁矿、煤炭和液化天然气)投资情况看,2000年以来资源部门投资的增长创历史新高,已经超越了20世纪60年代和80年代资源价格上涨时期的投资水平(见图4.13)。资源部门的投资占GDP的比重也从10年前的1.5%猛增到2009年的5%左右。从资源与非资源部门对GDP增长贡献的情况观察,资源部门在2000年之后呈现强劲的增长势头,而非资源部门则显得疲软。这说明,澳大利亚资源产业的快速扩张下的非资源部门增长缓慢,在一定程度上呈现了资源部门对于非资源部门的挤出效应。但是,资源价格指数增长和出口市场的稳定,带来国际层面的稳定;制度的完善和浮动汇率的灵活性,形成国内层面的稳固。因而,资源繁荣促使经济增长而非停滞,澳大利亚出现"荷兰病"征兆,但未发生"荷兰病"结果。

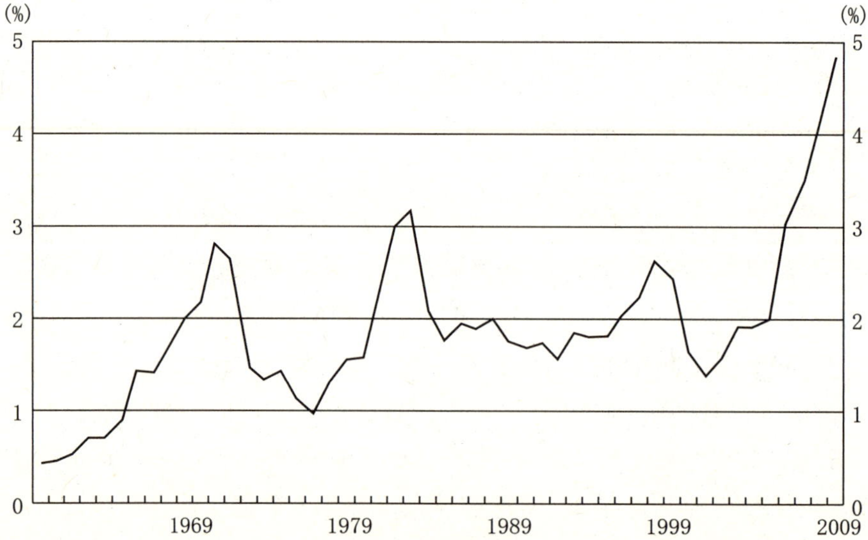

图4.13 澳大利亚资源部门投资情况(占名义GDP比重)

资料来源:引自澳大利亚联邦储备银行网站。

(三)资源出口结构加速初级化

俄罗斯和澳大利亚的出口结构均呈现初级化。从一定意义上讲,资源出口是一种初级产品的出口,其附加值很低。自俄罗斯与澳大利亚的出口结构可发现(见图4.14、4.15),2000年以来,俄罗斯和澳大利亚的资源产品出口占总出口的比重年年攀升,已超过70%。资源产品在出口商品中占比增加的状况说明，两国的出口结构已经呈现出资源部门占主导的趋势，出口结构的初级化不断加剧。

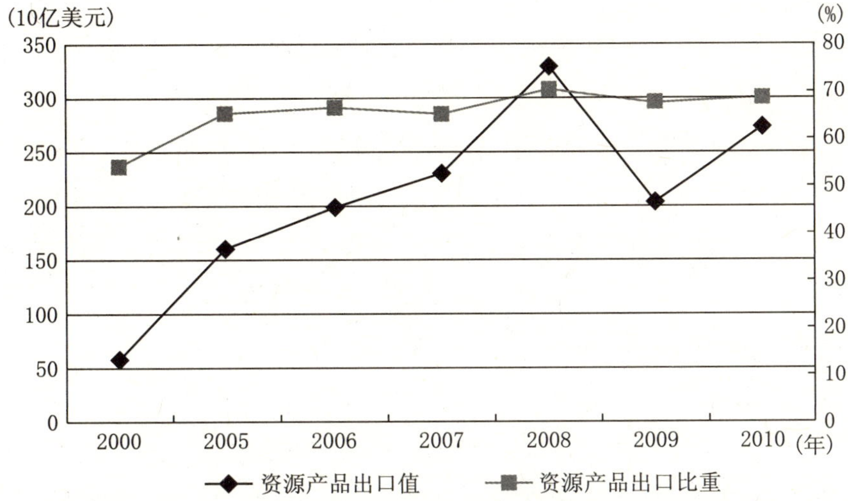

图 4.14　俄资源产品出口值及占商品出口总值比重

注：资源产品出口值对应左轴，资源产品出口比重对应右轴。
资料来源：根据俄罗斯国家统计局网站历年数据整理所得。

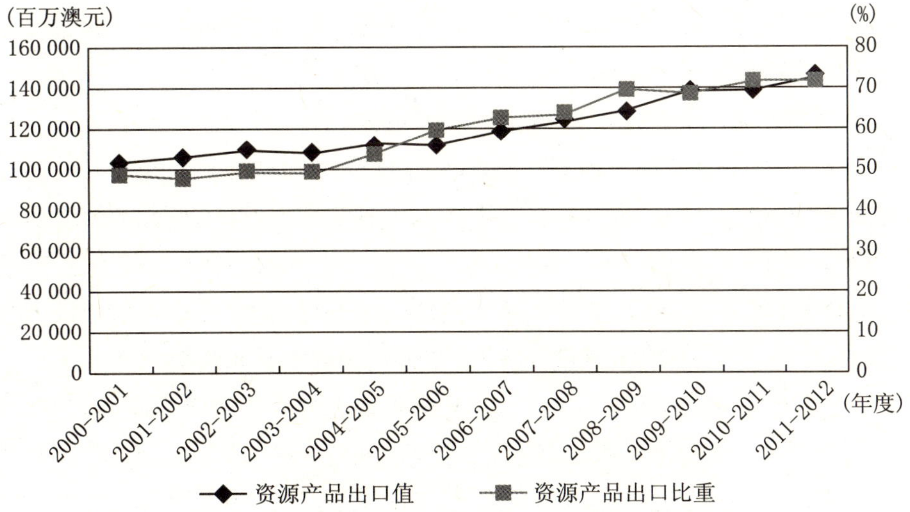

图 4.15　澳资源产品出口值及占商品出口总值比重

注：资源产品出口值对应左轴，资源产品出口比重对应右轴。
资料来源：Geoff Armitage, *Resources and Energy Statistics 2012*, Canberra: BREE, 2012 所供数据。

（四）俄澳均以中国为主要资源出口对象

中国是与俄、澳资源合作的主要对象国，这是中俄与中澳资源合作的一个重要和共同的特点。从合作领域看，中俄合作重点在能源领域，且集中在石油、天然气和煤炭。俄罗斯的石油、天然气储量和产量巨大，而人口只占世界的2.5%，能源消耗相对较小，其石油、天然气产出很大部分用于出口。虽然近年来有多家机构及专家预测西西伯利亚地区油气产能达到顶峰并逐渐降低，将会影响俄油气供应的稳定性。但随着新技术的应用，以及新油田的开发，俄油气产能在一段时间内较为稳定。中澳矿产资源合作规模大于两国的能源合作规模。中澳资源合作的重点在铁矿、煤炭、天然气、铀矿和能源技术。澳大利亚为全球主要铁矿输出国，其煤炭、天然气产出大多用于出口，澳大利亚的铀矿储量居世界第一位，因为澳实行无核化政策，所以铀矿产出全部用于出口。此外，澳大利亚在清洁煤技术、煤层气生产和煤层气转产液化天然气、可再生能源技术的研发等方面均处于世界领先水平。

中俄、中澳资源合作各有重点，优势突出；从运输线路看，中俄间的陆上运输和中澳间的海上运输，有利于中国进口来源和运输渠道的多元化，对于保障中国能源供应的安全具有重要意义；从经济结构看，中国与俄罗斯、澳大利亚具有各自的比较优势，经济结构互补性强。所以，中俄、中澳开展资源合作是合理的。

（五）制度影响比较

近年来，随着俄罗斯政治制度和经济结构的变化，各种利益集团的势力日益庞大，它们对与国外的能源合作存在不同的利益诉求，从而使俄政府在对华能源合作方面时而犹豫不决。例如，在“安纳线”的走向选择上，俄管道运输公司之所以否定了“安大线”，要求石油管道改向太平洋沿岸，一个重要原因就是为了增加管道长度，增大工程量，使该企业集团获得更多经营收入。①

尽管俄罗斯实行市场经济制度，但俄政府的监督系统尚不完善，政治腐败和社会分配不公现象较明显，而腐败在资源产业表现得尤为严重。在利润丰厚的领域，很容易导致寻租活动的泛滥并由此产生腐败，而围绕着租金所产生

① 王俊峰等：《中俄能源合作的新战略与新思考》，《中国地质大学学报》（社会科学版），2014年第4期。

的激烈竞争又会使经济陷入非效率状态，并在不同的利益集团之间引发政治斗争。[①]在分配自然资源带来的巨额收益时，政府拥有莫大的权力，很容易导致政府官员为谋取私利而进行“寻租”、“设租”活动。例如，21 世纪以来，随着石油财富的不断增加，俄罗斯国内各个阶层的贫富分化加剧，俄罗斯的寡头多出自油气产业。丰富的石油资源为俄赚取了大量外汇，但由于没有通过合意的制度安排形成国内工业反哺的微观基础，使得大量的经济增长果实被新寡头阶层所瓜分，[②]在不同的利益集团之间引起政治斗争，对俄社会制度及政治稳定潜存着长期有害的影响。国际透明组织公布的 2012 年度全球腐败指数报告中，俄罗斯排名为 133 位，为极端腐败国家。[③]这些拥有政治经济权力的寡头并没有像新自由主义者所预期的那样会自动产生强烈的法治需求，改善俄罗斯的工业生产条件，而是通过与地方政府合谋的行为获得更好、更优惠的政策条件和矿产资源。虽然资源产业的迅速发展不是造成收入分配差距扩大的惟一原因，但由资源产业发展所导致的政府官员的“寻租行为”却是分配不公的重要原因之一。

而澳大利亚由于其完善的市场制度及其对腐败具有震慑作用，一直保持较高的廉洁指数。尽管这些年澳大利亚的资源产业发展迅速，在利润丰厚的资源产业中仍较少有寻租活动症状，与同为发达国家的美日相比也表现出稳健的廉洁状况。在“国际透明组织”公布的《2013 年贪腐印象指数》报告中，[④]澳大利亚的廉洁指数居世界第九位，得分在 80 分以上，与芬兰、瑞典、加拿大等国处于前十位；而俄罗斯得分仅为 28 分，排名 127 位。

从国家内部治理来看，笔者选取世界治理指数（WGI）数据库的政府效率、管理质量、法治和控制腐败四项指标予以对比（见表 4.11）。两者相较，俄罗斯各项指标都落后于澳大利亚。纵向看，澳大利亚各项指标始终保持较高得分；俄罗斯的各项指标都未明显改善，始终处在低位，且对腐败的控制呈下降趋势，整体质量出现弱化。因此，在资源产业冲击下俄罗斯出现了腐败加重状

---

① 王智辉：《俄罗斯资源依赖型经济的长期增长》，《东北亚论坛》2008 年 1 月。

② 孔庆超：《浅析石油产业与俄罗斯经济》，《商业经济》2011 年第 10 期。

③ 新华网：《俄罗斯要建“腐败者数据库”》，见 http://news.xinhuanet.com/world/2012-12/11/c_124079063.htm。

④ 观察者网：《透明国际 2013 全球清廉指数中国排名 80　评分连续三年上升》，见 http://www.guancha.cn/politics/2013_12_04_190256.shtml。

况，整体质量弱化的现象。澳大利亚则成功避免了腐败加剧、制度弱化的"魔咒"，保持了良好的质量水平。

表 4.11　　俄、澳国家治理指数

年　份	政府效率		管理质量		法　　治		控制腐败	
	澳	俄	澳	俄	澳	俄	澳	俄
2000	92	23	95	28	95.22	13.4	94	17
2003	93	40	94	48	95.69	20.1	94	28
2006	94	37	95	37	94.26	19.14	95	21
2007	96	42	96	42	94.26	16.75	96	16
2008	95	43	97	38	95.19	19.71	96	12
2009	96	44	98	39	95.26	24.64	96	11
2010	96	42	94	40	94.79	26.07	96	12
2011	95	42	97	39	96.24	25.35	97	13

资料来源：世界治理指数数据库。

俄、澳制度层面的比较显示，在转型背景下，面对油气洪流俄国很难抗拒"油气瘾"，巨额的资源收益使俄国享受到安逸的经济行情，却未能加速旨在提高国家现代化的改革，使得经济结构的畸形和制度改革的缓慢相伴而生，不得不忍受着资源产业膨胀带来的内部扭曲。澳大利亚也存在着资源的冲击，丰厚的资源收益带来了繁荣和安乐，削弱了澳大利亚改革的动力。但由于澳大利亚完善的制度结构，将资源的冲击关进制度的笼子，资源的扭曲力在制度监管和经济弹性下受到限制，很大程度上阻止了资源引发的国内损害。这个对比揭示，资源繁荣在制度低下时会变成恶化制度的"黑手"，但在制度完善的条件下，负面影响可得到遏制。

第五章　中俄与中澳资源合作模式的理论比较

第一节　“超绝对利益”视角的解读

中俄与中澳的资源合作基本上是一种资源领域的贸易合作。在中国与俄罗斯和澳大利亚的资源贸易中，体现出国际贸易中不同程度的“超绝对利益”的特点。

一、“超绝对利益”的含义

从国际经济学的角度，在国际经济学的发展历程中，亚当·斯密的绝对利益学说最早解释了国际贸易产生的原因，即：各国实行专业化和集中化生产，并出口那些具有绝对优势的产品，进口那些具有绝对劣势的产品，从而可以从中赚取最大的利润。在亚当·斯密的绝对利益学说基础上，李嘉图构建了比较利益学说，并成为国际贸易中的经典理论和核心学说。根据比较利益学说，国际贸易的产生和发展，是某个国家某种商品的相对生产成本或市场价格低于另一个国家，从而使得这种商品在国际贸易中具有比较优势，国际贸易的流向是在各国实行专业化生产的条件下，各国出口本国具有比较优势的商品，进口本国具有比较劣势的商品，从而各国可以以更低的价格，生产和消费更多的商品，国际贸易规模也会远大于绝对利益学说所决定的国际贸易发展水平。

根据绝对利益学说，国际贸易的原因是一个国家某种商品的生产成本或市场价格绝对地低于另一个国家，因而这种商品具有绝对利益；国际贸易的流向是各个国家出口本国具有绝对利益的商品，进口本国处于绝对不利的商品。[①]但是在现实经济活动中，一个国家能生产的某种产品，另一个国家并非一定能生产。此情况下，关于该种产品的贸易，就超出了李嘉图比较利益学说所论述的范围。对此，李翀教授用“超比较利益”的学说构建了分析国际贸易的一个框架。在“超绝对利益”理论中，对于自然资源所具有的超绝对利益，他是这样解释的：不同类型产品的定价方式有所不同，同一类型产品的定价方式在不同的条件下也可能有所不同。以自然资源产品为例，某类型的自然资源产品可能只有少数几个国家拥有，因而它们在这种产品的国际贸易中具有超绝对利益。但这些产品能否采取寡头垄断定价方式，取决于它们的必需程度和可替代程度。如果这些产品不是生产或生活所必需的，它的需求的价格弹性将较大，其价格的上升将导致需求量大幅下降；另外，若这些产品可以被别的产品所替代，它们价格的上升将导致需求量大幅度下降。在这两种情况下，这些产品的国际市场价格未必保证厂商获得垄断利润。[②]

国际贸易的实践表明，超绝对利益之所以存在，源于各国资源的要素禀赋特点。即：具有超绝对利益的商品，或者是自然资源产品，或者是特殊的服务产品，或者是高技术产品。按照超绝对利益的学说，超绝对利益商品不仅由技术的差异造成，而且由自然资源的特点和某些特殊技能的特点所造成。其中，自然资源的超绝对利益体现为：自然资源是一种不可再生和不可复制的资源，各国在自然资源产品贸易中的地位，取决于自然资源的先天禀赋以及对自然资源产品的需求程度。自然资源相对稀缺的国家，难以通过制造加工而产出资源品，从而在资源品的国际贸易中处于相对劣势地位；而自然资源相对丰裕的国家，则在国际资源贸易中处于相对优势地位。

在全球的自然资源分布与蕴藏中，能源等自然资源在世界各国的蕴藏量很不均等。例如，根据俄罗斯国家储备数据解密后首次正式对外公布的石油和天然气储量数据，俄罗斯的石油和天然气的储量在全球名列前茅。俄联邦自然资源部长谢尔盖·东斯科伊指出，截至2012年1月1日，俄罗斯的C1类

---

① 李翀教授最早在2005年发表的“超绝对利益的构建以及与相关学说的比较”文章中，以“超绝对利益”界定此类贸易形式，但随着研究的深入，李翀教授意识到，“超绝对利益”一定具有“超比较利益”，“超比较利益”一定具有“超绝对利益”，因此“超绝对利益”和“超比较利益”并无本质区别。

② 李翀：《超绝对利益的构建以及与相关学说的比较》，《福建论坛》（人文社会科学版）2005年第3期。

石油可采储量为178亿吨,C2类为102亿吨。C1类天然气储量为48.8万亿立方米,C2类为19.6万亿立方米。俄罗斯是世界上这两种矿藏的资源潜力储量最大的国家之一:俄天然气储量居世界首位,天然气产量位居世界第二位;俄已探明石油储量落后于委内瑞拉和海湾国家,但其石油产量名列世界第二。[①]俄罗斯不仅拥有世界最多的常规天然气储量,还有极丰富的页岩油和页岩气储量;其已探明煤炭储量居世界第二位,产量居世界第六;俄还具有大规模非常规的煤层气和气水合物的甲烷资源。此外,俄罗斯的铀矿储量、核电产量居世界第三,铀矿开采居世界第四;截至2013年,俄罗斯的电力产量居世界第四位,水力发电量居世界第五位。[②]这种非均衡的资源布局与结构,导致世界上一些国家具有丰富的资源,而另一些国家资源贫乏,需要进口以满足经济发展的要求。

因此,一般而言,俄、澳等国家与自然资源短缺的国家进行资源产品贸易时,具有国际贸易中的超绝对利益。

二、中俄资源合作模式的"超绝对利益"视角

在中俄资源合作中,两国所处的地位截然不同。多年来,中俄能源领域合作主要集中在油气、煤炭等能源产品领域,它们是两国经济合作的重点内容。从两国的贸易进出口看,在能源领域表现为,俄罗斯处于对华能源资源供给者的地位,而中国处在能源资源需求者或说购买者的地位。

因此,在中俄资源合作的贸易方面,可以运用"超绝对利益"的理论,对中俄能源贸易的曲折过程和价格博弈加以分析。也就是说,理论上,在中俄能源资源的贸易中,当国际市场上的石油和天然气供给紧缺、价格攀升时,作为超绝对利益的享有者俄罗斯则占据优势地位,俄罗斯可以对处于"超比较劣势"地位的中国讨价还价;但是,一旦国际市场上石油天然气供大于求、价格走低时,作为需求方的中国则享有更多讨价还价的余地。中俄能源资源贸易中的这一状况,是由于下列原因所导致:

---

① 中国石油新闻中心:《俄罗斯首次公布石油和天然气储量数据》,见 http://news.cnpc.com.cn/system/2013/07/16/001437752.shtml。

② Сергей Куликов, "Место России в мировой энергетике—обеспечение Китая", *Независимая газета*, 26.11.2013.

第一,俄罗斯的能源资源禀赋,决定其在中俄能源合作中的态度。俄罗斯是世界上石油天然气储量丰富的国家之一,近年来逐渐成为世界上最大的油气生产国,在世界能源市场上拥有重要地位。尽管对于俄罗斯石油天然气的储藏量有各种估计,但各个年份、各种来源的估计均表明,俄罗斯的能源资源位于世界前列。反观中国,中国的石油储量相对较低,是石油缺乏的国家。根据中国国土资源部 2012 年 10 月 9 日公布的资料显示:我国目前已探明的石油地质资源量 881 亿吨,可采资源量 233 亿吨。此外,中国的原有油田的开采难度加大,而新油田增长艰难。目前,中国生产油田集中在东部地区,约占全国总产量的三分之二,但主要油田先后进入了稳产后期,产量处于萎缩状态,例如东北大庆油田在连续 27 年产量超过 5 000 万吨以后 2003 年开始产量低于5 000万吨,目前已进入开发的中后期。相对于中国石油天然气储量贫乏、人均储量和产量严重不足和主要依赖进口的状况,俄罗斯在这一领域具有超绝对优势。

第二,在中俄贸易领域,中国的绝对优势产品是劳动密集型产品。从历年中俄贸易结构看,中国对俄出口的主要商品是服装、鞋类及其他轻工产品,占出口总额的 70%。即便如此,在俄进口产品市场上,中国的服装和轻工产品的排名也不在最前,因为服装等轻工产品的技术含量低,在向俄市场出口的服装和轻工产品中,有诸多替代性产品和来自各国的竞争者,如来自欧洲国家的高档产品以及亚洲的韩国、越南等国家的竞争产品。这足以说明,中方对俄出口最具优势的服装、鞋类,以及其他轻工产品,其所具有的也仅是绝对利益(优势),而不是超绝对利益和优势。

第三,21 世纪以来,俄罗斯的能源资源的出口是拉动其经济增长的决定性因素。进入 2004 年,世界市场的石油和天然气等资源品价格快速上涨,俄罗斯 GDP 增长与油价提升具有很强的关联度,经济增长速度在很大程度上取决于世界能源资源价格的涨幅。一些俄专家认为,2004 年以后,世界油价的快速增长给俄带来机遇,正是油价的攀升保证了那些年俄 GDP 的年增长率能达到 7%—8%。在俄联邦政府预算收入中,石油和天然气所占比重从 2000 年的 9%,增加到 2012 年的约 50%。俄罗斯经济增速的加快是所有能源产品价格攀升的结果,俄罗斯能源出口对其 GDP 增长的贡献举足轻重。在国际贸易中,超绝对利益体现为具有超比较利益商品的国际交易价格。在国际市场交易中，超比较优势商品的价格决定方式，有别于比较优势商品的价格决定。在油气价格关乎俄经济命运的情况下，俄政府牢牢地控制着石油天然气的生产和出口、市场与价格。

俄罗斯的能源资源贸易出口的实践表明，在超比较利益的条件下，只要产品供给方可以提供这种商品，那么这种商品的国际价格的形成，在一定程度上难以按照竞争性商品的比较优势方式决定，而是按照垄断竞争商品、寡头垄断商品或完全垄断商品定价的方式决定。①也就是说，超比较利益商品的供给者将获得垄断利润，处于主导地位；而需求者将付出较高的价格，处于从属地位。然而，考虑到供给和需求双方的因素，不同的超比较利益商品所能获得的垄断利润会有较大的差异。超比较利益商品包括自然资源产品、特殊技能产品和高科技产品等类型，不同类型产品的定价方式有所不同，即使同一类产品，在不同条件下定价方式也可能不同。究竟采取垄断竞争商品、寡头垄断商品还是完全垄断商品，不仅取决于商品的需求弹性，也取决于供给者在产品供给市场中的地位以及主要供给者的竞争关系与联结程度。

具体至中俄能源贸易合作，俄罗斯能获得多大的垄断利润，获得多大的超比较利益，主要取决于供给和需求因素。供给层面的因素包括：第一，俄罗斯在国际油气市场中的定价权情况。中俄两国的油气交易价格以国际油气市场价格为基准，俄在国际油气基准价格中的定价权越大，俄占据主导地位的可能性越大。第二，俄在国际油气供给市场中的地位。俄在国际油气市场所占的份额越大，俄所能获得的超额垄断利润越大。第三，国际能源格局的变化，即能源供给者之间的关系以及能源行业的发展趋势。能源供给的数量越多、价格越低，供给方对消费市场的争夺就越激烈，俄罗斯的主动权就越弱；新能源、非常规油气能源以及可再生能源如果取得快速发展，对常规油气资源的替代性越强，俄在中俄能源合作谈判中的筹码就越少。第四，能源贸易的收益对俄经济发展的至关重要性。中俄能源合作对俄经济的作用越重要，在俄经济中所占比重越大，俄越会重视中俄能源合作能获得的超比较利益。

需求方面的因素包括：其一，中国经济发展对能源消耗的需求越大，中国能源消费构成中的油气比重越高，俄罗斯的超比较优势则越明显；其二，亚太

---

① 李翀：《超比较利益学说的构建》，《学术月刊》2010 年第 3 期。

地区各国对俄油气资源的争夺越是激烈，俄在能源资源贸易中获得的超比较利益优势就越大；其三，中国作为油气净输入国，若中国经济对国际油气的需求减少，将影响到石油天然气的需求数量与价格，在一定程度上决定着国际价格。如果中国广泛参与世界油气的开发，加强与上游领域的国际油气开发合作，那么中国在中俄能源合作中将具有更多的主动权。

三、中俄资源合作模式的现实判断

中俄能源贸易合作中各自所处的位置，是决定两国能源合作中价格高低的一个重要因素。所谓需方主导的单边依赖合作模式，是指俄罗斯越来越注重中国的能源消费市场，其对中国的能源出口占其能源出口的比例较高，而自俄能源进口占中国能源进口的比例较低，从而导致俄对中国的能源消费市场具有依赖性，双边的能源合作由中国主导；所谓供方主导的单边依赖合作模式，则是指中国越来越重视俄罗斯的能源供给地位，自俄能源进口占中国能源总进口的比重较高，而俄对华能源出口占俄能源总出口的比重较低，从而导致中国对俄能源供给具有一定的依赖性。中俄能源合作的相互依赖则是指中国作为能源消费国与俄罗斯作为能源生产国之间，由于强化政治、经济、文化甚至军事等各方面的联系，双方相互依赖的程度不断加深，以此来保障各自资源战略的实现途径。

根据前文关于中俄资源合作的发展条件的阐述以及供需双方的因素变化，笔者认为，现阶段，中俄资源合作具有双边相互依赖合作模式的特征。具体而言，它体现出以下的一些特点：一是中俄互为能源战略合作伙伴。俄罗斯是主要的能源生产及出口国，中国是能源消费大国且自给率较低，在国际能源格局出现变化的情况下，特别是 2014 年国际能源价格大幅波动与暴跌的情况下，中俄彼此成为各自能源战略调整后的重点合作对象。二是中俄能源资源合作中的对称性。与欧盟不同，中国自俄的能源进口特别是天然气的进口规模，目前在中国能源总进口中所占比例较低，同时俄对中国的能源出口在俄能源总出口中的比重也不高。因此，中俄能源合作不存在诸如俄欧能源合作中的所谓“不对称性”，俄罗斯也难以利用“能源武器”对中国形成制约。三是中俄资源合作具有稳定性。一方面，中俄两国互为战略协作伙伴，两国之间的外交关系及国内政局都较为稳定，政府在彼此能源合作中发挥了主导作用；另一方面，与俄欧能源合作不同，俄罗斯与中国的地理位置毗邻，能源的输送不会受到邻国因素的影响与制约。四是中俄资源合作在上合组织及金砖国家合作框架下能够深化合作。早在2006年，俄罗斯总统普京就提出在上合组织架构内组建“能源俱乐部”，一方面可以促进俄罗斯与中亚各国的能源投资合作，另一方面可以进一步开拓中国能源市场。目前中国、俄罗斯以及中亚五国之间已经形成良好的能源合作态势。另外，基于资源禀赋的互补性，金砖国家能源合作机制也在不断形成，对俄中资源合作形成推动作用。

四、中澳资源合作模式的“超绝对利益”解释

与中俄能源贸易合作的相似之处是，在中澳资源合作中，中国也处于一个资源需求方的地位，澳大利亚也是资源贸易的供给方。然而，与中俄能源贸易不同的是，中国能够部分地生产自澳大利亚进口的能矿产品。用“超比较利益”(也称“超绝对利益”)的学说对中澳资源贸易进行解释，显得有些简单化。不能推论认为，澳大利亚在中澳能源贸易中占有超比较利益的优势地位，而中国处于超比较利益的劣势地位。其原因在于，超比较利益的理论是建立在A国能生产某种商品而B国不能生产的基础之上。但事实上，中国也能生产自澳大利亚进口的主要能矿产品，中国之所以自澳进口这些产品，一个主要动因在于其进口的产品能够填补国内供需不足的缺口。澳地广人稀，能矿资源丰饶；尽管中国资源总量也很丰沛，但中国人口众多，人均资源占有率比较低，这使得中国的能矿资源相对于经济快速发展而供不应求。因此，在资源密集型产品(包括能矿资源产品)的生产方面，澳相对于中国具有比较优势。这一特征决定了中澳之间的资源贸易流向是：具有比较优势的澳大利亚向居于比较劣势的中国输出能矿产品。尽管在个别能矿产品(如原油)的进出口方面，中澳双方互有进出口，但是相对于中国，澳大利亚处于净出口的地位。

从理论上分析，在中澳资源合作过程中，通常可能呈现三种不同的模式：第一种是中国占据主动地位的需方主导的单边依赖合作模式；第二种是澳大利亚占据主动地位的供方主导的单边依赖合作模式；还有一种则是中澳互为依赖的合作模式。两国资源合作实践中所呈现的合作方式或模式，取决于供需双方各种因素的综合影响及其程度。具体而言，主要由以下因素共同决定：

从供方视角看，大致有四大决定因素。其一，资源合作对澳大利亚经济发

展的重要性。资源合作对澳经济发展越重要，在澳经济结构中的比重越大，则澳在中澳资源合作中的主导地位就越弱。其二，澳大利亚在国际能矿资源市场中的定价权。毋庸置疑，澳在国际能矿资源市场中定价权越大，则其占据主导地位之可能性越大。澳大利亚的定价权取决于其在国际能矿资源供给市场中的地位，而该地位很大程度上又取决于其在国际能矿资源市场中所占的份额。其三，澳大利亚对能矿资源稳定供应的保障乃至增产能力，即澳能否维护甚至提升自身在国际能矿资源市场中地位的能力。其四，资源供应者之间的关系。资源供给者对消费市场的争夺愈激烈，澳大利亚的主动权愈小。

自需方角度而言，主要有四大因素。第一，资源合作对中国经济发展的重要性。资源合作对中国经济发展越重要，中国的资源对外依赖度越高，则中国在中澳资源合作中的主导地位就越低。第二，中国参与全球资源开发的程度。作为资源的净需求方，中国越是广泛地参与世界各地的资源开发，进入资源的上游领域，越有可能在中澳资源合作中掌握更多的主动权。第三，中国经济发展的能耗以及资源消费构成。中国经济发展对能矿资源消耗的需求越大，中国能矿资源消费构成中的煤炭、石油、天然气、铁矿等的比重越高，则越依赖澳大利亚具有优势的金属矿产、煤和气的供应。第四，资源消费国（尤其是亚太地区）之间的关系。亚太地区资源消费国对资源的争夺愈激烈，中国的主导性愈弱。

五、中澳资源合作模式的现实判断

所谓需方主导的单边依赖合作模式是指，澳大利亚愈益倚重向中国出口能矿资源，其对中国的资源出口占其资源总出口的比例较高，而自澳资源进口占中国资源进口的比例较低，从而导致澳大利亚对中国的资源消费市场具有依赖性，中国对资源的需求在很大程度上影响或主导中澳双边的资源合作；所谓供方主导的单边依赖合作模式则是指，中国日益重视澳大利亚的资源供给地位，自澳资源进口占中国资源总进口的比重较高，而澳对华资源出口占澳资源总出口的比重较低，从而导致中国对澳大利亚的资源供给产生依赖，双边的资源合作由澳大利亚主导；双边相互依赖则指中国作为资源消费国与澳大利亚作为资源生产国之间相互依赖的程度不断加深，以此来保障各自资源战略的实现。

根据前文关于中澳资源合作发展条件的阐述以及综合供需双方因素的影响，笔者认为，现阶段中澳资源合作具有双边相互依赖合作模式的特征，原因如下：

有利于中国占主导权（即澳大利亚更依赖中国）的因素有：第一，近年来，资源品在澳总出口中的占比保持在7成左右。这一事实证明了资源出口对澳经济的重要作用。当2014年中国经济出现增速下滑，澳大利亚经济也呈现疲软，澳元走跌。进入2015年澳仍不能摆脱这一状况，例如，2015年3月，中国贸易盈余大幅缩小，数据大幅走低，这使澳元应声下跌。2015年4月13日，中国公布的2015年3月贸易进出口数据显示，中国2015年3月出口年率下滑15%，预期增长10%；进口年率下滑12.7%，预期下滑10%。数据公布后，澳元遭受打压，澳元兑美元短线快速下挫，市场短线大量抛售澳元。这足以显现澳大利亚经济对于中国经济的依赖程度。第二，受"走出去"和多元化政策的鼓励，中国各能矿企业已广泛参与到国际资源开发中，力求锁定各资源丰富国家更多的上游资源，而对澳大利亚的能矿资源的需求程度总体上有所减弱，这更使澳经济倍感压力。

有助于澳大利亚占主导权（即中国更依赖澳大利亚）的因素包括：其一，中国本国的能矿资源远远无法满足经济高速发展的需要，各主要能矿资源对外依赖度较高。其二，作为世界主要资源输出大国的澳大利亚，在某些能矿产品市场上（尤其是国际铁矿市场）有较大定价权。当中国经济处于高速增长并对资源有更多需求情况下，中国对澳能矿资源的依赖会加大。

需要指出的是，煤、油和气在中国能源消费结构中的比重对中澳资源合作的影响不同于对中俄能源合作的影响。在中俄能源合作中，油气在中国能源消费结构中的占比越高，中国对俄罗斯的依赖越深。然而，由于中澳资源合作的范围更广，涉及的能矿资源品类更多，因此煤、油和气在中国能源消费结构中比例的变化对中澳资源合作的影响颇为复杂，可谓挑战与机遇并存：中国减少煤炭和石油在能源消费结构中占比的努力，虽会对中澳煤炭与原油贸易构成冲击，但会给两国间更为洁净的天然气和铀矿贸易发展带来契机，也会为双方加强清洁煤技术和可再生能源技术领域的合作创造有利条件。

此外，国际能矿资源市场的格局变化多端，时而表现为买方市场，时而体现为卖方市场。因此，综上所述，中澳资源合作中的双方是相互依赖，主导性不相上下。

具体而言，中澳资源合作互为依赖的合作模式主要呈现以下特点：

第一，中澳互为战略伙伴。2006年，中国时任国务院总理温家宝与澳大利亚总理霍华德达成共识，建立两国领导人定期互访与会晤机制，及时就双边关系中的重大问题交换意见。2008年，中国时任外交部长杨洁篪对澳进行正式访问，与澳外长史密斯共同启动首轮中澳战略对话。2013年4月，中国国家主席习近平在海南博鳌会见澳总理吉拉德，两国宣布构建相互信任、互利共赢的战略伙伴关系，并建立总理年度定期会晤机制。需指出的是，澳大利亚是世界主要资源生产与出口大国，中国则是全球资源消费与进口大国，加之两国同属亚太地区，使得双方自然而然地成为彼此资源合作的重点对象。两国经贸合作（包括资源合作）无疑是双方战略伙伴关系的推进器，而双方战略伙伴关系反之亦成为两国经贸合作深入发展的重要保障。

第二，中澳资源合作的相互依赖较为对称。从贸易方面看，总体而言，除原油与液化石油气外，中国自澳大利亚的资源进口在中国资源总进口中所占比例较大，尤其是氧化铝，中国自澳进口量占进口总量的逾九成，对澳极为依赖；与此同时，澳大利亚对中国的资源出口占澳资源总出口的比重也不小，特别是铁矿石，澳大利亚向中国出口的铁矿数量占澳铁矿输出总量的比例最近几年超过了七成。然而，中澳铁矿石贸易是一例外。由于全球铁矿供应几乎由澳大利亚力拓、必和必拓以及巴西淡水河谷这三大巨头垄断，因此中国在中澳铁矿石贸易中处于比较劣势的地位，使得以往多年间进口大量铁矿的中国面对三巨头的无理涨价毫无反抗之力，只得屡屡被迫接受。自投资角度看，中国需要投资澳能矿业以锁定更多的上游资源，确保资源供应的持久稳定，而澳大利亚也需要中国的资金以获得更大的发展。因此，中澳资源合作彼此需要、互为依赖，关系较为对称。

第三，尽管中铝增资力拓失败为两国关系带来不小的波澜，但中澳资源合作总体比较稳定。一方面，中澳两国外交关系与各自的国内政局均较为稳定，双方政府在彼此的资源合作中也发挥了推动作用；另一方面，中澳同属亚太地区，地缘位置的较为邻近为资源运输提供了诸多便利。

第四，中澳双边合作机制为两国资源合作提供助力。除“中澳高层经济合作对话机制”与“中澳年度战略对话机制”外，专门的双边能源合作机制包括

"中澳能源合作联合工作组"、"中澳能源资源合作双边对话机制"、"中澳气候变化伙伴关系",以及煤炭技术领域的双边合作机制等。2013年启动的总理年度定期会晤机制则将两国协商和会晤机制的层级予以了实质性的提高,使双边合作得到了更大的政治保障。

第二节　资源合作模式的基础

资源是支撑一国经济可持续发展的重要基础,资源禀赋对于一国经济发展虽然不具有决定性的作用,但在当今全球经济激烈竞争和资源短缺的时代,许多国家的发展都受到资源的约束与限制,因此,在中俄与中澳的资源合作中,资源禀赋的富裕程度决定着中国与俄罗斯和澳大利亚合作的深度。

从资源的蕴藏量和资源品种看,俄罗斯是当今世界唯一资源能完全自给的大国。俄罗斯的自然资源种类丰富,某种程度上,俄罗斯的自然资源比澳大利亚更为齐全,几乎能够覆盖人类需求的各个方面,实现自给自足。而且,俄能够支配和利用的资源数量庞大,这是俄作为一个"资源型经济"大国的基本特征。作为世界资源大国,俄罗斯已经探明的资源储量约占世界资源总量的21%。俄罗斯《共青团真理报》曾在一篇题为"俄罗斯值多少钱?"的文章中指出,俄罗斯所有自然资源的总价值约为300万亿美元;其中,俄已探明的资源储量价值约为30万亿美元,居世界首位。俄著名学者奥·切尔科维奇在题为"世界经济背景下的俄罗斯"的论文中援引权威数据称,与俄罗斯相比,美国已探明的自然资源储量价值为10万亿美元,中国为5万亿美元,西欧为2.5万亿美元。[①]由此可见,与其他大国经济发展不同,俄罗斯的经济发展不存在资源约束的困境,相反,俄罗斯的资源禀赋是其"资源型经济"发展的根本基础,也是中俄能够开展资源合作的坚实基础。

从资源的主要品种和人均保有量分析,澳大利亚也是当今世界能够自给自足的国家。在资源品种中,澳大利亚居于世界首位的是铀和铁矿。2011年,澳大利亚探明铀储量占世界总储量约31%,居世界首位;在具有经济价值的铁

① 常喆:《俄经济实力已恢复七成　军事实力仅次于美国》,见 http://military.china.com/zh_cn/critical2/23/20060227/13128041.htm。

矿储量中，澳位居世界第一，占世界22%的份额。澳大利亚的石油储量占世界总储量的0.2%，石油产量在全球属中等规模，按2014年的开采速度，还可供应24.3年；此外，澳已探明的煤炭储量2014年为764亿吨，占世界探明总储量的8.6%，列世界第4位，按目前的开采速度，其煤炭储量可供开采155年；已探明天然气储量为3.7万亿立方米，占世界总量的2.0%，居世界第11位，可供开采67.6年。[①]由此可见，从主要资源的绝对储量进行评估，俄罗斯和澳大利亚在世界上均位居前列，是首屈一指的资源禀赋大国。

从资源生产角度看，俄罗斯和澳大利亚均为资源生产大国；从资源出口的世界性地位看，历年来俄能源出口和澳能矿资源出口在世界份额中具有重要地位；从资源出口的增长情况和在本国出口商品中的占比看，2000年以来，俄资源产品（主要为油气）的出口值呈现不断上升的趋势，澳资源产品（主要为铁矿和煤炭）出口值也呈现强劲的增长势头；从占比趋势分析，俄、澳的资源产品（俄主要为油气产品，澳主要为煤炭、铁矿和液化天然气产品）占商品出口总值的比重已经远超过50%，一段时期占到商品出口总值的70%左右，成为两国出口贸易的擎天之柱。

一、俄罗斯的能源资源

（一）石油资源

俄罗斯是世界重要的石油资源国，但其石油资源分布不均。其陆上石油资源占87.4%，主要分布在西西伯利亚（占61%）、伏尔加—乌拉尔（占16%）、东西伯利亚—远东（占15.1%）等地区；海上石油资源占12.6%，主要分布在北极海、鄂霍次克海和里海等陆架油气区。根据英国石油公司每年发布的《BP世界能源统计》，截至2013年，俄罗斯已经探明的石油储量为881亿桶，相比2002年增长120亿桶，位居世界第八位（前七位分别为：委内瑞拉、沙特阿拉伯、加拿大、伊朗、伊拉克、科威特、阿联酋），占世界石油储量的5.5%。在当前开采水平下，俄罗斯的石油储量可供开采23.6年，低于世界整体水平（53.3年）。

虽然俄罗斯的石油资源已探明储量落后于海湾国家，但俄罗斯石油资源

---

① BP：*BP Statistical Review of World Energy June 2015*，pp.6，20，30.

具有巨大的增长潜力。目前石油累积开采量仅占总资源量的 17.7%，已探明储量占 16.5%，剩余资源量占57.3%。①据美国地质调查局 2000 年对全球待发现油气资源所作的评估，俄罗斯待发现的石油资源量为 157 亿吨（包括凝析油），居世界首位。俄拥有丰富的石油资源，最终常规可采资源量为 361.9 亿吨（包括凝析油）。

表 5.1　俄罗斯石油数据

年　份	石油探明储量（十亿桶）	储量占比（%）	石油产量（百万吨）	产量占比（%）	消费/产出（%）	储采比（年）
2002	76.1	6.0	379.6	10.6	32.3	21.7
2003	79.1	6.0	421.4	11.4	29.7	22.2
2004	78.8	6.0	458.8	11.8	27.1	21.3
2005	80.3	6.0	470.0	12.0	26.2	21.4
2006	81.5	7.0	480.5	12.2	27.2	22.3
2007	83.2	6.0	491.3	12.5	25.2	21.8
2008	83.3	6.0	488.5	12.3	26.6	21.9
2009	83.9	6.0	494.3	12.8	25.3	20.3
2010	86.6	6.0	505.1	12.8	25.5	20.7
2011	87.1	5.0	511.4	12.8	26.6	23.5
2012	87.2	5.2	518.0	12.8	29.8	22.4
2013	88.1	5.5	523.3	12.9	30.7	23.6

资料来源：笔者根据历年的 *BP Statistical Review of World Energy* 相关数据整理。

俄罗斯是全球仅次于沙特的第二大原油出口国。近 10 多年来，俄罗斯的石油产量持续增加，2013 年俄石油产量达到 5.23 亿吨，占世界总产量的 12.9%，居世界第二位，仅次于沙特阿拉伯。2014 年，俄罗斯原油开采量为 5.27亿吨，同比增加 0.6%；日均开采量为 144.3 万吨（1 058 万桶/日），创 1987 年以来日均开采量最高水平。

俄罗斯的原油出口量总体上大于国内消费量。但自 2008 年以来，由于欧洲

① 新华国际：《俄 3 亿吨原油流向中国　中俄能源合作超越买卖关系》，见 http://news.xinhuanet.com/world/2010-09/03/c_12515201_6.htm。

原油消费量下降,俄调整了原油和成品油税费(提高原油相关税费,降低成品油税费),推动提升俄国内原油加工量,导致俄原油出口量下降。2013 年,俄原油出口量约为 2.35 亿吨,占国内总产量的 44%。俄最新数据显示,2014 年俄原油出口量为 2.22 亿吨,同比减少 5.7%;俄国内原油加工量为 2.89 亿吨,同比增加 5.2%。目前,俄每桶原油开采成本约为 35 美元,相对于 55 美元/桶的油价是盈利的。

俄出口的原油主要是两大品种:向欧洲出口的乌拉尔原油(Urals)和向亚太出口的 ESPO 原油。乌拉尔原油是俄罗斯向欧洲出口的混合原油,主要有三个出口方向:通过陆上管道及铁路到达波罗的海出口至西北欧,通过友谊管道出口至东欧、中欧,通过陆上管道及铁路到达黑海出口至地中海和南欧。其中,波罗的海是目前俄原油出口规模最大的方向,年出口规模 7 000 万吨左右。

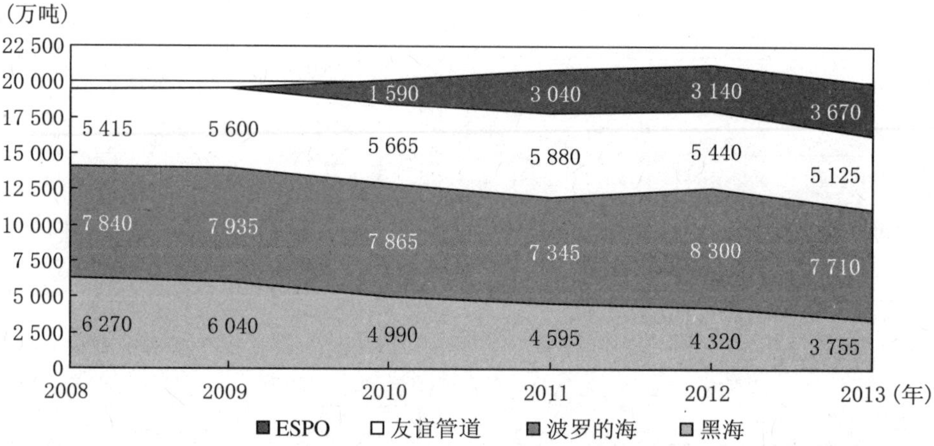

图 5.1　俄罗斯原油主要出口方向及出口规模

资料来源:戚爱华等:《俄罗斯:原油现状及未来趋势》,《国际石油经济》2015 年第 2 期。

俄罗斯国内的原油生产企业数量众多,但生产规模巨大的能源企业,都是普京实行能源国有化政策之后形成的大型能源企业。大型石油生产公司主要有:俄罗斯国家石油公司、卢克石油公司、苏尔古特石油天然气股份公司、俄罗斯天然气工业石油公司,这是前四大原油生产企业。目前,俄罗斯国家石油公司是世界石油公司中排名前 10 位的巨大型的石油企业。2006 年,该公司以 106 亿美元价值新股上市。该公司现有探明石油储量 148.8 亿桶,合 20.5 亿吨。2013 年并购俄罗斯秋明英国石油公司后,在俄国内原油生产中的地位不断提高,其产量占俄国内总产量的比重由 2000 年的 31%提高到 2013 年的 38%。俄四大原油生产企业的产量,合计达到俄总产量的 73%。

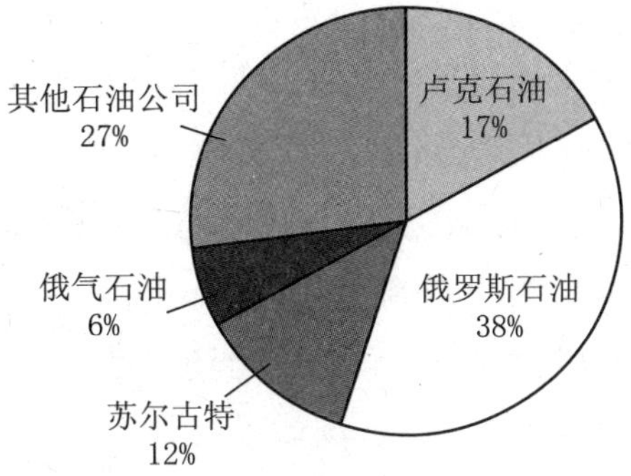

图 5.2　2013 年俄罗斯石油公司产量占比

资料来源:戚爱华等:《俄罗斯:原油现状及未来趋势》,《国际石油经济》2015 年第 2 期。

根据对俄罗斯原油储量、产量、出口和消费的整体状况的分析,原油资源是俄资源禀赋中最为重要的资源品种;从俄原油资源分布和具体政策看,原油资源是中俄资源合作的重要动力与支撑。2014 年以来,俄进一步调整了原油出口的相关政策。

第一,调整石油出口税。面对 2014 年以来国际油价下滑趋势,为促进俄石油出口创汇,降低国家财政对石油出口税的依赖,减少国际油价对财政的影响,俄决定自 2015 年开始调整石油税制,大幅降低石油出口税,提高矿产资源开采税。自 2015 年 1 月 1 日起,俄石油出口税每吨减少 107.3 美元,降幅为 38.7%,到 2015 年 12 月出口税将降至 170.2 美元/吨。按计划,俄石油出口税将在三年内逐步减少约 41%,石油产品出口税将根据种类减少 40%—80%。

第二,保持国内炼油能力,提高深加工水平。在此情形下,俄原油出口能力将进一步提升至 500 万桶/日(2.5 亿吨/年)以上,特别是出口到亚太地区的份额将大幅提升,2020 年和 2030 年出口到亚太的比例将分别达到 33%和 36%。从 2014 年的情况看,该年俄罗斯的石油开采量增加 0.6%,达到 5.27 亿吨;日均开采量为 144.3 万吨,创 1987 年以来日均开采量最高水平;2014 年俄石油出口量缩减 5.7%,为 2.22 亿吨。①2018 年,俄向亚太地区的原油出口规模

① 新华网:《俄公布 2014 年能源统计数据》,见 http://news.xinhuanet.com/world/2015-01/03/c_1113857673.htm。

将达到164万桶/日（8 200万吨/年）以上，其中，ESPO管道出口134万桶/日（6 700万吨/年）以上，萨哈林出口30万桶/日（1 500万吨/年）。

第三，加强原油管道的管制。尽管俄罗斯国内上游生产处于开放态势，但俄原油对外出口通道基本上受国家垄断。由于原油出口是俄政府最重要的财政收入来源，俄干线原油管道属于国有资产，受政府的管理和控制，由政府委托管道运输公司（俄罗斯石油运输公司）进行日常管理和运营，并建立了管道使用权分配制度和运输价格决定制度，以实现管道利用的最优化。少量的铁路出口由国有的俄罗斯铁路股份公司负责运输。其余由非国有石油公司独立运营的其他干线输油管道自行运输（例如里海管道国际财团的CPC管道、萨哈林1号项目输油管道等），但需得到俄政府的批准。

（二）天然气资源

俄罗斯是世界上天然气储量最为丰富的国家，俄罗斯的天然气国际贸易量占全球第一。俄罗斯天然气探明储量90%分布在陆地，10%分布在海域。天然气主要集中分布在西西伯利亚（占73%）和东西伯利亚（占7%），其余分布在巴伦支海、喀拉海和鄂霍次克海等海域。

俄罗斯对世界天然气价格有较大的话语权。据俄罗斯的统计数据，截至2013年底，俄已探明天然气储量高达48.6万亿立方米，位居世界天然气储量排名榜首；天然气开采量达4 874亿立方米，出口量1 627亿立方米。但根据英国石油公司的数据，2012年以来，俄罗斯天然气储量的国际占比呈现下降的趋势。2013年6月，英国石油公司发布了2013版《BP世界能源统计》，将2012年俄已探明天然气总储量由2011年的44.6万亿立方米下调至32.9万亿立方米，伊朗则以33.6万亿立方米已探明储量超过了俄罗斯。2013版的《BP世界能源统计》，不仅调低了俄罗斯天然气探明的储量，也对独联体国家中主要能源生产国的天然气储量评估予以“普降”。对此，英国石油公司首席经济学家克里斯托弗·鲁尔指出，英国石油公司该年对上述国家采取了西方评估标准，因此产生了统计数据的变化。[①]2014版《BP世界能源统计》进一步下调俄天然气储量。但俄罗斯官方并未认同BP能源统计数据的调整。

---

① 新华网：《俄罗斯已探明天然气储量位居世界第二　伊朗反超》，见http://news.xinhuanet.com/yzyd/local/20130614/c_116146032.htm。

从天然气产量看，2009 年之前，俄一直是世界头号天然气生产大国，2009 年以后的年份，俄天然气产量被美国超越，2013 年俄天然气产量为 6 048 亿立方米，占世界总产量的 17.9%，低于美国的 6 876 亿立方米的天然气产量，美国则因"页岩气革命"和不断增加的页岩气产量而位居世界第一。从消费看，俄罗斯天然气产出的约 70%用于本国消费。天然气是俄国内能源消费的主要构成，根据 BP 能源 2014 年的统计，2013 年俄一次能源消费结构中，天然气占 53.2%。

表 5.2　　俄罗斯天然气数据

年　份	天然气探明储量（万亿立方米）	储量占比（%）	天然气产量（十亿立方米）	产量占比（%）	消费/产出（%）	储采比（年）
2002	42.5	31.0	538.8	21.4	68.2	81.2
2003	43.4	27.0	561.5	21.5	68.5	81.2
2004	43.3	27.0	573.3	21.3	68.7	81.5
2005	43.3	27.0	580.1	20.9	69.0	80.0
2006	43.3	26.0	595.2	20.7	68.6	77.9
2007	43.3	25.0	592.0	20.1	71.3	73.5
2008	43.3	23.0	601.7	19.7	69.1	72.0
2009	44.4	24.0	527.7	17.9	73.8	84.1
2010	44.4	24.0	588.9	18.5	70.3	76.0
2011	44.6	21.0	607.0	18.5	69.9	73.5
2012	32.9	17.6	592.3	17.6	70.3	55.6
2013	31.3	16.8	604.8	17.9	68.4	51.7

资料来源：笔者根据历年的 *BP Statistical Review of World Energy* 相关数据整理。

尽管在统计数据方面俄国内与国际能源机构之间存在差异，但就目前全球天然气蕴藏情况看，俄罗斯仍然不失为天然气储量丰富、全球排名前列的天然气资源大国。从近几年俄罗斯天然气的生产与出口看，总体呈上升趋势。据俄经济发展部数据，2013 年俄天然气产量为 6 680 亿立方米，较 2012 年增加 2.3%。其中，俄天然气工业股份公司生产天然气 4 874 亿立方米，与 2012 年大致持平，占国内天然气产量的比例从上年的 74.6%降至 73%。俄罗斯石油公司和独立天然气公司的天然气产量呈上升态势，2013 年，其产量占国内总产量的比例自上年的 25.4%升至 27%。其中，俄最大的独立天然气生产商诺瓦泰克公司天然气产量,2013 年达到了 622 亿立方米,比上年增长 8.5%。

2013 年 11 月,俄政府通过了对《俄罗斯联邦天然气出口法》的修改法案,该法案的重要内容是政府放开了对液化天然气的出口管制。在保留俄罗斯天然气工业股份公司对气态天然气出口专营权的基础上,该修改法案规定,俄三类能源企业可获得液化天然气出口权:(1)拥有气态天然气出口专营权的俄罗斯天然气工业股份公司;(2)持有 2013 年 1 月 1 日前颁发的联邦矿产资源开采许可证,并被允许建设液化天然气工厂,或将开采出的天然气用于生产液化天然气;(3)国家控股能源企业及其控股子公司(国有资本超过 50%),拥有包括黑海和亚速海在内的内海、领海和大陆架矿产资源开采权,并将开采出的天然气或按产品分成协议获得的天然气进行液化。

上述天然气出口规划,将阿尔泰输气管道和"西伯利亚力量"输气管道,分别与中俄两国天然气西线和东线输气管道相连,以便实现向中国供气。2013 年,俄罗斯天然气工业股份公司加强了对气田和输气管道的建设。该公司就雅库特共和国恰扬金气田的开发和建设,以及别洛戈尔斯克天然气处理厂的建设做出投资决定,还拟定修建"西伯利亚力量"输气管道,即雅库特—哈巴罗夫斯克—符拉迪沃斯托克输气管道。"西伯利亚力量"输气管道建设的目的,是将雅库特共和国和伊尔库茨克州开采的天然气输往远东地区,在符拉迪沃斯托克建设液化天然气厂,以向亚太地区尤其是中国出口天然气。为节约投资,管道线路走向基本与现有远东输油管道一致。该管道气源为雅库特共和国的恰扬金气田,该气田天然气储量达到 1.2 万亿立方米;同时伊尔库茨克州的科维克金气田未来也将成为该管道的气源,该气田天然气储量达到 1.5 万亿立方米。

俄罗斯天然气工业股份公司是世界最大天然气公司之一,2014 年该公司在世界 500 强排行榜中排名第 17 位。该公司成立于 1989 年,其前身是苏联天然气工业部。1992 年后公司进行了部分私有化,但俄政府仍然持有该公司 50.002%的股份。如今,俄罗斯天然气工业股份公司控制着俄天然气产业从开发到运输的大部分份额,其产量为世界天然气产量的 20%,占俄天然气总产量的 95%,公司还拥有近 158 200 公里的天然气输气干道,是世界最大规模的天然气运输系统,其天然气出口到 32 个国家。

独立天然气公司诺瓦泰克是俄罗斯第二大天然气公司,近年来该公司的发展迅速。特别值得指出的是,该公司与中国的能源合作也快速推进并取得成效。

2014年，诺瓦泰克将其“亚马尔液化天然气”中80%权益中的20%售予中石油，并与中石油签署“亚马尔液化天然气”项目框架合同，每年对华供应300万吨液化天然气。2014年3月，俄罗斯与中国关于亚马尔液化天然气项目合作的政府间协议生效。俄方承诺针对该项目实施一系列税收优惠政策，包括矿产资源开采税的零税率、出口关税零税率，以及免除进口设备增值税等。中方承诺购买不少于300万吨/年的液化天然气，并提供贷款，该协议有效期至2045年12月31日。

（三）煤炭资源

俄罗斯的煤炭资源蕴藏量也居于世界前列，截至2013年底，俄煤炭的探明储量为1 570.1亿吨，占世界总探明储量的17.6%，居世界第二，仅次于美国的煤炭储量(2 372.95亿吨)。按照当前的开采水平，俄煤炭可供开采452年。就煤炭开采量而言，2013年俄罗斯的煤炭产量为3.52亿吨，同比减少300万吨，同比下降0.78%；2014年俄罗斯煤炭开采量同比增长约1.5%，达到3.573亿吨，是世界第六大煤炭生产国。俄罗斯是煤炭净出口国，煤炭出口量自21世纪以来呈逐年递增趋势。2013年俄出口煤炭1.429亿吨，与2012年的1.269亿吨相比增长12.6%；2014年，煤炭出口量再提高7.6%，达到1.5169亿吨。[①]俄罗斯主要出口煤炭品种为动力煤。

俄煤炭资源的开发潜力非常大。相关预测数据显示，俄煤炭的总储量可能超过50 000亿吨。[②]俄煤炭品种丰富，从长焰煤到褐煤，各种类型煤炭均有，能满足各类工业生产之需。俄煤炭资源的最大缺陷在于地区分布极不平衡，其煤炭储量的75%位于亚洲地区，但受资金投入不足的制约，这一地区的煤炭一直没有进行大规模开采。伴随未来资金投入的增长以及长期停工的煤矿复工，俄煤炭产量仍有很大的提升空间。

关于俄煤炭出口及其市场前景，评价不一。一方面，近年来俄向亚太地区的煤炭供应有所增长；另一方面，煤炭消费国如中国和印度的煤炭需求呈现变化态势。数据显示，2014年，俄罗斯向亚太国家出口煤炭6 500万吨，向欧洲地区出口6 000万吨煤炭。俄经济发展部预测，2015年中国将进一步减少煤炭进口。

---

① 新华网:《俄公布2014年能源统计数据》，见 http://news.xinhuanet.com/world/2015-01/03/c_1113857673.htm。

② 黑河市商务局:《俄罗斯煤炭资源丰富》，见 http://heihe.mofcom.gov.cn/aarticle/gzdy/200705/20070504650706.html。

原因在于，一是中国在GDP增速放缓背景下，正进行从能源、资源消耗型向高科技产业的经济结构调整；二是中国自产的煤炭过剩，2014年中国进口的煤炭总量为2.91亿吨，较2013年降低10.9%，在过去的四年间，中国煤炭的年产能力达48.8亿吨，超过当前煤炭需求8.8亿吨；三是中国需要治理环境污染，而减少燃煤是主要途径。在此情况下，中国从俄罗斯进口煤炭将如何演变，情形复杂。

（四）俄罗斯的能源资源禀赋系数计算

在国际经济学中，通常用资源禀赋系数(EF)反映一个国家或地区某种资源的相对丰富程度，其定义为某一国家或地区某种资源在世界或全国的份额与该国或该地区国内生产总值在全世界或全国国内生产总值中的份额之比。它所揭示的是一个国家资源生产领域的竞争优势。其计算公式为：$EF = (E_r/E_w)/(GDP_r/GDP_w)$。公式中，$E$代表某国拥有的资源生产情况，$E_w$为全世界所拥有的资源情况，$GDP_r$为某国国内生产总值，$GDP_w$为全世界各国国内生产总值的总和。如果$EF > 1$，则该国或该地区在该产品的生产上具有比较优势；如果$EF < 1$，则该国或该地区在该产品的生产上不具有比较优势。

在此笔者选用石油、天然气和煤炭三种主要燃料代表俄罗斯的总体能源资源禀赋。在计算资源禀赋系数之前，需要将俄罗斯和世界总体的天然气、煤炭产量转换为石油当量。根据BP能源的统计，数据转换如表5.3。

表5.3　　世界和俄罗斯能源产量

年份	世界能源产量（百万吨石油当量）			俄罗斯能源产量（百万吨石油当量）			E_r/E_w（%）
	石油	天然气	煤炭	石油	天然气	煤炭	
2005	3 941.5	2 518.0	3 018.2	474.8	522.1	139.6	12.0
2006	3 961.2	2 611.0	3 174.7	485.6	535.6	145.5	12.0
2007	3 948.6	2 678.9	3 311.2	496.8	532.8	148.4	11.9
2008	3 988.6	2 774.0	3 420.6	493.7	541.5	153.8	11.7
2009	3 885.8	2 697.5	3 412.7	500.8	474.9	142.3	11.2
2010	3 975.4	2 888.6	3 604.3	511.8	530.0	151.4	11.4
2011	4 008.1	2 990.3	3 869.4	518.8	546.3	158.8	11.3
2012	4 116.4	3 049.9	3 912.9	526.1	533.0	169.5	11.1
2013	4 126.6	3 077.6	3 961.4	531.0	544.2	168.8	11.1
2014	4 220.6	3 127.3	3 933.5	534.1	520.9	170.9	10.9

资料来源：*BP Statistical Review of World Energy June 2015*。

结合世界银行关于各国 GDP 的统计，俄罗斯和中国的能源资源禀赋系数计算结果比较如下表 5.4。

表 5.4　　俄罗斯与中国资源禀赋系数比较

年　份	俄罗斯(EF_r)	中国(EF_c)
2005	7.4	3.2
2006	6.2	3.0
2007	5.2	2.8
2008	4.4	2.4
2009	5.5	2.1
2010	4.9	2.0
2011	4.3	1.9
2012	4.1	1.7
2013	4.1	1.6
2014	4.5	1.5
平均值	5.1	2.2

资料来源：根据 *BP Statistical Review of World Energy June 2015* 及世界银行数据整理和计算所得。

根据表 5.4 可知，2005—2014 年俄罗斯的能源资源禀赋系数的平均值为 5.1，明显高于中国的 2.2，说明俄罗斯的能源资源非常丰富，具有显著的能源资源禀赋优势。然而，从能源资源禀赋系数的变化趋势看，俄罗斯的资源禀赋系数具有逐渐下降的趋势，由 2005 年的 7.4 下降至 2014 年的 4.5，说明俄罗斯的能源资源利用率趋于下降。

二、俄罗斯的其他自然资源

从类别看，俄罗斯各种资源储量几乎都位于世界前列，特别是在其他国家非常短缺的矿物、森林、土地、水等资源方面，俄罗斯的优势明显。除能源占世界能源总量的比例较高外，俄罗斯自然资源的丰富还表现在：它拥有原苏联 90%以上的森林面积和水能资源，100%的磷灰石，60%的钾盐和大部分铁矿石。

(一) 其他矿藏资源

俄罗斯的矿产资源蕴藏量丰富、品类齐全，这为其发展多部门的基础工业、形成国家完整的工业体系奠定重要的物质基础。据俄科学院经济研究所测算，从已探明储量看，俄各类矿产资源的保障程度相当高，铁矿石为 42 年，铜、镍、钼为 40 年，钨为 37 年，锌为 18 年，铅为 15 年，黄金为 37 年，磷酸盐为 52 年，钾盐为 112 年。目前，俄正开采的重要矿物大约 50 多种，已开采的矿物种类囊括了门捷列夫元素周期表上所列的全部元素。

俄罗斯是世界上最大的矿物原料及其加工产品出口国，有色金属出口占俄出口总值的 7%左右。铁矿石是俄罗斯主要出口矿产品之一；俄罗斯是有色金属铝、镍、铜、钨和锌的出口国，是世界上最大的镍生产国、第二大原铝生产国和第六大精铜生产国，也是世界上最大的铂族金属生产国，世界约 70%的钯、20%的铂，由俄罗斯的企业生产。

(二) 农、林、水资源

第一，俄罗斯农业用地 2.1 亿公顷，其中耕地 1.25 亿公顷，人均耕地面积 0.85 公顷；而全世界耕地面积不过 14.57 亿公顷，人均只有 0.32 公顷。值得注意的是，俄罗斯的土地是世界上最肥沃的土壤，黑土地带是俄罗斯的主要财富。2009 年，俄粮食出口量居世界第三位，占国际粮食市场份额的 13%。

第二，俄罗斯拥有世界 1/5 的木材储量，它的森林覆盖面积为 8.67 亿公顷，占俄国土面积的 50.7%，居世界第一。木材蓄积量 807 亿立方米，占世界总蓄积量的 1/5；而俄罗斯平均年采伐量为 1.2 亿立方米，占木材总储量的 0.17%。它的树种以针叶、硬阔和软阔为主，占森林覆盖面积总量的 90%。俄罗斯森林资源储量超过了整个北美的森林资源，俄已成为世界木材的第三大出口国，仅次于美国和加拿大。

第三，俄罗斯有丰富的水资源，发挥着运输、通航、发电和灌溉等功能，甚至能够提供纯净的饮用水。其淡水资源充足，仅贝加尔湖就容纳了全球地表淡水总量的 1/5。境内的河流多达 10 万多条，超过 1 000 公里以上的有 58 条，分别流入东南西北各海。俄罗斯拥有 500 多条通航河流，总长度为 30 万公里，实际通航里程为 8 万公里。俄在大小河流上陆续修建了水坝和水电站，丰富的水力资源每年为国民经济提供 8 500 亿度电。如果俄罗斯的全部水力资源被利用，每年可发电 2 万亿千瓦时。极为丰沛的水资源也是一笔巨大财富，随着淡水短缺时代的到来，很可能成为换取外汇的重要来源。

另外，从自然资源的地域分布看，俄罗斯的西伯利亚和远东地区是全世界自然资源丰盛之地，也是俄罗斯的"仓库"。这里的森林面积达5.03亿公顷，木材积蓄量达600多亿立方米。还有大量的金属矿藏，如铁、铜、镍、锌、锡、铝、霞石、金刚石、水银、镁、云母、铝、钨、金、银等。西伯利亚拥有各种珍贵皮毛动物和价值较高的药用植物，远东地区海域生物资源丰盈，总量约2 850万吨，其中鱼类资源2 300万吨。

综上所述，俄罗斯拥有富足的自然资源，这些资源不仅成为俄罗斯大国崛起的有力支撑，而且依托自然资源优势，俄能够形成其特有的支柱产业，这是大国资源优势的直接体现。21世纪以来，俄罗斯继承了传统的资源优势，成为拉动经济增长的主要动力（见图5.3）。

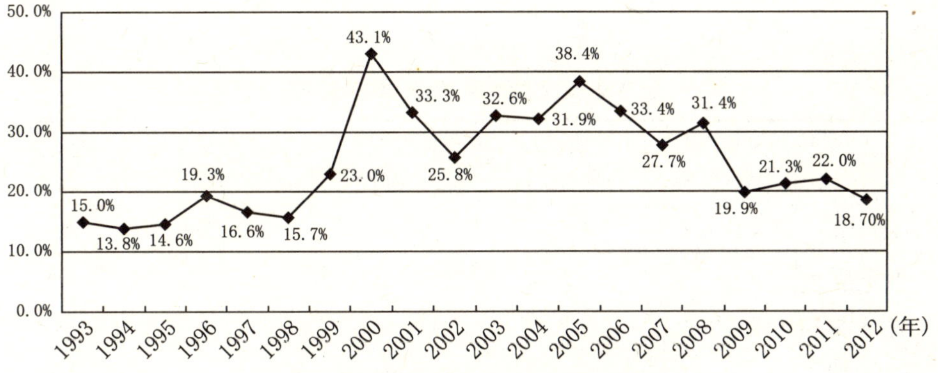

图5.3　俄罗斯自然资源对GDP的贡献率

数据来源：世界经济发展数据库（WDI），http://databank.worldbank.org/data/databases.aspx。

2000年俄罗斯自然资源产值占GDP的比例达到43.1%，此后呈现震荡下降的趋势，但2012年该比值仍然高达18.7%，远高于世界总体水平（5.0%）。其中，能源产业是俄罗斯的支柱产业。更为重要的是，在当今世界，能源也成为地缘政治博弈的战略武器。俄罗斯在新世纪的能源战略内容之一，就是实行能源威慑。因为俄罗斯握有在国际能源领域运筹帷幄的能力，俄油气田数量的增加和油气储量的增大被国际公认为非常有潜力。目前，俄拥有约2 800个商业性石油油田和天然气田，近几年每年勘探发现的新油气田为20—40个、每年新增石油储量4亿—5亿吨、天然气储量5 000亿—6 500亿立方米。

俄罗斯拥有重大的能源影响力，根据国际能源署首席经济学家比罗尔的统计，欧洲（40 多个国家）44％的天然气、30％的石油需求从俄罗斯进口，其中波兰和立陶宛对俄罗斯石油依赖程度分别为 95％和100％。①

三、中澳能源资源禀赋比较

澳大利亚能源资源禀赋中，煤炭是重要构成，澳也是中国煤炭的重要进口来源。因此，我们首先关注澳大利亚的煤炭资源及其出口。

（一）煤炭资源

中国与澳大利亚的煤炭资源禀赋，可从两国的数量和储采比、质量、开采条件以及分布这四个方面进行比较。

首先，中澳煤炭资源储量与储采比的比较。根据英国石油公司 2014 年度的世界能源统计数据，截至 2013 年末，世界煤炭探明储量居前八位的国家见表 5.5。

表 5.5　　世界煤炭探明储量（截至 2013 年末）

	无烟煤及烟煤（亿吨）	亚烟煤及褐煤（亿吨）	煤炭探明总量（亿吨）	占世界煤炭探明总量的百分比（％）	储采比（年）
美　国	1 085.01	1 287.94	2 372.95	26.6	266
俄罗斯	490.88	1 079.22	1 570.10	17.6	452
中　国	622.00	523.00	1 145.00	12.8	31
澳大利亚	371.00	393.00	764.00	8.6	160
印　度	561.00	45.00	606.00	6.8	100
德　国	0.46	405.00	405.48	4.5	213
乌克兰	153.51	185.22	338.73	3.8	384
哈萨克斯坦	215.00	121.00	336.00	3.8	293
世　界	4 031.99	4 883.32	8 915.31	100.0	113

资料来源：根据 *BP Statistical Review of World Energy June 2014* 和其他资料所供数据整理所得。

① 陈强：《能源威慑：俄罗斯的新世纪能源新政》，2008 年 9 月 4 日，见 http://wenku.baidu.com/link?url=WeGhuQB7kEIt1MQ9EPvs2YU8shvSkPDWeYnF9kAmbD3FvA989p3QLTS0ihw1fGFtKg81RinRs99N36iuh7K8gZZvp8diXZ38xVp1QZJLkPa。

如表 5.5 所示，截至 2013 年底，世界煤炭剩余探明储量为 8 915.31 亿吨。其中亚太地区的煤炭储量主要集中在中国、澳大利亚和印度三国，占世界煤炭探明总量的百分比分别为 12.8%、8.6%和 6.8%。单纯从量的角度考察，中国以 1 145 亿吨的煤炭探明总量傲然位居全球第三。但若计算两国煤炭资源各自的人均拥有量，情况便大相径庭。截至 2013 年末，中国人口总数为 13.6 亿。如此庞大的人口数量意味着中国人均煤炭资源拥有量仅为 84.6 吨。而按照澳大利亚 2 300 万人口计算，澳煤炭资源人均拥有量高达 3 321.7 吨，是中国人均量的近 40 倍。

此外，两国煤炭资源量的储采比亦相差悬殊。按照当前中国煤炭的生产水平，中国煤炭资源尚可开采的年数仅为 31 年，远远低于 113 年的世界平均水平，更远低于澳大利亚的 160 年。从长远看，中国的煤炭储量难以满足国内日益增长的能源消费需求，而澳大利亚的煤炭储采比更利于可持续发展。

其次，中澳煤炭资源质量的比较。中国煤炭总体品位较低；而澳大利亚的黑煤品位很高，具有灰分低、硫分低、热值高的优点，尤其在现今注重环保的大背景下，以上优点使得澳大利亚的黑煤颇受煤炭进口国的青睐。

再次，中澳煤炭开采条件的比较。中国煤炭资源的地质开采条件较差，大部分需井下开采，只有极少量可露天开采。而澳大利亚 79%的黑煤矿藏是露采矿。[①]较之井采，露采具有建设速度快、易于开采、劳动生产率高、成本低、劳动条件好、安全性高、矿石回收率高等诸多优点。

最后，中澳煤炭资源分布和消费区分布的比较。中国煤炭资源的总体特征是储量丰富、品种齐全、分布广泛。除上海市外，全国 31 个省、市、自治区（不包含台湾省）均有煤炭探明储量。但中国煤炭资源的区域分布并不均衡，以大别山—秦岭—昆仑山为南北分界线，大致呈现北多南少、西多东少的分布特征。按照省、市、自治区看，山西、陕西、内蒙古和新疆的煤炭储量合计占全国总量的73.4%。[②]按照地区看，华北地区的煤炭资源量最多，其后依次是西北

① Geoscience Australia，*Australia's Identified Mineral Resources 2012*，Canberra：Geoscience Australia，2013，p.20.

② 《中国能源年鉴》编辑委员会：《中国能源年鉴 2005/2006》，科学出版社 2007 年版，第 67 页。

地区、西南地区、华东地区、中南地区和东北地区。此外,中国煤炭资源的分布和消费区的分布不协调。从全国范围看,中国90%的煤炭查明资源储量富集于华北、西北和西南,这些地区的工业产值却占全国工业总产值的不足30%,而东北、华东和中南地区的煤炭资源仅为全国的10%左右,其工业产值却占全国的70%以上。从区域范围看,东北地区一半以上的煤炭资源位于黑龙江省,而其工业却集中在辽宁省;华东地区的煤炭资源富集于安徽和山东两省,但其工业主要位于以上海为中心的长江三角洲地区;中南地区的煤炭资源集中在河南省,而其工业主要在武汉和珠江三角洲地区;西南地区的煤炭资源集中在贵州省,而其工业则主要位于四川省。

如前所述,澳大利亚输出的煤炭主要是黑煤,作为低阶煤的褐煤只用作煤矿当地及附近地区发电站的燃料,因此,我们重点介绍用于出口的黑煤资源的分布。

澳大利亚的黑煤资源在各州和北部地区均有分布,但其可采探明经济资源量主要集中于昆士兰州(简称"昆州")(61%)和新南威尔士州(简称"新州")(36%)。昆州和新州同时也是全澳黑煤产量最大的两个州。这两个州黑煤资源的分布也表现出极为集中的特征,新州的悉尼盆地拥有全澳30%的黑煤可采探明经济资源量,昆州伯温盆地、苏拉特盆地和加利利盆地黑煤可采探明经济资源量的全澳的占比分别为35%、11%和8%。①

新州开采黑煤已有200多年的历史,那里的煤层距离地表较浅。昆州的煤炭工业自20世纪70年代以来发展迅猛,主要生产供出口的炼焦煤。除了新州和昆州,澳大利亚重要的在产煤矿还包括西澳大利亚州(简称"西澳")的科利煤矿、南澳大利亚州(简称"南澳")的利溪煤矿和塔斯马尼亚州(简称"塔州")的金博尔顿煤矿。

澳大利亚的煤矿大多分布于沿海地带(见图5.4),非常便于将煤炭先由铁路运输到新州的纽卡瑟、肯布拉港以及昆州的达林普湾、格兰斯通、海波因特、艾博特角、布里斯班等港口,再从这些港口经海运输出到国际市场。除了产煤区与煤炭出口港临近外,澳大利亚的港口和铁路运输设施较为完备,也便于煤

① Geoscience Australia, *Australia's Identified Mineral Resources 2012*, Canberra: Geoscience Australia, 2013, p.20.

炭的运输和出口。

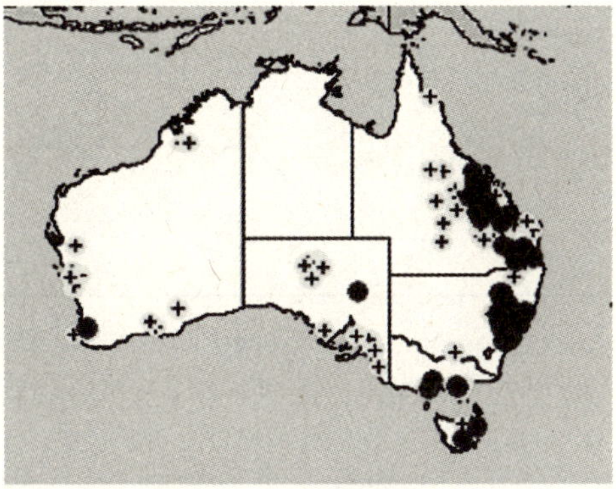

图 5.4　澳大利亚煤炭资源和在产煤矿分布

资料来源：www.australianminesatlas.gov.au。

（二）石油资源

截至 2013 年末，中国石油探明储量为 25 亿吨（181 亿桶），世界占比 1.1%；澳大利亚的储量为 4 亿吨（40 亿桶），世界占比 0.2%。全球石油的平均储采比为 53.3，其中中东地区为 78.1，中国为 11.9，澳大利亚为26.1。①显而易见，中澳两国的石油资源都不甚丰富，但澳大利亚的储采比是中国的两倍多。另外，尽管澳石油总储量不及中国，但若计算人均拥有量，澳石油资源量远超中国。

中国的石油资源集中分布于渤海湾、松辽、塔里木、鄂尔多斯、准噶尔、珠江口、柴达木和海洋盆地，上述地区的石油资源量占全国总量的81.1%。②

需要说明的是，在澳大利亚地理科学署以及澳大利亚农业、资源经济和科学局的统计中，石油除包括原油与凝析油外，还包括液化石油气。截至 2012 年底，澳三类石油按照麦凯尔维分类体系计算所得的资源量见表 5.6。

---

① BP, *BP Statistical Review of World Energy June 2014*, London: BP, 2014, p.6.

② 《中国能源年鉴》编辑委员会：《中国能源年鉴 2005/2006》，科学出版社 2007 年版，第 76 页。

表 5.6　　澳大利亚石油资源(截至 2012 年末)

	探明经济资源量(拍焦耳)	在澳石油探明经济资源量中占比(%)	储采比(年)
原　油	5 038	24.5	7—10
凝析油	11 403	55.5	25
液化石油气	4 118	20.0	16

资料来源：根据 Bureau of Resources and Energy Economics(BREE)，*Energy in Australia 2014*，Canberra：Commonwealth of Australia，2014 所供数据整理和计算所得。

如表 5.6 所示，澳大利亚的原油资源十分有限，其探明经济资源量在澳石油探明经济资源量中所占比例不高，仅为 24.5%，且其储量还在不断减少，储采比很低。而其凝析油的探明经济资源量在澳石油探明经济资源量中的比重高达一半以上。澳液化石油气的资源量所占比例虽然不高，却有着广阔的发展前景。

从分布看，澳大利亚的原油资源主要位于西北近海的几个中生代盆地以及南面的巴斯海峡，而其陆上盆地所拥有的原油资源仅占其原油总资源的约 5%。澳大利亚的凝析油资源散布于十大盆地，但位于西北大陆架的三大近海盆地—波纳帕特、布劳斯和卡那封—所拥有的凝析油资源量占全澳凝析油总资源量的 92%之多。与之相似，尽管澳液化石油气散布在八大盆地，但波纳帕特、布劳斯和卡那封三大盆地的液化石油气资源量的占比高达 85%，另外，吉普斯兰盆地液化石油气资源的全澳占比虽然仅 10%，但那里的液化石油气资源始终占据着非常重要的地位。①

除原油、凝析油和液化石油气这三种常规石油资源外，澳还拥有充沛的页岩油这种非常规石油资源。2009 年，澳页岩油的查明资源量为 13.16 万拍焦耳(223.9 亿桶)，就数量而言不容小觑。澳具有经济价值的页岩油大多位于昆州中部格兰斯通和麦凯附近的盆地。此外，新州的悉尼盆地、塔州北部以及南澳的艾尔半岛亦有页岩油分布。

① Geoscience Australia & Australian Bureau of Agricultural and Resource Economics, *Australian Energy Resource Assessment*, Canberra: Geoscience Australia, 2010, pp.52—56.

（三）天然气资源

截至2013年末，中国的天然气探明储量为3.3万亿立方米，世界占比1.8%，排名世界第13位；澳大利亚以3.7万亿立方米、世界占比2.0%的天然气探明储量列全球第11位。

中国与澳大利亚的常规天然气储量都不高，且世界排名较接近，澳相较中国的优势并不显著。然而，世界天然气平均储采比是55.1年，中国是28.0，仅为世界平均水平的一半，而澳为85.8，高于世界平均水平，澳大利亚较之中国的优势在这方面得以体现。此外，若计算中澳两国天然气的人均拥有量，澳大利亚的比较优势更加明显。

除常规天然气外，中国的非常规天然气资源比较丰沛，主要包括煤层气、页岩气和致密气。煤层气的地质资源量是36.8万亿立方米，主要集中于中西部地区；页岩气地质资源量30.7万亿立方米，分布在塔里木盆地、松辽盆地、准噶尔盆地、鄂尔多斯盆地、吐哈盆地和渤海湾盆地；致密砂岩气地质资源量12万亿立方米，大多位于鄂尔多斯盆地、四川盆地和松辽盆地深层。[①]但由于目前中国非常规天然气尚无法放量供应，化解中国气源短缺仍需通过进口填补。

澳大利亚的非常规天然气资源也相当丰饶，大量煤层气资源富集于昆州和新州的聚煤盆地，南澳则拥有潜在的煤层气资源，已探明的致密气气藏分布于南澳、西澳和维州的海岸上，而潜在的页岩气则位于昆州、北部地区、南澳和西澳。

作为世界第二大经济体，中国正处于工业化与城市化发展的高潮阶段；作为全球温室气体排放大户，中国亟需调整并优化现有的煤炭占比独大这一失衡的一次能源消费结构。以上两个原因，要求中国继续大规模增加天然气的消费比重。然而，若中国未来天然气探明可采储量无法大规模增加，或煤层气、页岩气、致密气等非常规天然气的勘探和生产不能取得突破性进展，那么中国天然气的已探明可采储量显然难以对经济可持续发展发挥巨大的推动作用。而澳大利亚以其丰裕的天然气资源量、较高的储采比、较多的人均量、常

---

① 史文婧等：《中国天然气储量情况》，见 http://www.nsd.edu.cn/cn/userfiles/Other/2012-07/2012072619140669246017.pdf。

规天然气富集于西北沿海的地缘优势，以及昆州大力推动发展的煤层气产业，能为中国经济的可持续发展提供支持。

从常规天然气资源分布看，中国常规天然气分布不均，集中于中、西、北部，即塔里木、四川、鄂尔多斯、海洋大陆架、柴达木、松辽、莺歌海、琼东南及渤海湾九大含油气盆地，这些地区的天然气资源占全国总量的83.6%①。而中国天然气消费区位于经济发达的东部和东南部。主产区远离消费区的这一不理想的匹配格局，意味着要发展燃气市场、扩大燃气消费，须先消除长距离输气管道短缺的瓶颈。鉴于此，十余年间，中国已陆续建设了西气东输线、川气东送线、陕京线等陆上天然气管道工程，建成天然气干支线管道数万公里。随着上述管线的相继竣工，生产增长日益落后于需求增速，现有气田的生产无法满足国内需求，一度导致气荒，加快多渠道的天然气进口愈显迫切。

澳大利亚约92%的常规天然气资源富集于西澳州，西澳州为澳天然气主产区，但西澳人口稀少，并非主要经济区域，天然气市场规模小。澳主要经济区域是东部地区。澳疆域辽阔，东西相隔 4 000 公里、南北相距 3 700 公里。天然气主产区与消费区相距甚远，意味着拥有丰富的煤炭资源的东部地区消费本地产的煤炭更加经济和现实。而西澳是全澳最大天然气生产和出口基地，也是距离东亚最近的州，这一资源与地缘优势非常便于向亚太市场出口，包括对华输出。

（四）铀矿资源

截至2012年底，澳大利亚以117.4万吨可采铀（世界占比近1/3）的探明资源量②雄踞全球首位。而中国铀矿的探明经济资源量为12万吨可采铀（世界占比3.2%），位居世界第十位。

中国是一个铀矿资源不甚丰饶的国家。自1955年开始全国范围内的铀矿资源勘探起，已在大陆20多个省发现铀矿资源。2012年11月，由中央地质勘查基金投资实施的内蒙古中部大营地区铀矿勘查获得重大突破，发现国内规模最大的可地浸砂岩型铀矿床。连同此前的勘查成果，该地区累计铀资源

① 《中国能源年鉴》编辑委员会：《中国能源年鉴2005/2006》，科学出版社2007年版，第76页。

② 相当于经合组织核能机构和国际原子能机构分类体系中开采成本小于130美元/公斤的合理确定资源量。

表 5.7　　世界铀矿资源量(截至 2012 年末)

	开采成本＜130 美元/公斤的合理确定资源量[万吨(可采铀)]	世界占比(%)	开采成本＜130 美元/公斤的推测资源量[万吨(可采铀)]	世界占比(%)
澳大利亚	117.4	31.7	53.2	24.1
加拿大	35.8	9.7	13.6	6.2
尼日尔	32.5	8.8	8.0	3.6
哈萨克斯坦	28.6	7.7	39.4	17.9
纳米比亚	24.8	6.7	13.5	6.1
俄罗斯	21.7	5.9	28.9	13.1
美　国	20.7	5.6	—	—
南　非	17.5	4.7	16.3	7.4
巴　西	15.5	4.2	12.1	5.5
中　国	12.0	3.2	7.9	3.6
世界总量	369.9	100.0	220.4	100.0

资料来源：根据 OECD Nuclear Energy Agency and International Atomic Energy Agency 2014 年出版的 *Uranium 2014*：*Resources*，*Production and Demand* 所供数据整理所得。

量跻身世界级大矿行列。这对中国立足本国，提高铀资源供应，增强核电发展，具有重大意义。①

目前，中国探明的大小铀矿床(田)共计 200 多个，主要分布在江西、广东、湖南、广西，以及新疆、辽宁、云南、河北、内蒙古、浙江、甘肃等省(区)。然而，中国铀矿的经济可采储量(开采成本小于 40 美元/公斤铀)却只有 5.18 万吨，同类开采成本的推测经济可采储量也仅为 1.39 万吨，②不能适应发展核电的长远需要。此外，中国的铀矿除了内蒙古大营地区的矿床为超大型规模，大多以中小型为主，矿石的品位偏低。

澳大利亚铀矿的探明经济资源量富集于以下四个矿区：南澳的奥林匹克

① 《内蒙古大营地区发现国内最大世界级铀矿》,《京华时报》2012 年 11 月 5 日。

② OECD NEA & IAEA, *Uranium 2014*: *Resources*, *Production and Demand*, Paris & Vienna: OECD NEA & IAEA, 2014, pp.21, 22.

坝，北部地区阿利盖特河流域的兰杰和贾比卢卡，以及西澳的耶利里。其推测经济资源量则主要集中在奥林匹克坝矿的东南部。南澳的铀矿资源占全澳铀矿资源的百分比高达78%，较之北部地区与西澳，南澳资源相对集中在奥林匹克坝，奥林匹克坝有世界最大的铀矿矿藏。

（五）中澳能源资源禀赋系数

澳大利亚资源禀赋系数（EF）的计算公式如下：$EF=(E_a/E_w)/(GDP_a/GDP_w)$。公式中，$E_a$代表澳大利亚拥有的资源生产情况，$E_w$为全世界所拥有的资源情况，$GDP_a$为澳大利亚国内生产总值，$GDP_w$为全世界各国国内生产总值的总和。如果$EF>1$，则澳在该产品的生产上具有比较优势；如果$EF<1$，则澳在该产品的生产上不具有比较优势。一则因为BP仅提供铀矿消费数据而无铀矿生产数据，二则由于需要与俄罗斯的能源资源禀赋系数进行比较，宜采用相同的统计方式，故在此同样选用石油、天然气和煤炭三种燃料代表澳总体能源资源禀赋。

根据BP能源的统计，首先将澳大利亚和世界总体的石油、天然气、煤炭产量转换为石油当量参见表5.8。

表5.8　　世界和澳大利亚能源产量

年份	世界能源产量（百万吨石油当量）			澳大利亚能源产量（百万吨石油当量）			E_a/E_w（%）
	石油	天然气	煤炭	石油	天然气	煤炭	
2005	3 941.5	2 518.0	3 018.2	25.5	33.4	206.5	2.8
2006	3 961.2	2 611.0	3 174.7	23.7	35.0	211.6	2.8
2007	3 948.6	2 678.9	3 311.2	24.7	36.0	217.9	2.8
2008	3 988.6	2 774.0	3 420.6	24.3	34.4	224.9	2.8
2009	3 885.8	2 697.5	3 412.7	22.6	38.1	232.6	2.9
2010	3 975.4	2 888.6	3 604.3	24.9	41.3	240.5	2.9
2011	4 008.1	2 990.3	3 869.4	22.0	41.9	233.4	2.7
2012	4 116.4	3 049.9	3 912.9	21.6	46.4	250.4	2.9
2013	4 126.6	3 077.6	3 961.4	18.2	48.0	268.2	3.0
2014	4 220.6	3 127.3	3 933.5	19.4	49.8	280.8	3.1

资料来源：*BP Statistical Review of World Energy June 2015*。

结合世界银行关于各国 GDP 的统计，澳大利亚和中国的能源资源禀赋系数计算结果比较如表 5.9。

表 5.9　　澳大利亚与中国资源禀赋系数比较

年　份	澳大利亚(EF_a)	中国(EF_c)
2005	1.9	3.2
2006	1.9	3.0
2007	1.9	2.8
2008	1.7	2.4
2009	1.9	2.1
2010	1.7	2.0
2011	1.4	1.9
2012	1.4	1.7
2013	1.5	1.6
2014	1.7	1.5
平均值	1.7	2.2

资料来源：根据 *BP Statistical Review of World Energy June 2015* 及世界银行数据整理和计算所得。

由表 5.9 可知，2005—2014 年澳大利亚的能源资源禀赋平均系数为 1.7，虽然低于中国的 2.2，但是大于 1，仍具一定比较优势。此外，从能源资源禀赋系数的变化趋势看，澳大利亚的资源禀赋系数变化不大，较为稳定，说明其资源供应的可持续性较强，较为稳定可靠。

四、中澳矿产资源禀赋比较

(一) 铁矿资源

截至 2013 年末，澳大利亚和中国各自的铁矿探明经济资源量是 350 亿吨和 230 亿吨，分别排名世界第一和第四。

若按中国 2013 年铁矿产量 13.2 亿吨计算，中国铁矿储采比为 17.4；若保持 2013 年 5.3 亿吨铁矿的产量，澳大利亚的铁矿足以再维持约 66 年的生产。中澳铁矿储采比的这一差异揭示了澳大利亚铁矿开采更具可持续性。尽管中国铁矿资源量位居世界前列，但中国铁矿资源中贫矿多，贫矿储量占总储量的80%。①

表 5.10　　世界铁矿探明经济资源量(截至 2013 年末)

排名	国　家	储量(亿吨)	世界占比(%)
1	澳大利亚	350	20.6
2	巴　西	310	18.2
3	俄罗斯	250	14.7
4	中　国	230	13.5
5	印　度	81	4.8
	世　界	1 700	100.0

资料来源：根据 U.S.Department of the Interior，U.S.Geological Survey(USGS)，*Mineral Commodity Summaries 2014*，Reston，Virginia：USGS，2014 所供数据整理和计算所得。

中国铁矿开发分布在 30 个省、自治区、直辖市，产量相对集中在东部地区。主要可分为以下几大矿区：东北矿区、华北矿区、华东矿区、中南矿区，以及西南、西北矿区。由于中国的多元素共生的复合矿较多，而且矿体复杂，有些贫铁矿床上部为赤铁矿，下部为磁铁矿。因而，铁矿在中国属于大宗短缺矿产品，每年需从澳大利亚、巴西等国进口大量高品位的铁矿石以满足国内旺盛的消费需求。而澳大利亚铁矿石品位高，含铁量通常在 60%左右。由于贫、富铁矿运费相同，这就意味着澳富铁矿的海运效益高于贫矿。澳矿中磷、硫等有害杂质含量少，大多可直接入炉冶炼，而且埋藏浅，适合露天开采。中国散布于各处的矿区虽能为各地钢铁厂供应原料，但由于前文所述的铁矿数量(尤其是人均资源量和储采比)与质量的制约，这些矿区所提供的铁矿原料只是杯水车薪，中国仍需进口大量铁矿以弥补供需缺口。

自图 5.5 可知，澳大利亚各州及北部地区均分布着铁矿资源，但多达 94%的已探明铁矿和在产铁矿 9 成以上集中在西澳州境内，其中绝大多数位于皮尔巴拉地区，②而西澳州相较澳大利亚其他铁矿产区距离中国较近的区位优

① 矿产资源网：《中国铁矿产地分布图，铁矿产地分布介绍》，2009 年 12 月 16 日，见 http://sxkczy.com/news/1/news_1621.html。

② Geoscience Australia，*Australia's Identified Mineral Resources 2012*，Canberra：Geoscience Australia，2013，p.48.

势，使其成为中国铁矿石供应的举足轻重的来源地。

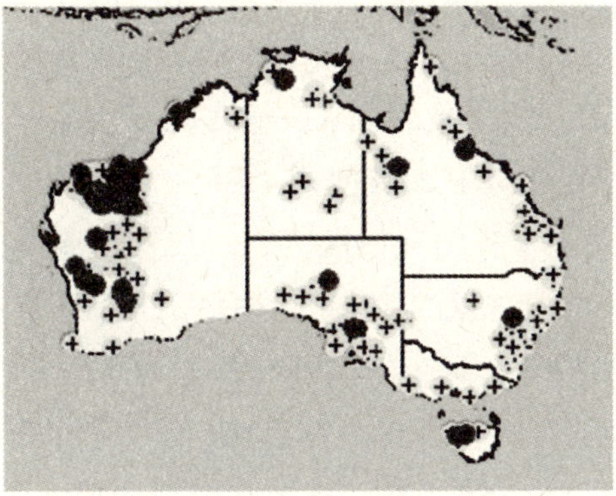

图 5.5　澳大利亚铁矿资源和在产铁矿分布

资料来源：www.australianminesatlas.gov.au.

（二）铜矿资源

截至 2013 年末，中国的铜矿储量为 3 000 万吨，占全球铜矿储量的 4.3%，与俄罗斯并列世界第六。澳大利亚则以 8 700 万吨（世界占比 12.6%）的铜矿储量位居全球第二。①

按 2013 年 165 万吨的矿山铜产量，中国铜矿的储采比仅为 18.2；而按 2013 年 99 万吨的矿山铜产量，澳大利亚铜矿的储采比为 87.9。澳大利亚铜矿的数量和储采比分别是中国的近 3 倍和 5 倍。换言之，澳大利亚铜矿业的发展更可持续。

中国的铜矿资源散布于 25 个省、自治区、直辖市，储量与开采量主要集中在中、西部地区。在中部地区，铜矿资源分布在黑龙江、吉林、内蒙古、山西、河南、安徽、江西、湖北、湖南 9 个省（区），它们的铜矿储量占全国总储量的 49.6%。西部地区的铜矿包括西北地区的陕西、甘肃、宁夏、青海、新疆，以及西南地区的四川、贵州、云南、西藏，共 9 个省（区），全国占比 41.3%。此外，东部沿海地区储量的全国占比仅为9.1%。②中国铜矿主产区的中、西部地区设施不够完备，且远离铜冶炼生产

---

① U. S. Department of the Interior & U. S. Geological Survey（USGS）, *Mineral Commodity Summaries 2013*, Reston, Virginia: USGS, 2013, p.49.

② 矿产资源网：《中国铜矿产地分布图，铜矿产地分布介绍》，2009 年 12 月 16 日，见 http://www.sxkczy.com/news/1/news_1620.html。

能力集中的华中和长江下游地区。中国铜矿资源贫矿多，富矿少；共、伴生矿多，单一矿少；中、小型矿床多，大型、超大型矿床少；坑采矿多，露采矿少。这四大不利特点使得铜矿也属于中国大宗短缺矿产品，每年都需从智利、蒙古、秘鲁、澳大利亚等国大量进口。相对而言，澳大利亚的铜矿质量更高，平均品位为1.6%。①

澳大利亚的铜矿资源集中于南澳州，其铜矿探明经济资源量为 5 820 万吨，全澳占比为 67%，冠于各州和地区之首。仅次于南澳的是昆州，该州铜矿的探明经济资源量占全国总量的 13%。位居第三的是新州，其铜矿探明经济资源量的全澳占比为 12%。剩余的铜矿资源基本都位于西澳。澳大利亚拥有 3 座铜冶炼厂——昆士兰的芒特艾萨铜冶炼厂、南澳的奥林匹克坝铜冶炼厂、新南威尔士的肯布拉港铜冶炼厂，以及 3 座铜精炼厂——奥林匹克坝铜精炼厂、肯布拉港铜精炼厂、昆士兰的汤斯维尔铜精炼厂。上述铜冶炼厂和精炼厂都位于沿海地区，便于铜矿产品的出口。

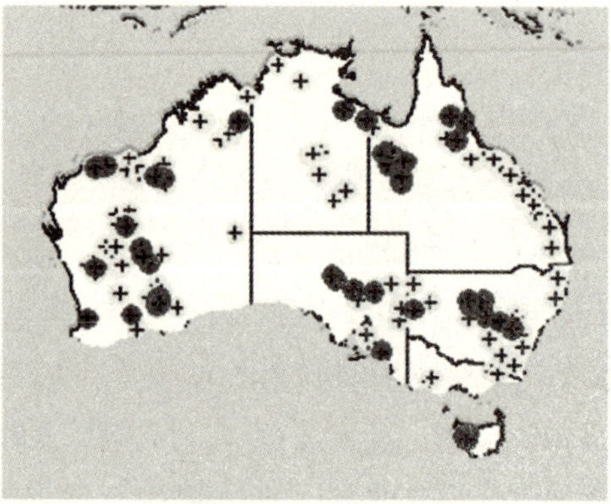

图 5.6　澳大利亚铜矿资源和在产铜矿分布

资料来源：www.australianminesatlas.gov.au.

显然，澳大利亚的铜矿资源无论是数量、质量，还是分布，都处于向中国持续输送高品位铜矿产品的有利地位。

（三）铝土矿资源

截至 2013 年末，中国铝土矿储量（即探明经济资源量）为 8.3 亿吨，占全球

---

① 何金祥：《澳大利亚的铜矿工业》，《国土资源情报》2010 年第 2 期。

铝土矿储量的3.0%,位居世界第七。而澳大利亚的铝土矿储量高达60亿吨,占全球铝土矿储量的21.4%,排名世界第二,仅次于几内亚。

表5.11　　世界铝土矿储量　　(截至2013年末)

排名	国　家	储量(亿吨)	世界占比(%)
1	几内亚	74.0	26.4
2	澳大利亚	60.0	21.4
3	巴　西	26.0	9.3
4	越　南	21.0	7.5
5	牙买加	20.0	7.1
6	圭亚那	8.5	3.0
7	中　国	8.3	3.0
8	印　度	5.4	1.9
	世　界	280.0	100.0

资料来源:根据U.S.Department of the Interior, U.S.Geological Survey(USGS), *Mineral Commodity Summaries 2014*, Reston, Virginia: USGS, 2014所供数据整理和计算所得。

中国大约86%的铝土矿床为大、中型矿床。然而,中国的铝土矿资源也有不利之处:铝土矿资源多为共生、伴生矿;品位较低、加工困难、耗能大的一水硬铝石型矿石占全国总储量的比例高达98%以上,①导致其生产成本远高于澳大利亚、美国、加拿大等国的三水或一水软铝石。因此,中国需从国外进口高品位的铝土矿及铝制品。相较之下,澳铝矾土的品位较高,在其目前运营的五大铝土矿中,昆士兰的韦帕和北部地区戈夫的铝土矿床是世界上品位最高的铝土矿矿床之一,可利用氧化铝的含量近50%。上述两大铝土矿均属特大型矿床。位于西澳的另三个铝土矿——亨特利、博丁顿和威洛代尔——品位相对较低,可利用氧化铝含量约30%,不过论规模,其中的亨特利矿山是全球最大的铝土矿矿山之一。

中澳两国铝土矿的上述质量差异使得矿石的开采方式也不同。铝土矿矿

① 矿产资源网:《铝土矿资源》,2010年3月6日,见http://www.sxkczy.com/news/1/news_4743.html。

床一般分为两大类——硅酸盐岩上的红土型铝土矿矿床与碳酸盐岩上的岩溶型铝土矿矿床。前者的矿石由三水软铝石构成，主要分布于大洋洲、拉丁美洲、非洲和东南亚地区，储量约占世界总储量的86%。澳大利亚的铝土矿矿床属于前者，且大多埋藏较浅，便于开采。后者的矿石多由一水硬铝石组成，主要分布在南欧和加勒比海地区，这类矿床加上陆源岩层之上的沉积铝土矿矿床的储量占世界总储量的14%。①而中国大部分铝土矿矿床属于后者。基于铝土矿矿床的这一差别，世界上除中国和欧洲部分地区外，大多数国家都以大规模机械化方式露天开采由三水型软铝石构成的高铝硅比的铝土矿石，再直接采用拜尔法将矿石加工成氧化铝，而后电解生产金属铝。而中国大多数地区铝土矿矿床中优质矿石分布连续性差、厚度不均、铝土矿质量不佳、无超大型矿床，不利于大规模的机械化露采。目前除广西平果采用大规模机械化露采方式外，其他省区的大中型露采矿区多是在原有产能基础上采取收购民采矿石的方式生产，贵州的矿山为地下坑采。正是由于中国铝土矿成分和质量的原因，使得中国铝土矿的开采方式不及澳大利亚方便，成本也相应更高。

中国铝土矿查明资源储量分布在20个省(区)，集中于山西、贵州、河南和广西。上述四省(区)的储量合计占全国总储量的90.9%，其中山西占41.6%，贵州占17.1%，河南占16.7%，广西占15.5%。其余蕴藏铝土矿的省、区、市的储量合计仅占全国总储量的9.1%。②因此中国铝土矿产量主要集中在西部和中部地区，东部地区铝土矿产量的占比少。

澳大利亚铝土矿的探明经济资源量中有57%集中在昆州，西澳和北部地区各占39%和4%。具体而言，澳大利亚丰裕的铝土矿资源主要分布于昆州的韦帕、北部地区卡奔塔利亚湾附近的戈夫地区以及西澳珀斯南部的达令山脉。这些地区的铝矾土矿藏是世界上铝矾土查明资源最丰富、品位最高(氧化铝含量约为50%)的地区之一。西澳北部尚未开发的米切尔高原和布干维尔角尽管由于品位较低，目前尚不适合经济地开发，却是未来具有巨大潜力的矿藏。

---

① 张莓：《中国铝土矿资源开发的实况与问题》，见 http://www.mlr.gov.cn/zljc/201006/t20100625_722729.htm。

② 矿产资源网：《铝土矿资源》，2010年3月6日，见 http://www.sxkczy.com/news/1/news_4743.html。

图 5.7 揭示，澳大利亚丰富的铝土矿资源及在产铝土矿主要分布在昆州、北部地区和西澳的沿海地区，非常便于铝土矿、氧化铝和金属铝的出口。

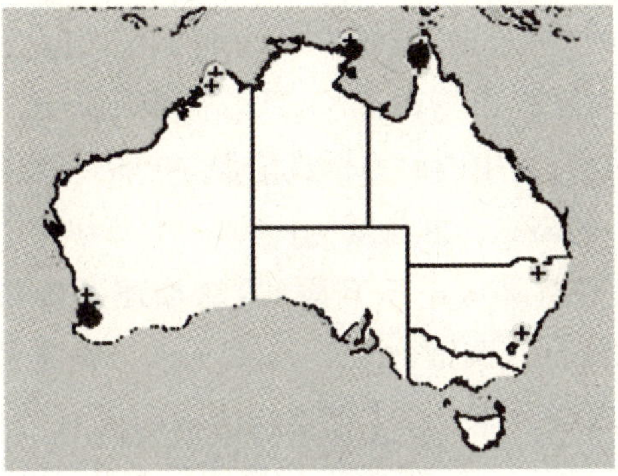

图 5.7　澳大利亚铝土矿资源和在产铝土矿分布

资料来源：www.australianminesatlas.gov.au.

第三节　资源合作模式的路径

以俄罗斯、澳大利亚丰富的资源禀赋为基础，在经济合作和互利共赢为动因的推动下，中俄、中澳之间总体形成了相互依赖、互为依存的资源合作模式。在此模式下，资源合作的实际效果依赖于双边资源合作的现实路径。

一、中俄能源合作的现实发展路径

中俄能源资源合作的现实基础是，中俄自建立了战略协作伙伴关系之后，两国的整体关系得到了长足而稳定的发展，由此奠定了双边贸易合作的基础。在此大前提下，中俄两国的油气合作尽管过程曲折，但总体是在两国政府的不断磋商与互利共赢的基础上前行和发展。

21 世纪以来，在两国政府的努力下，中俄经贸合作的机制不断完善，合作机制比较健全和成熟，合作的领域趋于拓宽。在这样的合作机制和背景下，能源合作稳步前行。从中俄两国能源合作的现实发展动因与路径看，第一，中俄能源合作具有很强的互补性，两国间的供给与需求的结构性互补，是双方能实现长期稳定的资源合作的内在动因和物质条件。这种资源的互补性来自中国的经济发展和俄罗斯的资源禀赋，包括资源总量和人均量、储采比、质量、矿藏规模、开采条件。两国在经济结构方面各自的比较优势使得双方经济结构互补，构筑了合作的经济基础。第二，中俄两国政府在资源发展的战略上具有契合点，特别是俄罗斯的"向东看"战略中最为理想的能源合作对象是中国。乌克兰危机后，为减少对欧洲市场的依赖，俄急需实施能源出口的多样化，实现能源出口东西平衡战略；而中国努力推进能源进口的多元化，同时满足国内日益增长的对清洁能源的需求。此次受到西方制裁压力和北美页岩气产量大幅上升的双重影响，俄罗斯降低了谈判筹码，这加速了中俄两国的能源合作。2014 年签署《中俄东线供气购销合同》和西线天然气输送管道阿尔泰管道建设项目，成为中俄能源战略合作中重大的里程碑式的成果，标志着中国天然气进口多元化的战略布局基本完成，也标志着俄罗斯的能源经济利益正逐渐从西向东转移。第三，中俄资源的生产区和消费区的地域分布和地缘经济，以及较为临近的地缘优势，为两国的能源合作带来运输便利，例如俄罗斯的一些油气资源分布在俄与中国毗邻的远东地区，若采取管道输送，相对于从中东输送更为便捷，风险更低。第四，中俄经济贸易的合作机制，为两国的油气合作提供了贸易合作的大平台。在这些基础上，中俄两国形成了相互依赖、互利共赢的资源合作模式。

中国企业境外资源合作有八种基本路径，即合资开发、股权购并、风险勘探、联营体、购买产能、租赁经营、工程换资源以及战略联盟。①在能源领域，中国自 1993 年开始实施"走出去"战略，政府通过提供优惠贷款等方式，支持国有油气企业在全球开拓海外市场，并以对外直接投资或股权投资、兼并和收购等方式积极参与国际能源合作，也就是通常说的股权并购模式。然而，在中俄能源合作的重点——油气领域，由于俄政府采取"控制上游、开放下游"的策略，严格限制外资参与俄油气资源开发，因此，在一定程度上，中俄能源合作部分地超越了纯商品贸易的形式，而采取了能源贸易中的"贷款换石油"、"贷款换煤炭"的新型合作模式。

所谓"贷款换石油"、"贷款换煤炭"，其实质就是购买产能的一种模式。购买产能模式，即以境外项目公司为投资平台，以跨国融资为资金来源，通过对

---

① 何腊柏：《中国企业境外资源合作模式选择》，《世界有色金属》2010 年第 2 期。

境外大型矿业公司生产能力的投资，换取一定年限的矿产资源供应。①中俄两国自 2009 年以来实施的“贷款换石油”的能源合作模式，基本上符合该模式特点，只是参与主体由单纯的投资企业上升至由国家政府层面协调、中俄两国的国有油气公司和中国国家开发银行等金融机构共同参与。例如，2009 年 2 月，中俄两国签署协议，根据协议中国将分别向俄罗斯石油公司和俄罗斯国家石油管道运输公司提供 150 亿美元和 100 亿美元的贷款，采取固定利率，年利率约为 6%；俄则以石油为抵押，以供油偿还贷款，从 2011 年至 2030 年按每年 1 500万吨的规模向中国通过管道供应总计 3 亿吨石油，石油价格以俄石油运到纳霍特卡港口的价格为基准，随行就市。②若能深化这一合作方式，可避开中俄贸易中用第三方货币(例如美元)结算，而直接用人民币或者卢布进行结算。

但是，未来中俄能源合作仍然需要扩大合作方式与领域。如果中俄贸易仅仅局限于普通的能源贸易，那么中俄合作的进一步发展将受到约束。问题主要是：一方面，由于 2014 年西方对俄经济制裁，使得外国资本难以进入俄罗斯，而俄本国投资资金紧张，俄国内的资源储量替换率不足，难以对能源基础设施进行投资与设备更新。俄罗斯需要投入巨资开发新的油气田，弥补成熟油气田产量递减的缺口。而且，俄未来如增加油气产量，将主要依赖东西伯利亚地区，然而由于俄远东地区的基础设施薄弱，自然条件恶劣，油气开采的单位成本较高，所需开发投资数额巨大，需要较高的油气实现价格。③另一方面，作为需求方的中国，仅通过油气贸易实现经济合作，不利于中国摆脱能源合作中的超比较劣势的地位。在中俄石油进出口贸易中，俄方具有超比较(利益)优势，石油出口量以及出口对象更多地是服从于本国政治经济发展的大战略。尽管俄越来越重视亚太市场的需求，但由于日本、韩国、蒙古、印度等国也是亚太地区俄罗斯的能源合作伙伴，亚太地区各国对俄油气资源的争夺错综复杂。中国对俄能源合作应审时度势，上下游的合作同时开展，适时调整对俄能源方略。

---

① 何腊柏：《中国企业境外资源合作模式选择》，《世界有色金属》2010 年第 2 期。

② 新浪网：《中国俄罗斯签 250 亿美元贷款换石油协议》，见 http://news.sina.com.cn/c/2009-02-18/002717234028.shtml。

③ 黄佳音：《创新思路　推进中俄油气合作——采访曾兴球、冯玉军、程亦军、白根旭、卜若柏》，《国际石油经济》2013 年第 7 期。

从中俄两国在能源资源的合作实践，以及与中澳资源合作比较可以看出，中俄资源合作的现实路径或模式仍然显得比较单一，政府在其中的作用仍是决定性的，而市场机制的作用和能量则显不足。而中澳的能矿资源合作方式，既有贸易合作，也有投资和能源技术协作；合作所涉及的资源类别，从铁矿、铜矿、铝土矿等矿产品逐渐扩展到煤炭、石油等，从液化天然气、铀矿等清洁能源领域，至再生能源领域。因此，无论在广度抑或是深度方面，中俄油气和能源合作仍需拓宽合作领域。为此，我们就中俄能源合作路径尚可改进之处作出如下的研析和建议。

（一）进一步加强能源领域的投资合作

价格因素是中俄油气合作的主要障碍之一，在能源贸易的合作形式中，价格将中俄双方割裂为利益对立面，双方缺乏利益的共同性。中俄能源合作的目标必须立足于提高能源合作利益的共同性，一方面满足中国能源需求，不使得中国陷入超比较劣势地位；另一方面又可以促使俄能源行业良性发展，推动俄能源战略的实施。“贷款换油气”的合作路径在一定程度上弥补了单纯能源贸易的不足，对中国而言，该路径一则换取了能源的长期供应，二则可在一定程度上缓解价格分歧；对俄罗斯而言，该路径可以为俄能源产业发展提供一定的资金援助。但从长远发展看，“贷款换资源”还不足以保证双方能源合作目标的实现。为此，加大国际投资合作，尤其是中国对俄能源投资，就成为中俄能源合作的一个必备选择。

对中国而言，加强对俄能源直接投资，在一定程度上可避免中国在能源合作中的被动局面。因为，当中国企业进入俄罗斯后，就成为该国企业的诸如合资企业、独资企业、合作企业，从而可减缓俄政府对外贸易政策转变的限制，以及能源出口战略转变的约束；对俄直接投资企业的活动方式受俄国内法律、法规约束，可同俄企业一样在俄国内开展生产经营活动，从而获得相应的投资收益，避免贸易政策变动的影响。目前，中俄两国是战略协作伙伴关系，又同为上海合作组织成员，中国要积极利用双边的战略合作框架和上合组织的国际合作架构，大力推进中俄经贸合作、开拓相互投资领域。在加强对俄能源领域投资的同时，也对俄提供相应的投资领域。

对俄罗斯而言，普京重新执政之初在政府能源委员会之外新成立了总统直属能源委员会，负责协调行业发展战略，并确定了五大优先方向：扩大矿产资源开发地域范围，研究开发大陆架矿床；利用先进技术开发和加工矿产资源；扩大国际合作，更积极地吸引外资；根据市场原则对国有资产进行私有化；在发展燃料动力综合体的同时密切关注环保问题。[①]俄罗斯《权力》周刊副总编加布耶夫曾撰文指出，俄罗斯有丰富的油气资源，并拥有多年积累的陆上油气开采和运输经验，而中国有丰富的大陆架作业经验，还有能力为共同的大型油气项目提供资金支持。[②]由此可见，加大中国对俄罗斯的投资力度，对俄而言也是一个互利共赢的选择。

为此，中国应认真研判俄罗斯的投资环境。不仅要静态地研究，更要动态地观察；既要在俄遇到困难的时候抓住机遇，也要换位思考，从俄罗斯的意图考虑其发展，理解他们的困难；在合作路径方面，中俄共同探索符合双方利益的合作途径，诸如国际上通常采用的股权投资、合资公司等模式。

（二）借鉴发达国家对俄罗斯能源投资的经验

普京执政以后，俄国内市场秩序和政策环境得到改善。从 2003 年起，外国石油资本相继投资俄油气资源。迄今，对俄油气资源进行投资的外资企业，多以发达国家为主。相比中国企业，发达国家能源企业的国际投资经验以及市场运作模式，值得我们借鉴。

发达国家能源企业进入俄油气资源领域，主要采取以下方式。

第一，在俄罗斯《产品分成协议法》框架内参与俄油气项目的勘探与开发。为了促进国内油气工业的持续发展，吸引外资进入油气资源领域的建设和开发，俄政府借鉴国际上石油产量分成的成功经验，于 1995 年 12 月颁布了《产品分成协议法》，1996 年生效，1999 年进行了修订和补充。《产品分成协议法》为俄国内企业和外资企业在俄境内实施矿产尤其是油气资源投资、勘探和开采规定了详细的原则：企业投资俄油气项目可获得投资费用补偿和利润税后产品，而俄政府则获得利润分成、投资者支付的矿区使用费和利润税后产品。[③]迄今，俄罗斯杜马公布的适用《产品分成协议法》的油田近 30 个，但正在“产品

---

① 黄佳音：《创新思路　推进中俄油气合作——采访曾兴球、冯玉军、程亦军、白根旭、卜若柏》，《国际石油经济》2013 年第 7 期。

② 任瑞恩、张言：《专家：中俄能源合作是“互利共赢”而非“附庸”》，《经济参考报》2013 年 5 月 31 日。

③ 罗英杰：《欧盟能源企业对俄罗斯油气资源投资浅析》，《俄罗斯中亚东欧市场》2006 年第 11 期。

分成”条件下运行的项目主要有3个——萨哈林1号、萨哈林2号和哈里亚加项目，均由发达国家公司能源企业主导参与。其中，萨哈林1号的参与者有美国埃克森公司、俄罗斯石油公司、印度石油天然气公司和日本萨哈林油气开发公司，在这一项目中所占的股份分别为30%、20%、20%和30%。①根据埃克森油气公司评估，在该项目全面开发的情况下，国家预算能够获得1 863亿美元（油价为每桶75美元条件下），投资者能获得1 905亿美元。②萨哈林2号项目的参与者为英荷壳牌石油公司（持股55%）、日本三井公司（持股25%）和三菱公司（持股20%），该项目是俄第一个以产品分成协议形式开发的油气项目。根据项目作业者萨哈林能源公司预测，该项目可给俄带来1 200亿美元收入（油价为每桶70美元时），投资者的收入为2 450亿美元。③哈里亚加项目由法国道达尔公司（持股40%）、挪威国家石油海德鲁公司（持股30%）、俄罗斯扎鲁别日石油公司（持股20%）和当地的涅涅茨自治区石油公司（持股10%）共同拥有，道达尔公司为项目作业者。据核算，俄政府将从该项目中获得117亿美元，投资者能获得33亿美元。

第二，通过跨国并购或参股的形式与俄能源企业展开合作。2003年6月，英国石油公司（BP）与俄秋明石油公司（THK）正式签署协议，英方以现金支付和交换股权的方式，投资61.5亿美元（其中现金24亿美元，协议收购股份37.5亿美元），收购了俄秋明石油公司控股的俄斯拉夫石油公司50%的股份，并将该资产并入双方新组建的秋明—英国石油公司（THK-BP），双方各持股50%。这是截至当时俄吸收的最大一笔海外股权投资，也是西方在俄成立的第一家合资石油公司。2004年7月，俄天然气工业公司与德国能源康采恩E.ON公司签署了一项有关在两国天然气和电力工业领域建立战略联盟的合作备忘录。双方商定建立合资公司，共同实施北欧天然气管道建设方案（据估计该项目造价约31亿美元）。除成立合资企业外，购买俄能源公司发行的股票和债券，也是欧美能源企业对俄能源领域投资的主要方式之一。2004年9月，美国康菲石油公司通过竞拍的方式以19.88亿美元的价格成功收购了俄卢克石油

① 俄新网：《俄罗斯将从明年1月起检查萨哈林—1号项目》，见 http://rusnews.cn/eguoxinwen/eluosi_huanjing/20061213/41601584.html。

②③ 俄新网：《油气产品分成协议将给俄预算带来数千亿美元》，见 http://rusnews.cn/xinwentoushi/20101126/42933916-print.html。

公司中的国家股(占公司总股本的7.59%)。随后,卢克公司与康菲公司宣布将建立战略联盟,并制定大规模的合作规划,进一步成立合资公司来开发季曼—伯朝拉地区的16个油气田(其石油前景储量为100亿桶)。此项合作显示出俄罗斯在能源合作中重视引进西方资本的战略,标志着俄将扩大季曼—伯朝拉油田至北冰洋沿岸出口欧美的运输通道。

第三,除上述两种主要形式外,发达国家能源企业还以贷款的形式参与俄石油企业项目改造;或通过在第三国项目建立合资公司来达到资本相互渗透,迂回获得俄境内公司股份;或通过合作获得俄方伙伴信任,降低进入俄境内资源领域的难度。2003年5月,俄哈巴罗夫斯克炼油厂与韩国三星公司签订协议,规定韩国三星公司将参与该厂的现代化改造项目,并向该厂提供一笔总额为3亿美元的贷款。三星公司贷款期限为10年,年息5%。贷款的85%将以提供设备的方式进行,炼油厂将以货币和生产的产品还贷。除三星公司外,参与该炼油厂项目改造的还有韩国LG公司(负责项目设计)和英荷壳牌石油公司(负责新设备安装)。

迄今,关于上述国家对俄实施的各种合作方式,中国能源企业已在或多或少地采用并实施,俄罗斯对中国资本的进入,也呈现出了积极态度。在未来中国对俄能源领域的投资中,中国企业仍需借鉴发达国家能源企业在俄能源投资中的经验与教训,为中国企业参与俄能源开发提供借鉴。

(三)发挥俄罗斯经济发展战略对中俄能源合作的引领作用

2008年国际金融危机的冲击下,俄罗斯经济发展模式的弊端充分显现,俄全面实现现代化的主张被提上政府议事日程。俄时任总统梅德韦杰夫在向联邦议会发表的国情咨文中,以“实现俄罗斯全面的现代化”为宗旨,客观地指出俄经济中存在的问题与弊端。按照梅德韦杰夫的看法,过去几年,俄未采取足够的措施解决遗留的历史问题,未能摆脱粗放经济结构和原材料依赖,生产不能满足人们的实际需求,对出口的依赖阻碍了创新经济的发展,企业偏爱进口产品,而本国产品的竞争力又低得可怜。①

金融危机后,经济现代化成为俄实现国家崛起的战略选择。为此,俄政府

① 中国驻俄使馆经商参处:《梅德韦杰夫2009年国情咨文》,见 http://mofcom.gov.cn/aarticle/ztdy/201004/20100406860934.html。

提出一系列具体的政策要求和措施安排，梅德韦杰夫提出了俄罗斯实现经济现代化的五大目标：其一，要成为在生产运输效率和能源利用效率方面领先的国家，同时要为国内外市场加强新能源研发；其二，保持并提高核技术水平；其三，利用超级计算机技术和其他必要的物质基础，完善信息技术水平，并对全球公用数据网络的发展进程产生重大影响；其四，发展空间和通讯技术，为信息交流、旅游、科学研究、农业和工业生产提供便利；其五，加强医疗领域高新技术研发。[①]综合看，俄罗斯经济现代化的目标之一，就是旨在降低经济发展对石油、天然气等资源出口的依赖，优化经济结构。根据《2030 年前俄罗斯能源战略》的表述，在俄经济现代化的过程中，俄要实现能源产业由在国家经济中发挥主导作用，向为国民经济发展提供高效和稳定的动力资源的正常功能转变。[②]

俄罗斯经济现代化意味着俄摆脱对能源出口的依赖，降低资源出口在俄贸易进出口结构中的比重，转变经济发展路径。然而，就 2015 年的俄经济状况看，俄经济现代化战略面临诸多障碍，也就是说，俄很难摆脱对资源出口的依赖。俄总理德梅德韦杰夫认为，俄罗斯经济现代化尚未取得进步，俄经济并不是理想化的平衡经济，存在着经济失衡和对碳氢化合物、石油和天然气的依赖。[③]一方面的原因在于，俄错过了经济结构调整的最佳时期，目前已陷入被动的局面；另一更重要的原因在于，俄缺乏实现工业现代化以及整个经济现代化的条件。[④]

在此背景下，我们认为，俄罗斯经济发展的可行性战略选择是：在能源贸易方面，实施能源出口多元化战略，优化能源出口结构，努力提高能源出口产品的附加值；在能源投资合作方面，对外资开放油气上游产业，以求进入外国油气下游产业；积极引进外资，改善基础设施条件，提高东西伯利亚及远东地

① 中国驻俄使馆经商参处：《梅德韦杰夫 2009 年国情咨文》，见 http://mofcom.gov.cn/aarticle/ztdy/201004/20100406860934.html。

② 陈小沁：《解析〈2030 年前俄罗斯能源战略〉》，《国际石油经济》2010 年第 10 期。

③ 人民网：《梅德韦杰夫：俄罗斯经济现代化尚未取得根本进步》，见 http://world.people.com.cn/n/2012/1126/c1002-19701708.html。

④ 详细论述可参见俄罗斯经济高等研究所教授弗拉迪斯拉夫·伊洛阵特瑟夫（Vladislav Inozemtsev）的文章：《俄罗斯现代化的困境》，《21 世纪经济报道》，见 http://www.21cbh.com/HTML/2012-5-3/wNMDY5XzQyNzEwNw.html。

区的能源开发水平。[①]这一战略符合俄罗斯的现实国情。

对于中俄能源合作而言，俄能源发展战略和实施路径的多元化，对于中俄贸易合作有利、有益。第一，中俄能源贸易合作的多元化发展的可能性将会提高。一些学者主张"从能源着手来启动合作思路"、"能源合作是丝绸之路经济带建设的重中之重"等看法，[②]这说明，中俄以能源贸易为主体的经贸合作，其发展和出路也有多重路径与选择。第二，中国可以获得更多的能源上中下游的投资机会，用于资源的开采以及石化产品的加工制造，石化产品贸易也可以得到发展。第三，中国也需对俄企开放能源产业的下游领域和能源消费市场，使得俄企业能与中国企业在炼油、石化产品加工制造以及油气销售等领域加强合作，打破中国能源下游领域被中石油、中石化等国有企业垄断的局面。

二、中澳资源合作的现实发展路径

中澳能矿资源合作基础包括：(1)互补的供需状况是双方资源合作的内在动因；(2)国际资源市场变化是合作的外部动力；(3)两国政府的资源发展战略、政策支持和资金鼓励为合作提供助力；(4)互补的资源禀赋（包括资源总量和人均量、储采比、质量、矿藏规模、开采条件等）是合作的物质条件；(5)资源主产区和消费区的分布以及较为临近的地缘优势为合作带来运输便利；(6)中澳资源合作机制为合作提供交流和协商的平台；(7)两国在经济结构方面各自的比较优势使得双方经济结构互补，构筑了合作的经济基础；(8)中澳自 1972 年 12 月建交以来总体政治经贸关系较为稳定，奠定了合作的双边关系基础。在这些基础上，中澳两国形成了相互依赖的资源合作模式。

纵观中澳两国多年来在能矿资源各领域的合作实践，并与之同中俄资源合作比较，可以发现其资源合作的现实路径或模式，无论自广度抑或深度而言都更为成熟。

自广度而言，中澳资源合作领域不断拓宽，合作模式趋于多元，且相互交叉，各模式内部也有多样化的具体合作形式，中澳资源合作正全面铺开。两国

---

① 中国网：《普京访华给中国带来什么 专家解读中俄经济协议》，见 http://www.china.com.cn/international/txt/2009-10/17/content_18718991.htm。

② 陆南泉：《中俄能源合作新机遇》，见 http://www.eeo.com.cn/2014/0505/260107.shtml；石泽：《能源资源合作：共建"一带一路"的着力点》，《新疆师范大学学报》（哲学社会科学版）2015 年第 1 期。

资源合作既有贸易合作，也有投资和能源技术协作。合作涉及的资源从铁矿、铜矿、铝土矿等矿产品逐渐扩展到煤炭、石油等能源产品，再到液化天然气、铀矿等清洁能源领域，乃至可再生能源领域。投资形式从20世纪80年代中后期中澳公司在澳共同组建合资企业起步，渐渐发展到全资收购、控股收购、小额参股、组建合资企业等各种形式。其中，中澳在液化天然气领域的合作堪称两国资源合作模式多元化的绝佳范例。双方签署的液化天然气合作协议不仅仅是简单的贸易合同，还包含中方上游参股、“中澳天然气技术伙伴关系基金”等合作方式，内容包括天然气的液化处理、造船、运输、再气化、配送、工程设计和采购等各环节，是涉及液化天然气全产业链的全方位、多层次的合作。

自深度而言，中澳资源贸易与投资的数量和金额在波动中呈整体迅猛上升趋势，两国相互依赖日渐加深、难以分割，尤其在铁矿、液化天然气等领域，双方已形成齿轮型密切结合的关系。得益于资源品贸易在双边贸易中所占的相当大的份额，中国保持着澳第一大贸易伙伴、第一大出口市场、第一大进口来源地的地位。

中澳两国互补的供需结构和资源禀赋决定了双方的资源合作模式大体呈现单向性。从能矿产品贸易方面看，除原油是彼此互有进口，绝大多数资源品是中国自澳进口；自投资视角而言，以中国企业投资于澳大利亚矿业为主。依照上述合作路径发展，中澳两国均已从中受益良多。

首先，中澳资源合作促成了21世纪澳大利亚的矿业繁荣，帮助澳经济保持较高增长。澳大利亚是世界上主要资源出口国，其资源品输出在其对外总输出中历来优势明显。20世纪50、60年代，澳最大的出口商品始终是农产品，占澳总出口的一半以上。60年代末日本经济的崛起令澳大利亚开始收获矿业繁荣，资源品输出崭露头角。1970年代，资源品出口占澳总出口的份额已不容小觑，占比在30%—40%之间，个别财年甚至超出40%。随着资源品出口的不断增加，农产品的优势逐渐减弱，其在澳总出口中的比例自1950—1951财年的90.2%缓慢降至1981—1982年度的22.1%。也就在1981—1982年度，资源品首次超过农产品，成为澳第一大出口商品，占比达42%。①自此，资源品一直保持着澳最大出口商品的地位。而20世纪80年代初澳大利亚的这段

① Geoff Armitage, *Resources and Energy Statistics 2013*, Canberra: BREE, 2013, p.5.

矿业繁荣期一定程度上是 70 年代两次中东石油危机影响的结果。

假如澳大利亚前两次的矿业繁荣期得益于日本崛起和中东石油危机，那么 21 世纪的澳大利亚第三次矿业景气，则归因于中国。进入 21 世纪以来，受中国资源饥渴的刺激，澳资源品在总出口中的地位持续增强。2004—2005 财年，其占比突破 5 成，达 53.5%；最近几年更是迈过 7 成的大关，2010—2011、2011—2012、2012—2013 三个年度的比重分别高达 72%、72%、70.6%。①

作为澳大利亚能矿产品的最大买家，中国为澳带来了巨额的外汇收入，为澳联邦和州政府贡献了可观的财政收入（公司税收、矿区土地使用费等），也使澳百姓有更多的钱购买廉价的中国制成品。资料显示，中澳贸易平均给每个澳大利亚家庭带来的收益，自 2008 年的约 3 400 澳元猛升至 2013 年的 13 400 澳元。②国际市场对资源产品需求的不稳定性引致的资源价格波动会对资源生产和出口大国澳大利亚经济的稳定增长造成影响，而多年来中国经济的不断高速增长及对资源持续强劲的需求帮助澳大利亚的经济增速长期保持着 3%—4%这个高于绝大多数发达经济体的水准上。鉴于未来世界尤其是亚太地区的资源需求增量主要来自中国，因而中国已成为澳 21 世纪的矿业繁荣能否持续的关键因素。也正因如此，澳才会密切关注中国的经济发展动态。中国经济发展的可持续性与澳大利亚的矿业繁荣乃至整体经济息息相关。

其次，中澳资源合作有效缓解了中国资源供需矛盾，为中国经济的高速发展提供了有力支撑。2013 年澳出口到中国的产品中，出口额列前十位的商品多达八种属于资源品，依次是：铁矿石及其精矿、煤炭、黄金、铜、其他矿石及其精矿、铜矿砂及其精矿、原油、镍矿砂及其精矿（见表 5.12）。这八种能矿资源中，铁矿石及其精矿、煤炭、原油、铜矿砂及其精矿尤其是中国所短缺和亟需的。除原油外，中国对澳大利亚的煤炭、铁矿石及其精矿、铜矿砂及其精矿都高度依赖，目前，中国自澳进口这三种能矿产品的数量在各自进口总量中的占比分别高达约 20%、逾 50% 和约 40%。可以说，澳输华的能矿产品有效缓解了中国资源供应的紧张。

---

① Geoff Armitage, *Resources and Energy Statistics 2013*, Canberra: BREE, 2013, p.5.

② The Allen Consulting Group, *The Benefits to Australian Households of Trade with China*, a report to Australia China Business Council by the Allen Consulting Group, 2009, p.iv.；马朝旭：《中澳合作大有可为》，驻澳大利亚大使马朝旭在澳经济发展委员会欢迎宴会上的讲话，2014 年 3 月 14 日，珀斯，见 http://www.fmprc.gov.cn/mfa_chn/dszlsjt_602260/t1137743.shtml。

表 5.12　　　　　　澳输华前十大商品　　　　　　（单位：百万澳元）

2013 年排名	商　　品	2011 年	2012 年	2013 年
1	铁矿石及其精矿	43 960	38 440	52 653
2	煤　　炭	4 543	6 783	9 082
3	黄　　金	1 284	5 529	8 074
4	铜	1 211	938	2 069
5	其他矿石及其精矿	1 845	1 549	2 007
6	羊毛及其他动物毛	2 022	1 877	1 944
7	铜矿砂及其精矿	1 500	1 364	1 896
8	棉　　花	1 470	1 788	1 733
9	原　　油	2 902	2 448	946
10	镍矿砂及其精矿	553	921	846

资料来源：Trade Advocacy and Statistics Section，DFAT，*Australia's Trade with East Asia 2013*，Canberra：DFAT，p.60.

进入 21 世纪以来，中国经济的快速发展以及不断加速的城市化进程，使得能源的供需矛盾愈发突出。此外，全球海运铁矿石贸易几乎被澳大利亚必和必拓集团、力拓集团以及巴西淡水河谷公司这三大巨头所垄断，使得中国在以往铁矿石价格谈判中，总是陷于被动，举步维艰。于是，向日本和韩国企业学习，掌握更多海外上游资源，以维持资源价格的稳定，满足国内旺盛的资源消费需求，成为中国企业投资澳矿的内在动因和必然选择。2008 年下半年爆发的世界金融危机给中国企业投资澳矿业提供了外部条件和绝佳契机。全球金融危机期间迎来了中国企业投资澳能矿资源领域的高潮。2009 年被认为是中国自产品生产者向资本输出者转变过程中具有里程碑意义的一年，而澳大利亚成为当年中国海外并购最大目的地、吸收中国 24.9％海外并购支出的事实，充分显示了中国投资者对澳的青睐，揭示了澳大利亚在中国这个转变过程中的关键作用。

总体而言，中国企业通过投资扩展了企业自身的业务规模，锁定了更多的上游资源，学习了澳方先进的技术以及经营、管理经验，同时也为澳大利亚的税收、就业和经济发展作出了贡献。

再者，互补互利的中澳资源合作使得两国经济相互依赖愈趋紧密，而这密不可分的经济关系对稳定双边政治关系发挥了积极有益的作用。随着中澳资源合作和经贸关系的深入发展，向来对盟友美国言听计从的澳大利亚愈益意识到平衡好对中国和对美国关系的重要性，并时常尽可能地努力协调其地缘经济利益与地缘政治利益。例如，2003年10月澳大利亚几乎是同时接待来访的美国总统布什和中国国家主席胡锦涛，并先后邀请布什和胡锦涛在澳议会演讲，释放了强烈的均衡与中、美关系的意图。又如，2004年8月，澳大利亚外交部长唐纳在北京首次表态，若台海发生战事，美国不能想当然地认为澳一定会支持美国。①这表明，澳从以前公开支持美国的对台政策转向了模糊的台湾政策。中澳两国经济上相互依赖的加深意味着双方都难以承受经济关系破裂的代价，因此，尽管两国政治关系时有波折，但经贸关系增势不减，而为了不影响双边经贸关系的良好发展，双方政府也会不失时机地努力修复受损的政治关系，以便为维持和发展经贸关系创造有利的政治条件和氛围。2009年，中铝增资力拓败北和此后的胡士泰案件造成的对中澳关系的损害以及两国政府之后修补关系的能源外交努力恰好证明了这点。作为资源消费国的中国，其能源外交旨在以外交保障能源安全、促进对外资源合作和自身经济发展；而身为资源生产和出口国的澳大利亚，其能源外交的重要目的则是通过外交扩大资源市场，并由此推进本国经济发展。中澳两国的能源外交皆为经济建设服务，归根结底是为国家利益服务，充分体现了两国对经济发展的高度重视以及双方经济关系对政治关系企稳的作用。

概而言之，澳大利亚向中国的资源出口缓解了中国的资源紧缺，为中国经济持续快速发展，提供了有力的保障；中国也为澳大利亚带来了巨额的经济收益，促成其矿业的繁荣。由于能矿资源合作不仅属于经济的范畴，还是涉及国家安全（包括资源安全）的战略问题，因此，中澳资源合作中两国政府的参与不容忽视。中澳资源合作与经贸关系的蓬勃发展，对改善两国政治关系、增进互信也发挥了有益的作用；改善和提升的中澳政治关系和双边互信，反过来推动中澳资源合作乃至整体经贸关系的进一步发展。近年来，澳方有时也显示出维护这种良性循环的意愿。

例如，澳政府2009年版的《国防白皮书》表达了对中国军事实力增长的担忧，被媒体炒作为散布“中国威胁论”。然而，随着两国资源合作与经贸关系的深入发展，澳大利亚从中国的经济发展中收获颇丰，对中国的态度也在改变。2013年的新版《国防白皮书》中，澳不再视中国为威胁，而是欢迎中国的崛起。

---

① Alexander Downer, “Transcript of media conference of Alexander Downer in Beijing on 17 August 2004”, http://www.foreignminister.gov.au/transcripts/2004/040817_ds_beijing.html.

毕竟,中澳两国在资源领域是友好的合作关系而非敌对的竞争关系。鉴于2012年11月澳政府发布的新版《能源白皮书》中制定的能源目标,包括挖掘澳大利亚能源出口增长潜力,以及开发利用清洁和可持续的能源,我们有理由相信,澳在全球能源供应格局中将继续扮演重要的能源供应大国的角色,也将继续对缓解中国的资源供需矛盾作出有益贡献。

事实上,澳大利亚对中国的愈益重视,从2014年4月澳总理托尼·阿博特率澳史上最大规模代表团访华可见一斑。代表团成员除澳联邦贸易投资部长、小企业部长、政府高级官员外,还包括600余位企业与行业高层人士。访华期间,澳政府同时于北京、上海、广州、成都等地举办了“澳大利亚周·中国”活动,通过逾90场经贸活动,促进双边贸易合作。

由于澳人口增长相对缓慢以及经济结构向服务业倾斜,未来20年,澳大利亚能源消费将稳步缓慢增长。据预测,澳能源消费量将以1.4%的年均速度增长,至2029—2030财年,将达7 715拍焦耳。[①]与此同时,澳能源生产总量(不包括铀产量)将以2.9%的年均速度增长,至2029—2030财年将达23 637拍焦耳。

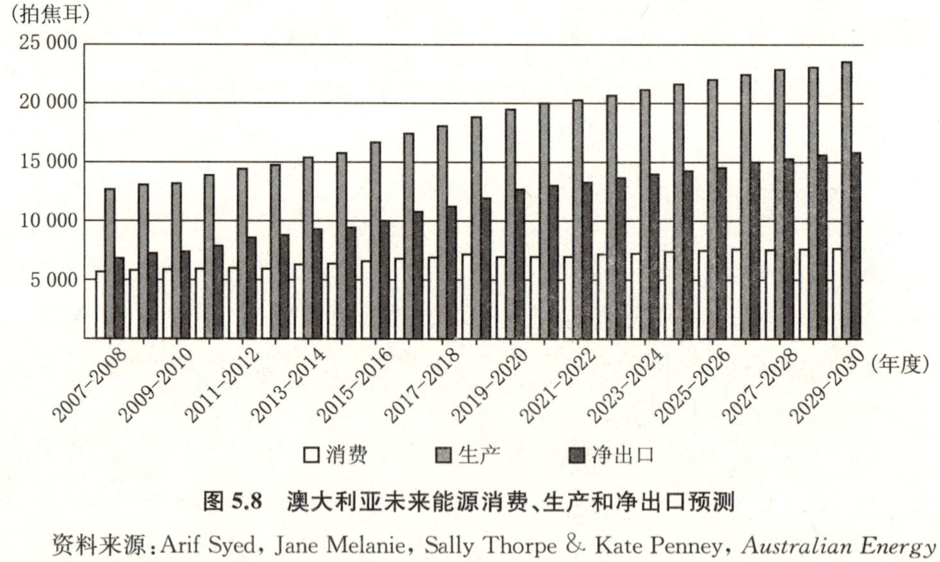

图 5.8 澳大利亚未来能源消费、生产和净出口预测

资料来源:Arif Syed, Jane Melanie, Sally Thorpe & Kate Penney, *Australian Energy Projections to 2029—30*, Canberra: Australian Bureau of Agricultural and Resource Economics, 2010, p.42.

---

① Geoscience Australia & Australian Bureau of Agricultural and Resource Economics, *Australian Energy Resource Assessment*, Canberra: Geoscience Australia, 2010, p.6.

若将铀的生产计入澳能源生产总量，则年均增速更快，为3.2%，到2029—2030财年，澳能源生产总量将达约35 057拍焦耳。[①]此外，据国际能源署预测，到2030年，世界一次能源需求量将比2007年上升40个百分点，年均增速1.5%。[②]亚洲发展中国家（尤其是印度与中国）以及中东地区对能源的需求将成为世界能源需求增长的主要推动力。为满足国际能源消费持续增长的需求，澳能源生产将持续快速增加，因此，未来20年，澳能源净出口量也将继续攀升。对中国而言，随着中国资源约束矛盾逐渐加剧，中国的资源进口依赖度也日益加深，资源供应安全问题渐趋凸显。为实现资源进口来源的多元化，保障国家资源安全，巩固并加强与澳大利亚的资源伙伴关系是中国必然的战略选择。

总之，蓬勃发展的中澳能矿资源贸易与投资合作，在可预见的将来对两国总体关系走势的影响将与日俱增，对提升中国经济现代化和澳大利亚经济的健康运行都将产生持续且愈益重要的作用。中澳能矿资源合作具有很大潜力，但也存在一些不确定因素，需要双方持续关注，并以积极、务实的态度予以妥善应对和解决。随着全球化的发展，经济合作在国家关系中的分量渐趋增加，而国际关系的核心是国家利益。因此，中澳能矿资源合作关系乃至中澳整体关系，都离不开对两国国家利益的关照。学会换位思考以理解对方的合理利益诉求，通过适当地求同存异，努力保障互利共赢，有助于中澳能矿资源合作长久而健康的发展。但由于国家利益并非一成不变，其内涵会随时代发展和具体情势而演变，且其判定具有主观性，因而尽可能客观、全面地考量中澳资源合作中涉及的多重因素显得尤为必要。

未来，中澳能矿资源合作仍有进一步拓展和深化的空间。为此，我们就中澳资源合作路径的发展方向略提建议：第一，进一步完善中澳资源贸易与投资的合作机制；第二，中澳资源贸易有望持续增长，但需双方秉承互利双赢的理念，确定能矿产品的合理价格，以使双方的资源贸易具有可持续性；第三，中国企业对澳能矿业投资有望继续扩大，各能矿产品领域可借鉴中澳在液化天然气领域全方位合作的成功经验，争取在能矿产业的上、中、下游展开广泛而深

① Geoscience Australia & Australian Bureau of Agricultural and Resource Economics, *Australian Energy Resource Assessment*, Canberra: Geoscience Australia, 2010, p.6.

② IEA, *World Energy Outlook 2009*, Paris: IEA, 2009, p.4.

入的合作,使中澳双方结成密不可分的利益共同体,有利于友好合作的持续进行;第四,鉴于澳大利亚的基础设施日益成为其能矿产品出口持续增长的瓶颈,因此除收购澳矿企和直接投资澳矿山项目外,中国企业还可参与澳当地与矿产项目相关的基础设施建设,诸如配套的港口和铁路建设,以充分利用中国在基础设施建设方面的优势,继续扩大投资领域;第五,发展新能源和可再生能源以及提高能源效率以优化能源消费结构这一共同的目标将促使两国进一步加强双方在能源技术领域的合作。

第四节　资源合作中的安全及其延伸问题

鉴于资源合作中的安全问题尤为重要,本节将围绕能源安全及其延伸的能源资源多元化、资源国际合作和可持续发展等方面,对中俄和中澳资源合作展开分析。

一、资源合作中的安全问题

对中、俄、澳各合作方来说,能源安全均为各国的重要战略目标。在当前国际秩序变革以及生态资源不可持续的条件下,这三个国家更加重视能源资源安全。广义上,能源安全是指各种能源资源对国内经济发展需求供应的保障;狭义上,能源安全主要指石油安全和石油储备等问题。

就中国的能源情况而言,中国总体上是一个能源进口国,保障能源满足国家经济发展的需要是中国能源安全的最主要目标。在能源安全上,中国一方面偏重于建立当前自身的能源安全供应体系,即主要依靠开发国内能源资源来发展经济;另一方面也扩大矿产资源勘查开发的对外开放与合作。2003 年 12 月,国务院新闻办公室发布的《中国的矿产资源政策》白皮书明确阐明了这两点。2007 年 12 月,国务院新闻办公室颁布的《中国的能源状况与政策》白皮书再次强调了中国的能源发展战略要先“立足国内”,再“加强国际互利合作”。[①]中国的石油资源比较丰富,但含油气盆地规模较小,地质条件复杂,勘探

① 中华人民共和国国务院新闻办公室(中国国新办):《中国的能源状况与政策》,中国国新办 2007 年版,第 9 页。

难度大，与世界其他产油大国相比，中国发现的世界级大油田较少。但改革开放以来，中国的石油消费量增长却很迅猛。2014 年，中国石油消费量 5.08 亿吨，成为仅次于美国的世界第二大原油消费国。

表 5.13 显示，中国石油产量无法满足自身经济发展的需要。为了保障国内对石油需求的供应，以及未来经济发展的需要，中国每年需要从国外进口大量石油，俄罗斯是中国重要的石油进口来源国之一。来自中国海关总署的数据显示，2014 年中国自俄进口石油 3 310 万吨，约占当年石油进口总量的 11%。

表 5.13　　中国石油产量和消费量

年　份	消费量（亿吨）	原油产量（亿吨）	原油加工量（亿吨）	原油进口量（亿吨）
2010	4.58	2.03	4.23	2.39
2011	4.76	2.04	4.48	2.53
2012	4.93	2.05	4.72	2.75
2013	4.98	2.10	4.78	2.82
2014	5.08	2.10	4.98	2.98

资料来源：笔者根据中国国土资源部的数据整理所得。

此外，为了加强能源安全，增加石油储备，中国一方面积极推动“贷款换石油”的政策措施。如中俄两国于 2009 年 4 月签订了价值 250 亿美元的“贷款换石油”协议，经济专家认为，就中国的能源战略而言，这种政策意味着，中国摆脱了单一的陆地或海上储备方式，走向合约储备方式。①另一方面，中国也积极与俄开展新的油气合作项目。这种战略性合作，不仅有利于维护中俄两国的能源安全，对两国经济社会发展起到综合性拉动作用，而且对国际能源合作格局也将产生积极影响。2014 年以来，中俄油气合作取得突破性进展，如中俄双方签署了总额 4 000 亿美元的中俄东线天然气项目购销合同这一世纪大单，实现了两国天然气合作的历史性突破。目前，俄方境内段“西伯利亚力量”管

① 网易财经：《贷款换石油新传》，见 http://money.163.com/09/0518/18/59K8HM0900252G50.html。

道已经开工修建，双方正在积极商谈中俄西线天然气项目并已取得阶段性进展。①

俄罗斯和澳大利亚虽都属于发达国家，能源人均消耗高，但两国国情不同，因此在能源安全方面的战略和政策略有不同。俄是世界上能源储量和产量巨大的国家，根据世界能源权威统计数据报告，截至2013年底，俄探明的石油储量为930亿桶，占世界探明总储量的5.5%，居世界第8位；探明天然气储量31.3万亿立方米，占世界探明总储量的16.8%，位居世界第2；探明煤炭储量1 570亿吨，占世界探明总储量的17.6%，居世界第2位。2009年11月13日，俄联邦政府正式批准《2030年前俄罗斯能源战略》，该《战略》是俄未来发展能源产业、维护能源安全和开展对外能源合作的重要指导性文件。根据该《战略》，俄罗斯能源安全的战略目标是：完全融入世界能源市场并最大限度地有效利用俄罗斯的资源潜力，巩固其在国际能源市场上的地位，使国家经济从中获取最大收益。从本国利益出发，俄罗斯在维护全球能源安全方面的国家能源政策的基本方针是：保持与俄能源传统消费国的稳定关系，同时与新兴能源市场建立稳固的合作关系。

影响俄罗斯能源安全的因素主要有六个，分别是：(1)国际能源价格的不断下跌，跌幅达到21世纪未曾有过的程度；(2)某些国家和势力集团在国际能源、设备和技术市场对俄罗斯采取不公平行动；(3)对从俄罗斯出口的能源加以限制，在过境国家领土对输油管道进行封锁，甚至利用非制裁性的手段获取俄能源资源，以及不履行航海自由公约；(4)俄罗斯能源通过其他国家领土时被收取过高的过境费用；(5)阻挠俄罗斯能源公司参与开发国外的油气资源；(6)局部发生军事冲突对俄能源安全影响的可能性。

对于澳大利亚，“能源安全”主要指充足、可靠的能源供应以及合理的能源价格，从而保障经济与社会的发展。澳能源安全政策历经了国家主义能源安全政策—自由主义能源安全政策—自由主义能源安全政策受到挑战的演变过程。当前的自由主义能源安全政策受到挑战主要表现为，之前较为宽松的投资环境开始受到一定的限制和干预，尤其是针对来自中国企业的投资。2009年，澳大利亚外国投资审查委员会表示，外资对澳主要矿业公司的投资比例将

① 常远：《深化中俄油气合作需要定力》，《经济日报》2015年2月3日。

被限制在15%以内，对澳方中小型或新矿业项目的投资比例也要低于50%。此后，澳方对一些中国企业的投资申请设置条件或不予批准的案例，以及中国铝业公司注资力拓195亿美元交易，离最后审批冲刺仅剩10天，却戛然而止，都体现了澳大利亚对于自身资源安全的考虑。

从石油储备来看，尽管澳大利亚拥有面积广阔的沉积盆地，沿海大陆架面积超过陆地面积两倍以上，水下油气资源储量前景可观，但已探明的石油储量并不多。据英国石油公司公布的《BP世界能源统计2014》的数据，截至2013年12月，澳探明的石油资源储量有40亿桶，仅占世界总储量的0.2%。由于本国石油产量不大，加之石油质量和炼制能力有限，澳必须通过从国外大量进口石油来满足国内经济发展的能源需求。原油和成品油的进口也是澳最主要的两大进口资源产品，进口额分别位列澳年度进口货物的第一、第二。表5.14是澳大利亚2008—2012年间原油和成品油进口情况。由此表可见，澳原油和成品油的进口量和进口额整体呈现逐步增长的态势。

表5.14　　澳大利亚原油和成品油进口情况

种类	年度	2008—2009	2009—2010	2010—2011	2011—2012
原油	进口量(百万升)	24 302	27 284	32 225	29 521
	进口额(百万澳元)	14 727	15 031	20 183	21 125
成品油	进口量(百万升)	19 697	19 967	18 762	22 216
	进口额(百万澳元)	13 129	11 296	11 445	16 775

资料来源：根据Department of Foreign Affairs and Trade，*Composition of Trade Australia 2012* 和Bureau of Resources and Energy Economics，*Resources and Energy Statistics 2013* 所供数据绘制。

另一方面，澳大利亚不断加大对石油资源的勘探力度，以期扩大自身石油储备，不再依赖进口石油。据澳媒体报道，2013年1月23日澳大利亚林肯能源公司宣布，在南澳大利亚州内陆发现了一个巨大的页岩油矿，石油储量可高达2 330亿桶，价值预计可达20万亿澳元。①随着经济的发展，澳大利亚的燃油

① 万家咨讯网：《澳大利亚发现特大油矿　石油储量或达2 330亿桶》，见http://365jia.cn/news/2013-01-24/0AD3392AE8E6B4CE.html。

消耗量逐年上升。据澳大利亚国家资源经济局测算，2050年前，澳石油进口量将平均以每年2.1%的速度递增。能源安全问题日益引起政府的重视。专家称，南澳大利亚州内陆页岩油矿的发现可能为澳大利亚解除这个后顾之忧。①

二、能源资源多元化

中、俄、澳三国的国家能源战略均注重全方位保障能源安全需要的措施，不过度依赖单一的能源形式，减少经济发展对石油、煤炭、天然气的依赖程度，战略的核心是安全、环境和效益。由于石油价格的上涨和波动，三国的能源结构逐渐发生变化。坚定不移地奉行能源多元化战略，积极寻求替代石油资源，开发核能、氢能和其他新能源，成为三国能源未来发展战略。

具体而言，三国发展战略措施各有侧重。中国一方面在拓展新的石油供应来源，如拉美、非洲或东欧地区，另一方面，也在积极发展风电、核电等清洁能源。中国风电装机容量经历了2006至2009年连续4年翻倍的增长，2010年新增风电装机容量为1 892万千瓦，再创历史新高。据全球风能理事会和国际环保组织——绿色和平发布的《全球风能展望2010》报告的乐观估计，中国5年后风电装机容量将达到1.35亿千瓦，20年后更可达到5.13亿千瓦。②今后20年，中国平均每年将新增约2 500万千瓦风电装机容量。中国每年在风电市场的投入将超过250亿欧元(逾2 250亿元人民币)，风电行业从业人员也将从目前的20万人倍增至2 030年的40万人。③在发展核电上，继1991年秦山核电站和1994年大亚湾核电站建成投运后，中国又先后建设了秦山二期、岭澳、秦山三期和田湾核电站，形成浙江秦山、广东大亚湾和江苏田湾三个核电基地。2008年，核电占全国电力装机总容量的1.3%，核电年发电量683.94亿千瓦时，占全国总发电量的2%左右。截至2009年，中国已经投运的核电机组有11台，总装机容量达910万千瓦。④

---

① 万家咨讯网：《澳大利亚发现特大油矿　石油储量或达2 330亿桶》，见http://365jia.cn/news/2013-01-24/0AD3392AE8E6B4CE.html。

② 中国新闻网：《风能将满足全球22%电力需求　中国风能市场潜力巨大》，见http://www.chinanews.com/ny/2010/10-12/2582293.shtml。

③ 中国行业研究网：《2010年中国风电总装机容量概述》，2010年10月18日，见http://www.chinairn.com/doc/4080/634014.html。

④ 腾讯网：《中国核电发展历程和成就》，见http://news.qq.com/a/20091103/001867.htm。

俄罗斯石油、天然气储量和产量均居世界前列，实现能源出口多元化是俄罗斯能源政策的重要组成部分。此处“多元化”，不仅包括能源种类的多元化，也指俄能源出口地区的多元化。加强与包括中国在内的全球新兴经济体的能源合作，是俄保证能源出口通畅的重要途径。2011 年 9 月，俄罗斯北溪天然气管线全面启动，该管线通过波罗的海海底直接将天然气输往西欧，通过德国输往丹麦、荷兰、英国、法国等。而近些年的中俄能源对话也成绩喜人：在天津建设炼油厂及加油站网点实现石化产品销售；在俄罗斯境内建立电网设备生产厂，并保证中国公司参与俄电网现代化进程；向中国大幅增加煤炭出口；邀请中国投资者共同参与俄交通基础设施的改造等。①此外，合理降低能源出口在整个俄罗斯出口比例中的份额、实现由初级原材料及初级能源出口向深加工产品出口的转型，将是俄能源发展的主攻方向，也体现了其能源政策中多元化的因素。

俄罗斯也提出了发展非化石能源战略，主要侧重核电、生物发电、风能发电等。据称，俄可再生能源年开发潜力达 45 亿吨标煤，且俄境内每个地区都有自己独特的非化石能源。在俄罗斯的新能源序列中首推核电，20 世纪 60—70 年代，核电工业在苏联得到了较快发展。尽管遭遇切尔诺贝利核事故和日本的福岛核灾难后，俄罗斯的核电建设一度处于停滞徘徊状态，但普京总统一直倡导大力发展核电工业计划，该计划规定到 2030 年将俄罗斯核电量由目前的 16%提高到 25%。在发展生物能方面，俄罗斯每年产生 1 亿吨生物废料用于发电，目前，这些生物质能可产生 3 亿兆瓦时的电量，但俄电能平衡预测中心表示，其实际利用率不到 10%。从生物燃料中获取的沼气也是可再生能源家族的重要构成。专家预测，俄罗斯年沼气开发潜力为 600 亿—800 亿立方米，预计总发电量可达 50 兆瓦。②

在能源资源储量方面，澳大利亚的煤和天然气储量丰富，居世界前列。水下油气资源储量虽前景乐观，但其石油产量却不大，远不能满足其经济发展的需求。自 20 世纪 70 年代“石油危机”特别是 90 年代中期以来，为实现“繁荣、

---

① 人民网：《俄罗斯将继续推进能源出口多元化》，2012 年 6 月 21 日，见 http://politics.people.com.cn/GB/70731/18258264.html。

② 新华网：《俄罗斯非化石能源地位上升》，见 http://news.xinhuanet.com/politics/2012-08/29/c_123645799.htm。

安全和可持续”的能源目标，澳联邦政府通过一系列的法律制度和政策支持可再生能源的发展，从而走上了以可再生能源产业为主要途径的低碳经济发展之路。风能、太阳能等是澳着重发展的可再生资源。澳大利亚拥有全球最好的风能资源，主要集中在西海岸、西南海岸、南海岸和东南海岸地区。同时，澳大利亚地广人稀，能够提供丰富的潜在风力发电场，有能产生高电量的平均风速的广泛区域。2006 年至 2011 年，澳风力发电行业以 28%的平均速度增长，使之成为仅次于水力发电的第二大可再生能源。截至 2012 年，已安装的风电产能超过 2 500 兆瓦，2012—2013 年新增发电量 608 兆瓦。2013 年 4 月，澳最大的风力发电场，位于维多利亚州的麦克阿瑟风电场投入运行。该项目安装了 140 个涡轮，可产生 420 兆瓦的电力。澳也有极丰富的太阳能资源，同时，这些太阳能发电场已与当地电网相连接。在现有传输线范围内，25 平方公里平原的年太阳辐射几乎是澳年能源消耗量的 500 倍。澳大利亚资源和能源经济局计划将太阳能消耗量从 2012—2013 年的 14 拍焦耳增加到 2049—2050 年的 236 拍焦耳，这相当于 7.8%的年均增长率。①

三、资源国际合作

不可再生资源是有限的，资源的有限性与各国资源战略区域向境外转移的特点，意味着国际间的能源资源争夺在加剧。与过去不同，资源与市场的国际化，使各国政府意识到，必须加强与能源资源生产国的外交往来，保证能源资源供应的来源；同时，必须加强能源资源消费国之间的资源合作，形成联盟，增强话语权，抵御能源资源价格的上涨。

中国已成为矿产品生产和消费大国，煤炭、钢、铁等 10 余种有色金属等产品产量和消费量均居世界前列。目前，中国已与澳大利亚、巴西、加拿大、俄罗斯等重点资源国建立了一系列双边合作机制，合作领域也从油气资源扩展到可再生能源、电力、铁矿、铜矿等资源。以中俄资源合作为例，中国积极与俄开展能矿开发合作，如石油、天然气、煤炭、金矿、金刚石矿、锡矿、铅锌矿等资源的开发合作，进口俄罗斯的煤、石油和天然气等资源；与俄罗斯合作开发铝矾土矿、乌多坎铜矿和伊尔库茨克钾石岩，并进行劳务合作，促进邻近省份的劳

① 王恒岩：《掘金澳大利亚清洁能源》，《投资与合作》2013 年第 5 期。

动力输出,以劳务换原料,增加矿物进口。而在中澳之间,“澳方一直在向中国提供矿产资源,来满足中国不断增长的经济发展需求,中国市场对澳大利亚能源领域来说是重要的市场”。[①]

从本国利益出发,俄罗斯在维护全球能源资源安全方面的国家能源政策的基本方针是,保持与俄能源传统消费国的稳定关系,同时与新兴能源市场建立稳固的合作关系。[②]油气出口是俄罗斯的重要经济支柱,巩固与邻近国家间的互补合作机制成为其国家能源战略的主要目标。其资源国际合作主要表现在油气资源的出口和国际开发合作上。俄原油出口不仅量大而且方向多元,出口目标国或地区约50个,有力地保障了石油出口的安全性和自主性,巩固了其石油出口大国的地位。资料显示,2004年在俄原油输出中排前五位的目标国依次是荷兰(占俄原油出口的16.11%)、德国(10.99%)、乌克兰(8.16%)、波兰(7.80%)、意大利(5.73%)。[③]2004年俄出口到独联体国家的原油为2 943.39万吨,占全部石油出口量的12.78%。显然,欧洲是俄石油出口的主要市场,约占俄出口原油的65.8%。这主要是因为俄欧地理位置毗邻,相互间有巨大的地缘政治、经济意义,而且欧洲是俄罗斯的传统市场,通往欧洲的石油输出系统相对较完善。根据《俄罗斯2020年前能源战略》,在未来20年内俄将仍以欧洲为主要的石油出口市场。与欧洲市场相比,俄出口到亚太市场的石油数量较小。出现这种情况主要有以下原因:首先,亚太不是俄的传统市场,俄与亚太各国的经济联系不十分紧密,因此通向亚太的石油输送系统较薄弱;其次,俄已发现的大油田离亚太地区较远,要把这些油田的油运到亚太市场,需要新建漫长且投资巨大的输油管道。

在油气的国际开发和合作上,俄罗斯坚持欧亚国家方向,一方面参与向欧亚国家的能源零售,以保障俄能源向欧洲运输时得到有利和可靠的过境条件;另一方面,加大引资力度,包括吸收欧洲伙伴的资金以建立可靠和足够的能源运输设施。同时,俄还积极参与亚洲一些国家的能源计划,勘察并开发这些国家的油气资源,参与建设这些国家大型出口设施工程,以及渗透到这些国家的

---

① 国际在线网:《中国将继续在能源资源领域开展国际合作》,见 http://gb.cri.cn/27824/2011/11/07/5311s3428236.htm。

② 陈小沁:《解析〈2030年前俄罗斯能源战略〉》,《国际石油经济》2010年第10期。

③ 王剑江:《俄罗斯石油出口分析》,《西伯利亚研究》2006年6月。

国内能源零售市场。此外，国际上许多大型的跨国石油公司均与美国有着千丝万缕的联系，它们既是俄罗斯的战略伙伴，又是俄罗斯的竞争对手。与美国进行能源开发合作的重点着眼于吸引其资金、技术和管理经验。

澳大利亚的资源国际合作首先表现在资源出口上。澳储量和产量居世界前列的矿种大多数是大宗的、支柱性的矿产，如煤炭、铁矿、铝矿、铀矿等，但其资源消费比例却不大，大部分资源产品的消耗量只占其产量较小的比重。因此，除了满足本国经济发展的基本需要外，澳资源产品大部分出口海外市场，为世界其他国家提供资源支持。20 世纪 70 年代以来，随着世界政治格局的演变和经济重心的转移，澳资源输出方向加快转向亚太地区。1975—1984 年间，澳对东亚新兴工业化国家和地区的煤炭出口猛增了 135 倍；1983 年，澳对世界上 100 多个国家和地区的资源产品出口总额为 972.9 亿澳元，其中日本就占了 42.4％，日本成了澳大利亚最大的矿产品出口对象。2009 年以来，中国超越日本成为澳最大的出口市场，铁矿、煤炭、铝矾土、天然气、锌、锰、黄金、钻石等资源产品是澳对中国出口的重要支柱。

此外，澳大利亚政府鼓励外国投资其矿业，自 20 世纪 80 年代中期以来，澳政府陆续放宽对外国资本的限制。澳矿业投资政策规定，对于勘探活动，外国投资商可设立独资企业。获得批准后，无须再经过外商投资政策的审核。一般情况下，澳大利亚对私人企业、非国有投资者投资审核的门槛线已升至 10.8 亿美元，低于此投资额，无须递交政府审核。除非投资违反澳国家利益，否则一般都能得到批准。为了鼓励外国投资澳矿业，澳大利亚政府还在税收和关税方面制定了相关的鼓励政策和措施。从投资方来看，中国已经成为投资澳矿业的主要国家之一，从 2005 年至 2013 年，澳大利亚累计接受中国直接投资 572.5 亿美元。

四、可持续发展

中、俄、澳三国在制定本国能源战略和政策时，都将环境因素放在优先考虑的地位。三个国家都意识到，能源消耗持续增加的趋势不仅对能源供应构成严峻的挑战，而且给减少温室气体排放带来了巨大压力。三个国家都出台了一系列相应的政策和法规，减少碳排放，降低能源消耗对环境的污染。如在中国国务院新闻办公室每年发布的《中国的能源状况与政策》白皮书中，“保护环境”始终是重要内容之一；1999 年俄罗斯国家生态委员会举行了第二次全俄自然保护工作会议，制订了《俄罗斯联邦稳定发展战略》和《1999—2001 年环境保护实施计划》；2002 年 1 月 10 日，俄罗斯联邦《环境保护法》公布施行；澳大利亚在《2007 年国家温室气体与能源报告法案》等一系列计划和政策的基础上，2008 年 12 月，澳政府又颁布了气候变化白皮书《碳污染减排方案：澳大利亚的低污染未来》，明确了碳污染减排方案的最终框架，提出了澳大利亚温室气体排放的中期和长期目标。2012 年 7 月 1 日之后的两年多时间里，澳大利亚实行了征收碳税制度，500 家企业成为征税对象。

由此可见，能源的战略选择不仅是能源本身的问题，也是经济利益、环境保护和人类生存的问题。能源发展在经济发展的推动下，正越来越受到环境因素的制约，在此背景下，中、俄、澳三国能源战略目标由传统的强调能源的产、供、需向能源、经济与环境的协调发展转变。

第六章　中国与俄、澳资源合作的特点、前景及中国的选择

第一节　俄罗斯、澳大利亚对华资源合作模式的主要特点

中国与俄罗斯和澳大利亚经历了较长时期的资源合作，已经形成了各具特点的互利共赢、多元化、多渠道的合作格局。

一、中俄能源合作的主要特点

第一，中俄经贸合作以两国间“战略协作伙伴关系”作为出发点，而中俄资源合作是两国经济贸易合作的重要组成部分，资源合作的稳定发展成为两国经济关系的可靠保障。在一定程度上可以认为，中俄以“政府导向型”的经济贸易合作方式，是中俄经济与资源合作的基本特征。“政府导向型”的经济贸易合作方式以两国政府为推动力，通过双方政府高层互动发挥作用和高层之间的外交努力，实现经济贸易合作的不断提升。正是由于中俄政府推动两国经济合作这一方式，使得“政府导向型”的中俄经济合作模式不断发展。这在很大程度上可视为两国间特有的经济外交手段的体现。

第二，在中俄“政府导向型”合作模式中，两国的作用机制不断完善。其中，睦邻相处合作机制是中俄“政府导向型”经济贸易合作模式的基本出发点；中俄元首高层会晤机制是两国高层进行经济贸易沟通的重要机制；高层对话谈判机制是中俄两国政府间作为完善经济贸易关系的主要手段；贸易协调磋商机制是两国政府解决具体贸易问题的重要途径；包括中俄能源谈判机制等的争端协调机制以政府间磋商等方式所组成，构成了解决两国经济贸易纠纷的有效方式。2014 年，中俄经贸合作机制又有新的进展，包括：两国签署了《中

华人民共和国与俄罗斯联邦关于全面战略协作伙伴关系新阶段的联合声明》，决定建立副总理级的中俄投资合作委员会、中俄经济合作战略性项目高级别监督工作组以及能源领域工作组，建立了中国和欧亚经济联盟在海关领域的合作机制等。这些合作机制共同维系中俄两国间“政府导向型”经济贸易合作模式的功能，体现着两国之间经济外交的努力与中俄合作的效果。

两国政府高层间的积极磋商、谈判与推动，使中俄能源贸易不断发展。在中俄经贸合作“政府导向型”模式下，两国的能源合作也体现了这一特征。在两国的能源合作机制中，中俄能源谈判机制（后更名为中俄能源合作委员会）对于促进两国的能源合作起到了积极的作用。2008 年，中俄副总理级能源谈判机制建立，至 2012 年 12 月中俄能源谈判代表举行了九次谈判。毋庸置疑，两国在多年的能源合作过程中也经历过一波三折，但中俄能源谈判机制对于两国能源合作发挥着重要的建设性作用，成功推动了原油管道建设、原油长期贸易、大额长期贷款等合作项目的实施。通过能源对话机制中俄达成一系列重要合作协议，例如双方决定开展石油、天然气、煤炭、电力、核能、能效及可再生能源等领域合作，尽快修建中俄天然气管道，促进煤矿综合开发，包括铁路、港口建设，进一步开展在电力贸易及电网改造等领域的合作。

第三，中俄资源合作的重点是石油和天然气，两国的能源合作互补性强。相比之下，其他资源合作的规模不大。中俄能源互补性是能源合作的基础。从俄罗斯的角度看，它具有丰富的能源资源，能源出口额占其出口总额的约 70%。由于需求增速下滑，传统欧洲市场在俄能源出口市场中的份额趋于下降。此外，美国页岩气繁荣可能会使其放松对石油和天然气的出口禁令。另一方面，亚洲市场，尤其是中国和印度的快速发展使其成为俄能源出口的新兴市场。毫无疑问，中国是能源市场上最具潜力的买家。从某种意义上说，中国能源的强劲需求增长不仅意味着巨大的市场潜力，而且也有助于稳定俄罗斯的经济增长。这一战略意义在欧洲经济增长减缓、美国天然气革命导致俄罗斯天然气在欧洲销售下滑的背景下尤显突出。而中俄天然气协议对保障中国的能源安全意义重大。中国的能源进口安全至少需要满足两个基本且关键的前提：一是能源进口来源地应保持基本稳定，二是能源运输通道是安全的。俄罗斯显然满足上述条件，它是稳定的且与中国陆地毗邻——不存在通道安全问题。与石油进口相比，中俄天然气贸易尚处起步阶段，有较大的合作空间；

两国之间的能源合作将扩展到其他能源领域，包括电力、煤炭、核电，甚至能源设备等各方面。近年来，中俄煤炭合作也得到快速发展，但由于煤炭对环境的影响较大，今后的中俄资源贸易中煤炭贸易的比重将难有大幅度提升。

第四，两国能源合作以国有公司的大项目合作为主要方式，合作的市场化程度不够高。经过多年的发展，中俄在石油、天然气、煤炭、电力等领域的一批大项目合作中，取得了很多实质性成果。两国将全面开工建设东线天然气管道，积极商谈西线天然气项目，推进油气上游开发合作和天津合资炼厂等下游项目，扩大煤炭、电力贸易及煤电输一体化合作，拓展可再生能源、能源装备和技术等新的合作领域。2014 年，中俄两国签署的一系列重大合作项目正在有序推进。例如，双方结束长达 10 年的天然气谈判，签署了《中俄东线天然气合作项目备忘录》，中国石油天然气集团公司和俄罗斯天然气工业股份公司签署了《中俄东线供气购销合同》。这些大项目的合作，都是在中俄两国政府的推动下实现的，其中，国有或国有控股公司是中俄大项目合作的主要实施者。

俄罗斯是世界上的能源大国，中俄又互为最大陆上邻国。因此，俄罗斯到中国的能源供应通道是中国能源进口较为安全的通道之一。但俄能源发展战略及其处理问题的方式又提醒我们，不能过于倚重俄罗斯的能源。俄罗斯既要让其能源企业获得的利益最大化，又将能源作为其推行外交政策的手段。在中俄能源合作谈判过程中，俄罗斯为寻求利益最大化，有时会无端违约，甚至毁约，从而给中国造成损失，“安大线”的流产即为一鲜明例证。因此，我方应对俄罗斯有所防备，以防其违约或毁约给中国带来不必要的损失。就中俄两国能源产需情况而言，两国应坚持以市场为导向的能源合作原则。就是说，能源合作的范围和内容、能源供应和服务的价格，尽可能地由市场行情决定。

第五，中俄“原料型”的能源贸易结构已经隐约见顶。自 2010 年以来，中俄能源贸易（原油、天然气、原材料）约占两国贸易额的 60％。能源和原材料与矿产品，在 2013 年和 2012 年分别占俄对华出口商品总额的 51.7％和 65.6％。在俄罗斯自中国进口的商品中，以机电产品、纺织品及贱金属及制品为主，机电产品在 2013 年和 2012 年分别占俄自中国进口商品额的 45.5％和 41.1％。考虑到中俄间已签订的各项石油天然气“大单”，以及中俄各自面临的经济形势，进一步大力拓展中俄能源贸易的动力，尚未形成。在中国方面，目前的产能过剩、转换经济结构、治理环境污染、经济增速下滑等，正导致中国经济对于能源需求增速放缓。国家能源委专家咨询委员会主任、原国家能源局局长张国宝预计，2015 年能源需求增长仍然疲软，供应宽松，能源需求增长率可能低于 2.5%。现任国家能源局局长努尔·白克力指出，能源消费增速将换挡并进入中低速增长时期。因此，未来，中国原油需求量难以大幅增长。在俄罗斯方面，国际原油价格下跌影响俄原油产量增长，其原油、天然气的开采量受到资金等的制约，较难大幅度增长和出口。另一方面，如果中俄西线天然气协议能够签订，不久将来，俄对华供气量将由每年 380 亿立方米提升至 680 亿立方米，中国目前天然气的缺口应该基本能弥补。即是说，按照中俄已定的能源贸易协议，就目前中国的经济规模、消费水平来衡量，中俄能源贸易的“筐”基本满了。如果进一步加大能源贸易在两国经贸结构中的比重，今后中俄贸易结构的平衡发展将具有局限性。

二、中澳资源合作的主要特点

第一，中澳资源合作表现出“政府搭台、企业唱戏”的特征。较之中俄资源合作，中澳资源合作并非政府主导模式，企业才是合作主体。但是，两国政府间发展的战略伙伴关系与政府的鼎力支持，为两国在能矿资源领域开展深入合作提供了有力保障。

中澳两国政府都通过制定积极有效的促进政策，为企业营造良好的合作环境。中国的资源政策已从改革开放前的自给自足的资源战略转变为能源与经济协调发展的战略，并鼓励中国企业“走出去”，充分利用国内外两种资源、两个市场，在能源领域与国际能源组织和世界各国通力协作。澳大利亚的《能源白皮书 2012——澳大利亚能源转型》中，除确立为全澳公民提供稳定、可靠和价格合理的能源目标外，另两大目标就是挖掘澳能源出口增长的潜力，以及开发利用清洁、可持续的能源。中澳两国的整体资源战略与政策有不谋而合之处，也有助于互补互利。两国针对可再生能源所制定的具体法律法规和发展规划，为双方在该领域的合作提供了坚实的保障。中国方面的法律和规划有：2006 年 1 月 1 日起实施的《中华人民共和国可再生能源法》(以下简称“《可再生能源法》”)，围绕《可再生能源法》制定的一系列配套政策(包括：《可再生能源发电价格和费用分摊管理试行办法》、《可再生能源电价附加收入调配暂行办法》、《电网企业全额收购可再生能源电量监管办法》、《节能发电调度办法》等),2007 年 9 月印发的《可再生能源中长期发展规划》,2012 年 8 月发布的《可再生能源发展“十二五”规划》。澳方的法律和规划则包括:《2004 年澳大利亚能源市场法案》、《2006 年能源效率机会法案》等综合性能源法,以及更有针对性、为达到《可再生能源目标》而制定的《2000 年可再生能源(电力)法案》、《2000 年可再生能源(电力)(大规模发电短缺收费)法案》、《2010 年可再生能源(电力)(小规模技术短缺收费)法案》、《2001 年可再生能源(电力)规章》等。

政府搭台的另一重要表现,是一些重大项目合作的顺利进行,离不开双方政府的鼓励甚至参与。20 世纪 80 年代,中澳铁矿贸易的发展离不开两国政府的大力支持与积极推进。1983 至 1986 年,中国总理、中共中央总书记、澳大利亚总理接连互访,每次高层会晤的重要内容之一就是铁矿贸易与投资。澳联邦政府和西澳州政府也对中国首个液化天然气项目——广东大鹏项目的决策起到了推动的作用。近年来,两国政府间对话的层级不断提高,接触密度更为频繁,不仅持续推动着双边资源合作的发展,更促使两国在 2015 年签署并实施了双边自由贸易协定,为两国业界扩大合作奠定了更为可靠的制度保障。

第二,澳大利亚丰沛的能矿资源和长期对资源产业的倚重,以及中国资源供需缺口的不断拉大和经济的持续快速发展,共同决定了两国间的资源合作大体呈现单向性。从贸易看,除原油是两国互有进口外,绝大多数能矿资源是中国自澳输入。从能源技术合作看,主要是澳向中国提供其先进的集成干燥气化联合循环发电技术、燃烧低浓度煤层气产生清洁能源的技术、燃烧后碳捕集技术、煤炭地下气化技术、气液转换技术、间接煤制油技术等。但 2011 年兖州煤业与美国博地能源在澳技术合作的案例是一例外。该合作项目是运用兖州煤业先进的综放技术,开采博地能源在昆士兰的煤炭资源。这是中国煤企首次以技术为资本参与海外煤炭资源开发,为中国与他国的技术合作提供了一种崭新的合作模式,说明中国的一些煤炭技术已位于世界前列。然而,必须指出,中国煤炭企业的先进技术仅体现在煤炭开采方面,在洁净煤技术领域,中国还需向澳大利亚学习。从投资看,除太阳能和风能领域的合作既有在中国也有在澳合资建厂,其他绝大多数是中国企业赴澳投资。

第三,在投资合作方面,中国企业对澳矿业的投资呈现出颇多特点,包括:投资领域集中于铁矿、天然气、煤炭、铀矿等,以满足中国国内对这些资源的旺盛需求;除少数项目外,大多数投资项目处于勘探或开发阶段,或是中小矿企;

中方投资主体以大型国企为主——这是因为，一方面，矿产领域的投资需大量资金，中小私企往往缺乏雄厚的资金实力，又不具备大型国企的融资渠道和能力；另一方面，私营企业自 2003 年起才被允许进行海外直接投资，相比之下，国企在海外投资方面拥有更多的经验；中国企业对澳矿业的投资主要有股权并购与组建合资企业两大模式，其中股权并购又分为全资收购、控股收购与小额参股三种方式；投资澳矿的资金来源大多为两大政策性银行（中国国家开发银行和中国进出口银行）、四大国有商业银行或主权财富基金利率优惠的贷款，这些强大的后盾使在澳投资的国企充满底气。

第二节　俄罗斯、澳大利亚对华资源合作面临的问题与挑战

总体而言，在中国经济高速增长的过往 10 多年间，中国对资源产品的需求不断扩大，这不但为中国经济高速发展提供了助力，也带动了俄、澳两国经济的稳定与增长。但在国际金融危机的冲击下，世界经济未能如预期走出危机的阴影和影响，全球经济复苏仍显艰难，除美国经济出现转机外，其他国家包括欧盟、日本和中国等新兴经济体国家经济，都面临着经济增长与结构转型的艰巨任务。

近年来的经济状况显示，全球经济仍处于深度调整之中，尚未找到摆脱危机、实现经济增长和发展经济的有效途径；中、俄、澳三国经济以及他们之间的资源合作，面临着新的挑战与压力。

首先，全球能源结构发生重大变化，新能源在能源结构中的占比在逐渐提高。历史的经验证明，石油的变革给人类社会和全球产业发展带来了至关重要的影响。自 2014 年以来，世界主要国家，特别是美国的页岩气开采、生产和市场消费都取得了显著的成效，新能源（页岩气和页岩油）在能源结构中的占比正逐年提高，对传统的化石能源产量和消费产生影响。美国是新能源发展最快最主要的国家，事实上，2013 年美国已取代俄罗斯成为全球最大能源生产国（以石油和天然气总产量计）。美国大量开发以页岩气、页岩油为代表的非常规油气，其原油产量预计 2016 年将达到每天 950 万桶，接近 1970 年每天 960 万桶的历史最高水平；2009 年，美国以 6 240 亿立方米天然气产量首次超

过俄罗斯，2010 年美国页岩气产量占天然气总产量的份额已从 2006 年的 1% 增加到 20%，到 2020 年这一份额可能升至 36%，2030 年达到49%。①与此同时，美国油气进口量日益减少，2013 年，美国石油供应量的 37%来自进口，2016 年这一比重将降至 25%。美国国家情报委员会预测，到 2030 年美国将实现能源独立。世界上许多其他国家亦在大力开发非常规油气，使得原来一些油气贫乏国家，逐步摆脱贫油而成为油气富有国，这无疑亦将是降低对俄罗斯油气需求的因素，将导致国际原油和天然气价格大幅度下跌。例如，中国正加紧开发新能源，据报道，中国页岩气开采增量预计在 2020 年达到 1 000 亿立方米，这将导致中国的能源进口需求减少，缩减从俄、澳进口化石能源的规模。简而言之，世界能源消费市场的中心从西方向东方转移，从过去的卖方市场向买方市场转变，同时传统能源国家的话语权减弱，新能源国际影响力上升。这不仅对过去长期形成的世界能源格局产生影响，而且将严重制约化石能源的生产、进出口与消费市场和结构。

未来，全球产业格局的调整、货币金融格局的变化、地缘政治和经济势力的再划分和再平衡，仍然在一定程度上取决于全球能源结构的调整和变迁。近年来兴起的页岩气革命，方兴未艾的清洁能源，包括分布式发电、生物能源、太阳能、地热能、热核聚变等，最终必将引领全球产业分工、全球金融货币、全球资本主义生态体系和地缘政治格局。页岩气革命和新能源崛起，已经开始改变全球产业分工体系，使能源价格大幅度下降；也已开始抵消美国的高劳动成本，使部分制造业回流美国，对全球产业分工体系影响巨大。国际能源署估计，到 2020 年美国将取代沙特阿拉伯，成为全球第一大石油生产国。2013 年，页岩油产业给美国 GDP 增长贡献了 0.3 个百分点，到 2020 年，每年至少贡献 0.1—0.2 个百分点，总共创造逾 170 万个新工作岗位。②现在，各国争相发展新能源，新能源已成为各国竞相争夺的新的战略制高点。

第二，中国的能源消费增速减缓，将进入中速的换挡和更替时期。目前，中国的产能严重过剩，截至 2015 年，在能源品种上，国内的电力、煤炭、油气生产和消费量，均已降至近年来的低水平。尤其是电力行业，经过前些年的大干

---

① 陆南泉：《中俄能源合作新机遇》，见 http://www.eeo.com.cn/2014/0505/260107.shtml。

② 品牌与企业文化网：《全球金融资本主义的经济生态链》，2015 年 3 月 23 日，见 http://www.gkmy.org.cn/index.php?m=content&c=index&a=show&catid=8&id=8549。

快上之后，电力生产和供需宽松甚至产能过剩。煤炭消费占一次能源的比重仍高达66%左右，较世界平均水平高出35个百分点。在2015年的全国"两会"期间，中国国家能源局局长努尔·白克力指出，21世纪以来，中国能源消费总量从14.6亿吨标煤增长到42.6亿吨标煤，年均增长7.9%，比20世纪最后20年的年均增速高出3.4个百分点。[①]随着中国经济发展步入新常态，能源消费增速将逐步换挡，能源系统追求有质量的能源消费和低碳化发展目标。国家能源局预计，从2014年到2020年，中国一次能源消费年均增速将降至3.4%，到2030年降至2.3%。[②]显然，中国的经济增速下滑、转换经济结构、治理环境污染、减少资源消耗等因素，将导致中国对能源原材料的需求量今后难有大幅增长，从而对中国自俄罗斯和澳大利亚的资源进口带来下行压力。

第三，中国制定了"节约、清洁、安全"的能源战略方针，以推动实施能源生产和消费的革命。在中国消化过剩的产能、转换经济增长方式和经济结构的压力下，中国能源发展进入油气替代煤炭、非化石能源替代化石能源的双重更替期。一方面要顺应世界发展趋势，努力减少煤炭消费，增加石油、天然气的比重；另一方面，要大力发展非化石能源，与世界同步进入低碳能源时代，到2020年中国非化石能源占一次能源的比例须达到15%左右，到2030年要达到20%。为此，中国政府在2014年提出了"推进能源消费、供给、技术、体制革命和全方位加强能源国际合作"的能源工作总要求，明确了"节约、清洁、安全"的能源战略方针。在国家能源委员会2014年的会议上审议并原则通过了《能源发展战略行动计划（2014—2020年）》，这是新中国成立以来，国务院首次制定和颁布的能源发展战略行动计划。其要点是：增强能源自主保障能力，推进煤炭清洁高效开发利用，到2020年常规天然气、煤层气产量达到1 850亿立方米和300亿立方米，页岩气产量超过300亿立方米；加快优化能源结构，实施重大专项行动计划，降低煤炭消费比重，推进能源供给革命等。对此，国际社会普遍认为，中国已进入能源生产和消费革命的新时代。

第四，为应对国际能源局势的不断变化，中国充分利用国际资源保障能源

---

① 彭源长：《努尔·白克力：主动适应新常态　力推能源生产消费革命》，见 http://news.xinhuanet.com/energy/2015-03/04/c_127543698.htm。

② 新华网：《中国明确今年能源领域五大重点工作》，见 http://news.xinhuanet.com/2015-03/05/c_1114537302.htm。

安全。1993 年，中国成为石油净进口国，目前是世界第二大石油净进口国；始于 2007 年，中国成为天然气净进口国，2013 年天然气对外依存度超过 30%；2009 年，中国成为煤炭净进口国。作为能源进口依赖国，中国充分认识到能源安全的重要性，采取了一些应对策略。其一，积极开展与周边国家和地区的能源合作，实现油气资源的进口来源多元化。20 多年来，中国在国际油气资源丰富的地区逐步形成五大国际油气合作的重点区域，在深度和广度上都有新进展。面对新形势，中国继续拓展与俄罗斯、澳大利亚、加拿大、巴西等能源大国的合作，逐步降低对中东国家的能源过度依赖。其二，积极推进与油气输出国的合作，实现油气进口通道多元化。管道输送油气的方式能够在一定程度上降低中国对马六甲海峡和霍尔木兹海峡运输线路的依赖，而经历了漫长而曲折谈判过程的中俄油气管道合同的签订，使中国在这方面实现了一次突破。同时，中国正加快在全球的油气储存运输的港口和码头的建设，提高"国油国运"的比例。其三，鼓励产油国石油公司和跨国石油公司来华投资炼化等中游业务，乃至销售等的下游业务，鼓励中国企业到油气资源国投资上中下游业务。

这样的新形势对中国与俄、澳的资源合作提出了新问题和新挑战，对此，我们分述如下：

一、俄罗斯对华资源合作面临的问题与挑战

21 世纪过去的十多年来，中俄资源合作进展顺利。特别是 2014 年以来，中俄在原油和天然气项目上取得了实质性的成效。从某种意义上说，仅就现有合同锁定的能源贸易（原油和天然气）数额看，俄罗斯对华资源合作规模可能已达顶峰。面对这样的现实，中俄能源合作需要认真思考下一步的合作去向、挑战与发展战略。

第一，中俄能源合作面临两国贸易结构优化的挑战，也就是说，在中俄贸易中，目前以一次贸易所占的比重偏高。自 2010 年以来，中俄能源贸易（原油、天然气、原材料）大约占两国贸易额的 60%余，能源、原材料与矿产品，在 2013 年和 2012 年分别占俄对华出口商品总额的 51.7%和 65.6%。鉴于中俄已经签订一些石油天然气"大单"，几年之后，俄罗斯对华出口将大大超过中国对俄输出，若中国不加大对俄罗斯的出口贸易，中国对俄贸易将会出现逆差。

因此，中俄能源贸易的未来发展，需从中俄贸易进出口平衡的角度扩大其他领域的贸易。

第二，俄罗斯原油和天然气受开采能力等的制约，在目前中俄已经签署的能源协议之外，今后俄将难以增加对华能源出口。俄罗斯的原油生产和输出受国际油价下跌不利影响，天然气开采受资金等的制约，今后几年俄难以实现能源开采和出口的大幅提升。从原油方面看，2013 年和 2014 年，中国自俄进口原油分别为 2 435 万吨和 3 310 万吨，根据 2014 年中俄东线协议的增供合同，俄罗斯将在目前中俄原油管道（东线）1 500 万吨/年输油量的基础上逐年向中国增供原油，到 2018 年达到 3 000 万吨/年。未来，中石油进口俄原油量将达到每年 4 610 万吨。这样，在 2020 年前，俄罗斯可能成为中国第一大原油进口国。

在天然气方面，截至 2014 年，俄罗斯对华出口的天然气数量很小，土库曼占比最高，为 42%。如果中俄西线天然气协议能够签订，未来，俄罗斯的东西两线对华供气量将由每年 380 亿立方米提升至 680 亿立方米，中国的燃气供应缺口应能基本补上。从俄罗斯方面分析，今后俄石油出口量不会大幅度增加。据俄海关在线网 2015 年 3 月 6 日报道，2014 年俄石油出口量从上年度的 2.366 亿吨降至 2.234 亿吨。石油出口在俄出口总量中所占比重为 31%，在燃料能源领域所占比重为 44.5%。国际油价下跌影响俄原油产量增长，天然气开采量则受到资金等制约，俄对华能源的出口在数量上，已经难以大幅度增长。俄罗斯油气在国际市场上面临诸多挑战，俄科学院能源研究所的专家认为，2015 年之后，俄罗斯的石油出口将会下滑 25%—30%。另外，寻觅与拓展能源出口市场，强化出口多元化，也是俄罗斯能源领域十分迫切的任务。

第三，中俄能源以上游贸易为主的渠道过于单一，能源合作中的市场化程度不高，能源产业链的上中下游一体化合作不足。与澳大利亚对华贸易相比，俄罗斯对华能源贸易以一次能源的原油和天然气贸易合作为主，中下游产业和其他资源品类的贸易比重很低。中俄能源合作的道路漫长而曲折。近年来，尽管中国对俄能源贸易方面取得了进展，却一直未能实质进入俄油气勘探开发和加工领域。在石油方面，中俄上下游一体化合作的主要项目有，中国石油集团公司和俄罗斯石油公司分别以 51%和 49%的出资比例注册成立的中俄东方石化（天津）有限公司。2010 年 9 月，该项目的炼油厂正式动工兴建，炼油厂年炼油能力1 000万吨，承接从俄罗斯进口的原油。在天然气方面，在经历了10年艰苦谈判后，中俄在2014年签署了价值4 000亿美元的天然气东线项目，该项目从上游的气源开发到名为“西伯利亚力量”的天然气管线建设均由俄方负责，中方未能实际参与到上游产业。2014年，俄罗斯的亚马尔液化天然气项目，使中国石油企业首次进入俄能源的上游领域，为中国与俄罗斯及其他国家开展极地能源合作开发，开辟了合作共赢的新途径。尽管如此，由于中俄能源贸易的规模大，仅仅将能源合作局限于石油和天然气的供应，难以适应两国的经济发展。因此，中方期望进一步将能源合作的范围拓展到未来参与石油开发、加工和销售。能源合作的多元化将能够保持两国的合作继续发展。

二、澳大利亚对华资源合作面临的问题与挑战

较长时期以来，相比其他发达经济体，澳大利亚经济表现得较为“另类”。始于2008年的国际金融危机使得美国经济遭受重挫，欧洲国家面临债务危机，发达经济体普遍表现出经济发展放缓甚或负增长的态势，而澳大利亚却依靠中国等新兴经济体对资源的强劲需求，迅速从危机中走出，经济未现衰退。以2010年为例，澳大利亚经济增长率远高于其他发达经济体，澳元成为世界主要交易货币中涨幅最大、最为坚挺的货币。[①]国内生产总值(GDP)是衡量一国经济状况的最常用指标，近年来澳大利亚的经济状况也从其国内生产总值得以体现。

表6.1揭示，澳大利亚经济近年来保持着较为平稳的增长。然而，时至2013年，各国经济逐渐走出危机阴霾，呈现复苏态势之时，澳大利亚经济却出现了问题，增速明显放缓，前景受忧虑的困扰。2013年6月，高盛、美银、美林均对澳经济衰退风险发出警告。[②]澳大利亚国民银行的首席经济学家艾伦·奥斯特尽管认为针对澳大利亚经济衰退的预警有点过头，但也承认澳经济步伐将大幅放缓。[③]现阶段澳经济面临的主要问题是，国内经济增长疲软，失业率逐渐攀升。

---

① 新华网：《经济透视：另类的经济“晴雨表”》，见 http://news.xinhuanet.com/world/2013-08/20/c_125205199.htm。

② 和讯网：《澳大利亚资源投资放缓超预期或将面临经济衰退风险》，见 http://news.hexun.com/2013-06-18/155241420.html。

③ 华尔街见闻网：《澳大利亚经济面临衰退?》，2013年6月17日，见 http://wallstreetcn.com/node/25777。

表 6.1 **澳大利亚国内生产总值**

年 份	2009	2010	2011	2012	2013
国内生产总值(亿美元)	9 267.10	11 417.94	13 868.89	15 324.08	15 605.97

资料来源:World Bank Databank, GDP(current US $), http://data.worldbank.org/indicator/NY.GDP.MKTP.CD。

自 20 世纪 90 年代,澳大利亚凭借自身资源优势,维持了长达十几年的矿业繁荣。经历了 2009 年的全球金融危机,澳大利亚经济依然保持稳健。然而,最近几年大宗商品价格的不断下滑影响了澳矿产品出口,迫使矿业公司缩减支出、降低成本,从而导致矿业劳动力过剩。近年来,丰田、通用、福特等外国汽车公司相继关闭在澳的工厂,不仅使澳汽车产业遭遇重创,还使得与汽车相关的产业流失 5 万多工作岗位。这些因素的叠加作用使得澳经济遭遇困难,失业率上升。澳大利亚统计局公布的数据显示,2013 年 7 月澳国内经季节性调整的失业率①达 6.4%,创 2009 年以来的最高纪录;2014 年的失业率保持在 6%左右,难以下降;长期失业率远高于 10 年来的平均水平。澳新银行预测 2015 年澳失业率将进一步上升。为缓解资源业放缓、外资工厂关闭的不利影响,以及刺激经济发展,自 2011 年 11 月以来,澳联储已经连续多次降息,2013 年 8 月,将基准利率削减 25 个基点至 2.5%,达历史低点,甚至低于金融危机最甚时期 3.0%的水平,市场预期不排除澳联储未来继续降息的可能。

上述问题的外部影响因素在于澳大利亚主要出口市场经济降温,尤其是增速趋于温和的中国经济,使得国际市场上铁矿石和煤炭等大宗矿产品价格大幅下跌,导致澳在出口贸易中的实际收益严重缩水;与此同时,缺乏竞争力的澳元汇率抑制了澳大利亚的出口增长。而探究澳大利亚自身的原因,主要有二。

其一,在经济结构上,澳大利亚过于倚重资源产业。与一般发达经济体的经济结构不同,澳大利亚的资源经济在国民经济中的分量和影响较大,国民经济尤其是对外出口对资源业有较大的依赖。澳大利亚外贸出口中能矿产品出口占一半以上,为澳大利亚创造了大量外汇收入。同时,矿业贡献的税收在国内赋税收入中占比较大,成为澳财政收入的重要组成部分。长期来,资源行业对澳大利亚

① 经季节性调整的失业率(seasonally adjusted unemployment rate)是指计算失业率时,已就其季节性差异作出调整。

经济的推动作用比较明显，资源业的兴衰对澳大利亚经济的走势构成较大影响。

就其贸易而言，资源类产品在澳出口结构中占比过高。早期，在澳出口贸易中，农产品占据首位。数据显示，1981—1982 财年，能矿资源产品出口额在澳出口总额（包括商品和服务出口）中的比例升至 42.0%，首次超越农产品而成为澳最大出口商品大类，并从此一直保持澳出口商品之冠的地位。2004—2005 财年，能矿产品出口额在澳出口总额中的比重更是突破 5 成，达 53.6%，到 2010—2011 和 2011—2012 年度更是升至 72.0%的历史最高点，2012—2013 年度略降到70.6%。①表 6.2 收列了澳大利亚前十大出口商品的出口额及

表 6.2　　澳大利亚前十大出口商品②

2013 年排名	商品名称	2011		2012		2013	
		出口额（百万澳元）	占出口总额比重（%）	出口额（百万澳元）	占出口总额比重（%）	出口额（百万澳元）	占出口总额比重（%）
1	铁矿砂及其精矿	64 097	20.5	54 447	18.1	69 494	21.8
2	煤　炭	46 691	14.9	41 273	13.7	39 805	12.5
3	教育输出	15 144	4.8	14 467	4.8	15 020	4.7
4	天然气	11 084	3.5	13 416	4.5	14 602	4.6
5	黄　金	15 077	4.8	15 526	5.2	13 897	4.4
6	旅　游	11 661	3.7	12 148	4.0	13 115	4.1
7	原　油	11 451	3.7	10 988	3.7	9 016	2.8
8	小　麦	6 076	1.9	6 531	2.2	6 085	1.9
9	铝矿及其精矿（包括氧化铝）	5 443	1.7	5 273	1.8	5 902	1.9
10	牛　肉	4 684	1.5	4 754	1.6	5 695	1.8

资料来源：笔者根据 Economic Diplomacy, Trade Advocacy & Statistics Section, Department of Foreign Affairs & Trade (DFAT), *Composition of Trade Australia 2013*, Canberra: DFAT, June 2014 所供数据整理并计算所得。

① Bureau of Resources and Energy Economics (BREE), *Resources and Energy Statistics*, Canberra: BREE, various years.

② 包括商品和服务出口贸易。

其各自占澳出口总额的比重。前十大出口商品中，有六大商品为能矿资源产品。以 2013 年为例，十大出口商品占澳全部出口额的比例为 60.5%，其中的六大能矿产品(不包括其他能矿产品)的输出额占输出总额的 48%，占据了澳商品总出口的近半壁江山。

由此可见，能矿资源类产品在澳大利亚的出口结构中占有极大的份额，而这一极不均衡、过于依赖资源类产品的出口结构具有较大的风险。澳资源经济在较长一段时间里稳定持续发展，主要得益于全球矿产市场对资源的旺盛需求。20 世纪 60、70 年代日本经济崛起，21 世纪以来中国等新兴市场的快速发展，直接导致国际市场大宗商品价格的迅速攀升，澳资源出口呈现持续繁荣。金融危机发生后，澳大利亚经济体系对资源品出口的过分依赖所产生的不良后果逐步显现。近年来，澳资源出口市场主要是中国等新兴经济体，中国经济增速以及产业政策导向直接影响资源需求，进而影响中澳贸易往来。中国作为世界上最大的发展中国家，澳大利亚作为远东地区资源丰富的发达经济体，两国经济具有高度的互补性。如今，中国作为新兴经济体和资源消耗大国，开始逐步转变发展模式，调整经济增长结构，淘汰落后、过剩产能，使得刚性需求下降，经济增长有所放缓，这意味着在未来中国会进一步降低对澳大利亚能矿产品的需求，并将对澳资源出口造成巨大影响。另外，美国政府决心提振本国制造业，美元升值将持续，美元的这一走势使得全球大宗商品的价格连续下跌，澳大利亚主要出口产品包括矿石及天然气价格下跌明显，实际收益大幅缩水。

就其投资而言，在全球经济增长放缓的背景下，以中国作为主要投资国、持续了十年的对澳矿业投资热潮已开始降温。摩根大通的一份报告预计，澳矿业投资放缓将持续数年之久，而非前期所预估的数月。在建的澳主要天然气项目 2015 年后将陆续竣工，矿业投资下滑将加速显现。①西澳银行首席经济学家兰福德指出，服务业等部门发展势头不够强劲，难以弥补矿业投资下滑的缺口，从而加大了澳经济的未来不确定性。澳大利亚央行也认为，非矿业部门拯救经济甚为艰难。②过分依赖资源经济这种发展模式的隐忧在于，一旦矿业

---

①② 中国金融信息网：《美媒：投资数据凸显澳大利亚经济前景不确定》，见 http://world.xinhua08.com/a/20130828/1238339.shtml。

这根支撑澳经济的擎天大柱开始动摇，消费、服务业以及基础设施建设等其他经济推动力一时间却难以弥补矿业低迷产生的缺口，澳经济便会面临风险。面对这一形势，时任澳大利亚总理的陆克文曾指出，澳大利亚的资源繁荣期已近尾声，澳经济走到发展的十字路口，并提出，经济转型是未来澳经济政策的核心议题，同时提出将澳经济发展从依赖矿产、能源为主的模式向服务业等领域主导模式转变。

其二，从出口市场看，澳大利亚过度依赖中国对其产品的进口，尤其是对其能矿产品的进口。中国作为世界最大的发展中国家，与澳保持着紧密的贸易往来。随着中国改革开放，经济增长提速，中国对于澳大利亚的资源需求快速膨胀，澳对中国的贸易依存度日趋提高。自中国改革开放以来，尤其是 20 世纪 90 年代以来，两国经贸合作持续发展，迄今，中国已多年保持着澳大利亚最大的贸易合作伙伴，澳大利亚第一大出口市场和第一大进口来源国。据中国海关总署的数据，2012 年，中澳双边贸易额为 1 223 亿美元，同比增长4.9%，其中中国向澳出口 377.40 亿美元，同比增长 11.3%；中国从澳进口 845.61 亿美元，同比增长2.3%。①2013 年，中澳贸易额升至 1 363.8 亿美元，同比增加 11.5%，其中，中国对澳出口 375.6 亿美元，同比减少 0.5%；自澳进口 988.2 亿美元，同比增加 16.9%，中国逆差 612.6 亿美元。②

自 2009 年起，中国超过日本成为澳大利亚最大的出口市场，当年对华输出额占澳对外输出总额的 21.6%。自此之后，中国一直是澳最大出口目的地，且出口额逐年上升。表 6.3 列出了澳大利亚在国际贸易中对主要贸易伙伴的出口额。由表可见，作为澳大利亚最大的两个出口目的地，如今中国与日本占澳出口总额的比重分别高达逾 1/3 和近 1/5，而居于澳出口市场第三至五位的韩国、美国、印度所占的百分比均为个位数。中国已成为澳大利亚全球范围内最为重要的出口市场，澳大利亚对中国的外贸依存度高，并逐渐加强。

---

① 驻悉尼总领馆经商室：《中方统计：2012 年中澳贸易额突破 1 200 亿美元》，见 http://oldwww.ccpit.org/Contents/Channel_54/2013/0118/353681/content_353681.htm。

② 中华人民共和国商务部：《国别贸易投资环境报告 2014》，上海人民出版社 2014 年版，第 1 页。

表 6.3　　　　澳大利亚对主要贸易伙伴出口额

年　份	中　国		日　本		韩　国		美　国		印　度	
	金额（亿澳元）	占比（%）	金额（亿澳元）	占比（%）	金额（亿澳元）	占比（%）	金额（亿澳元）	占比（%）	金额（亿澳元）	占比（%）
2008	323.37	14.5	507.65	22.8	183.923	8.3	121.27	5.5	135.16	6.1
2009	425.26	21.6	382.41	19.5	156.43	8.0	95.94	4.9	144.73	7.4
2010	584.02	25.3	435.87	18.9	204.57	8.9	92.42	4.0	164.14	7.1
2011	714.51	27.3	504.41	19.3	232.41	8.9	97.73	3.7	152.46	5.8
2012	729.73	29.5	477.94	19.3	197.99	8.0	93.80	3.8	122.13	4.9
2013	947.09	36.1	475.41	18.1	195.99	7.5	95.82	3.7	95.09	3.6

资料来源：笔者根据澳大利亚外交贸易部的 *Composition of Trade Australia 2010* 和 *Composition of Trade Australia 2013* 所供数据整理并计算所得。

在澳输华产品中，能矿产品一直占据主力地位。中国近年来经济的快速发展对资源产生大量需求，带动了澳大利亚出口贸易的发展。但是，过分依赖中国市场使得澳经济极易受中国资源需求变化的掣肘。有鉴于此，2013 年，时任澳总理的陆克文在其演讲中提及："全球经济在经历最缓慢的复苏，中国的资源热潮结束了。由于中国对澳大利亚的经济、就业以及提高生活水平的机遇具有重大影响，现在我们是时候适应挑战了。"陆克文认为，2013 年将是澳经济贸易发展告别此前依赖中国经济高速增长的分水岭。尽管目前澳向中国出口的资源与贸易商品量依旧在增加，但陆克文指出，澳大利亚的收益却呈相反趋势，已经下降了 25%。陆克文强调，由于中国资源需求的繁荣时期已近尾声，因此，澳大利亚的经济发展必须寻求多元化的途径。通过在基建、食品生产、制造业领域创建更多就业岗位，加强服务业发展，而不是孤注一掷地以矿产和能源为重来盘活澳大利亚未来的经济发展。①除了经济发展多样化，还需拓宽出口渠道，不要把鸡蛋都集中放在少数几个篮子里，使出口市场多元化，才不致受少数几个国家资源消费变化的制约。

① Kevin Rudd, "The Australian economy in transition: Building a new national competiveness agenda", http://australianpolitics.com/2013/07/11/kevin-rudd-national-press-club-address.html.

第三节　中国对俄罗斯、澳大利亚资源合作的战略选择

本节将以国际合作的视角阐释中国能源和矿产资源的政策，以及中国与俄罗斯和澳大利亚资源经济的合作前景。在21世纪过去的十多年，在国际能矿资源价格不断飙升的大背景下，中国能源战略的主要目标是，保障国家经济增长与发展所必需的能矿资源；在当前和可预见的未来，国际能矿资源价格下跌与波动并且其趋势将不会如前时期的飙升的背景下，中国能源战略出发点，是实现并保障能源进口的多元化，加快能矿资源的合理储备与进口价格的风险控制。

总体来看，未来，中国仍然是一个资源匮乏的国家。数据显示，2010年中国一次能源消费总量约12%靠进口。到2020年，中国在矿产资源方面将有约20种矿产资源短缺；根据国际能源署发布的《世界能源展望2014》的报告，到2030年，中国将超越美国成为世界最大的石油消费国；到2040年，中国在新增核电装机容量中的占比将为45%。[①]在中国资源总体数量和品种不足的现实下，中俄和中澳的能源和矿产资源的合作，应以更长远的战略视野，重新审视中国的能源安全战略问题。

过去十几年，中国与俄罗斯能源合作的能源战略观，是基于中国的能源短缺和国际能源价格(特别是石油价格)的快速上涨作为政策选择的出发点。能源安全主要包括能源供应、能源价格和环境影响等因素，其重点在于能源价格，极端状况下的重点是能源供给问题。2006年7月17日，胡锦涛主席首先阐明了中国的新型能源安全观，即：为保障全球能源稳定、安全和可持续发展，互利合作、多元发展、协同保障。[②]中国新能源安全观"以共同安全为基础，以国际能源合作为核心，以互利共赢为目标"，[③]在各国共同安全的基础上，力求找到各国利益的契合点，通过在能源领域与国际能源组织、资源生产国、资源消费国通力协作，达到各国之间互利共赢的目的和局面。

---

① International Energy Agency(IEA), *World Energy Outlook 2014*, Paris: IEA, 2014.

② 朱大强：《国家主席胡锦涛提出发展协同保障新能源安全观》，见 http://news.sohu.com/20060717/n244303306.shtml。

③ 夏义善：《中国国际能源发展战略研究》，世界知识出版社2009年版，第212页。

自2014年起，全球能源供需格局和能源供应的层面发生质变。我们认为，全球的页岩气革命和新能源革命所改变的绝非经济版图那么简单，其影响不仅体现在就业和GDP增速方面，而且会深刻改变全球地缘政治和地缘经济格局，并对国际货币和金融体系产生影响。譬如，原油进出口赤字曾经是美国贸易收支和国际收支赤字的主要构成部分，但由于美国页岩油气的快速增长，美国原油进出口赤字占GDP的比例已经下降到1.7%，而欧洲却增长到GDP的4%。假若今后美国因大量出口石油和天然气(美国自1975年以来禁止出口原油)而出现大规模贸易收支和国际收支顺差，那将是国际货币体系的革命性变化。

2014年以来全球能源结构发生重大变化，即：以页岩油气为标志的新能源在能源结构中的占比在逐渐提高，各国都在大力开发各种新能源。根据国际能源署的预测，化石能源在全球一次能源消费中的比例，将由2010年的81%降至2035年的75%；就全球层面的储采比而言，截至2011年底，石油储采比为54.2年，天然气储采比为63.6年，而煤炭储采比是111.9年。国际石油储采比保持在40—50年的区间，石油峰值理论引起的石油短缺恐慌已经消失。一些学者将2014年以来国际能源格局的变化归结为：(1)全球能源格局的多中心化趋势。不同于传统的单一主导中心，环北美中心、环欧洲中心和环亚洲中心正在形成，并可能共存。(2)石油基准价格区域化显现。全球能源格局的变化决定了能源的定价机制，伴随着世界能源格局多中心化的趋势，能源定价机制也在区域化。(3)非常规油气资源在国际油气供应中的战略性地位日益突出。(4)多极化能源主导下的天然气时代正在到来，天然气将为人类社会能源结构从化石能源为主向非化石能源为主的转变，起到承前启后的作用。(5)国际能源地缘政治格局演变，放大了全球市场的不确定性。资源国政局不稳、政治暴力事件频发等不稳定因素，给石油项目的稳定运营带来巨大风险。①此外，美国“能源独立”趋势对国际能源价格也构成影响。

上述全球能源结构正在发生的演变，需要我们以新的视角，思考中国对俄、澳的能源安全战略。

---

① 中国经济网：《中国能源之变：天然气将发挥承前启后作用》，见 http://intl.ce.cn/sjjj/qy/201306/08/t20130608_24462122.shtml。

首先,非常规油气产能的加速提升和趋于过剩,使得石油和天然气高价格的时代成为过去。我们必须注意到,国际能源格局的变化,对于全球能源价格的影响十分深刻。目前情况是,它正导致全球的原油和天然气的价格下降。

一方面,自 2014 年 9 月以来,国际油价已经下跌了逾 50%,一些国际机构预测认为,"全球液化天然气将出现过剩"。其理由是:第一,澳大利亚的天然气大型项目经过几年的资金投入和发展将陆续投产,使新的液化天然气投放市场,到 2019 年,澳大利亚进入最后建设的各个项目将为市场增加 5 800 万吨液化天然气供应,届时澳大利亚将超越卡塔尔成为世界最大的液化天然气出口国,其总产量将达到 8 400 万吨;第二,到 2015 年底,美国的墨西哥湾也将产出首批液化天然气,英国天然气也将进入增长期。因此,国际能源界人士预计,在 2020 年之前,新生产的液化天然气供应将增长 1.22 亿吨。有鉴于此,今后若干年的液化天然气市场将变得动荡。①另一方面,非常规石油价格的开采成本决定着石油市场的边际价格。例如,页岩油的开采成本平均为 40—60 美元/桶,远远高于中东地区 20 美元/桶的价格。如果考虑到页岩油气供应的不断增大,未来石油供应的边际成本,将难以低于 40—60 美元/桶。全球主要原油生产国严重依赖石油出口保持国家收入,这些国家只能致力于使该国的原油出口价格保持基本稳定。

其次,以美国页岩气为代表的非常规油气的开采,带动了石油产量、储量和出口量的增长。美国通过页岩气革命的新技术:水力压裂和水平钻井的技术,首先使页岩气产量迅速增加,截至 2015 年已经占到美国天然气总产量的 50%左右,使美国超越俄罗斯,成为世界第一大天然气生产国。在 2010 年,美国将这一技术运用在石油的探索方面,使得美国的石油产量比 2008 年增长了 80%,每天新增 410 万桶的油量,超过除沙特阿拉伯之外的所有其他石油输出国组织成员国。据预测,美国页岩油的储量将达到万亿桶的规模;由于油砂和超重油的勘探开发,加拿大和委内瑞拉的石油可采量增加了 3 300 亿桶,加拿大的油砂产量每天也增加约 100 万桶。②美国决心到 2020 年基本实现能源自

---

① 安德鲁·克里奇洛:《过剩天然气或将继石油之后充斥能源市场》,英国《每日电讯报》网站 2015 年 3 月 16 日,引自新华社《参考资料》2015 年 4 月 20 日。

② 耶金:《谁将统治石油市场》,载美国《纽约时报》网站 2015 年 1 月 24 日,引自新华社《参考资料》2015 年 4 月 20 日。

给自足，并将大量出口能源。根据美国联邦能源信息署的预计，到2019年，借助页岩油的快速增长，美国石油产量将重新回到1970年的生产水平，如前所述1970年美国石油产量每天960万桶，随后一直下降到2008年每天500万桶。①

再者，全球已经出现油气消费中心东移、生产中心西移的新趋势。2010—2030年，中国和印度新增石油需求，将占全球新增石油需求量的一半以上。预计在2020年前后，美洲将成为新的石油生产中心，美国占全球石油资源量的比重已从1990年的19.2%提高到2011年的32.8%。此外，中东、北非等地区的石油主产国的政局动荡，政治风险依然较高。

因此，我们要从变化中和/或变化后的国际能源格局及其未来走势，思考并确立中、俄、澳三国之间的资源合作战略与政策。2014年11月，国务院办公厅印发了《能源发展战略行动计划（2014—2020年）》，明确了至2020年的中国能源发展的战略方针、总体目标、主要任务及保障措施，成为指导今后一段时期中国能源发展的行动纲领。该《行动计划》明确的主要任务，除增强能源自主保障能力、推进能源消费革命、优化能源结构、推进能源科技创新等外，还提出拓展能源国际合作的任务，即能矿资源的国际合作政策。统筹利用国内国际两种资源、两个市场，坚持投资与贸易并举、陆海通道并举，加快制定利用海外能源资源中长期规划，着力拓展进口通道，着力建设"一带一路"，积极支持能源技术、装备和工程队伍"走出去"，加强俄罗斯中亚、中东、非洲、美洲和亚太等五大重点能源合作区域建设，深化国际能源双边多边合作，建立区域性能源交易市场，积极参与全球能源治理。②归根结底，中国能源发展战略行动计划是为保障自身的资源安全和国家利益。

从中国的视角分析，有必要关注以下诸多方面：

第一，保持资源进口多元化是中国资源供给安全的首要条件，但中国资源特别是原油的进口来源多元化有所不足。中国原油进口区主要在中东和非洲，2013年，中国累计进口原油2.82亿吨，来自中东的原油进口量占到了进口总量的52%，进口来源国主要为沙特、安哥拉和伊朗等国家，而这些国家和地

① 向松祚：《全球金融资本主义的经济生态链》，《企业家日报》2015年3月22日。
② 国务院办公厅：《能源发展战略行动计划（2014—2020年）》，国务院办公厅2014年版。

区相当一部分政治不稳定，带来较大不确定因素。为寻求解决之道，中国近年来积极推动与俄罗斯、哈萨克斯坦、土库曼斯坦、缅甸等陆上近邻的油气管道的建设，同时扩大自澳大利亚的油气进口，力图拓展油气输入来源，保障油气供应安全。目前，中国原油进口通道多元化也有欠缺。尽管中国已经初步形成了东北、西北、西南陆上和海上四大油气通道的战略格局，但陆路原油进口的通道主要是中亚和俄罗斯，这些陆路通道的作用尚待提高。中国海上原油运输路径有三条：一是中东线路，波斯湾—霍尔木兹海峡—马六甲海峡—台湾海峡—中国；二是非洲线路，北非—直布罗陀海峡—地中海—马六甲海峡—台湾海峡—中国；三是东南亚线路，马六甲海峡—台湾海峡—中国。中国海上原油进口的 80%和 38%分别经过和高度依赖马六甲海峡和霍尔木兹海峡，而中国在这一地区的控制力还比较弱。为此，中国应继续加大资源进口来源与方式的多元化。值得指出的是，自澳进口的资源产品的运输线路不同于中东和非洲，且相比中东和非洲较短，对保障中国能矿资源安全有着积极有益的战略和现实意义。

第二，中国应充分利用国际资源和国际市场，使进口能矿资源的品种和进口的方式多样化。为此，应积极开展与周边国家和地区的能源合作，拓展与俄罗斯、加拿大、巴西等能源大国的合作，逐步降低对中东国家的能源过度依赖；要加快和拓展资源进口的陆路管道建设，加快进口通道多元化，推进中哈、中俄、中土和中缅等油气运输管道的建设，加快布局全球储存运输港口、码头建设，提高“国油国运”的比例，逐步降低对马六甲海峡和霍尔木兹海峡的依赖；鼓励产油国石油公司和跨国石油公司来中国投资炼化等中游业务甚至是销售等下游业务，鼓励中国企业走出去，到油气资源国投资上中下游业务。以中澳能源贸易为例，中国除自澳大利亚输入煤炭和石油外，正愈益加大液化天然气的进口量，这既有利于适度减轻中国对煤炭与石油的过分依赖，也有助于优化中国的能源消费结构、改善环境。

在中国的资源进口上加大市场化的方式与手段。中国从俄罗斯和澳大利亚等国进口的能矿产品，主要购货方式包括现货合同采购、长期合同采购，这两种方式各有利弊。现货合同的优势在于能更灵活地反应市场现状；劣势在于无法预见和控制价格的大起大落。长期合同的优势在于，它能够保障价格和供应的稳定性；缺点是供货的合同时间跨度大，若十几年甚至数十年后，产品实际现价高于长期合同价格，则卖家吃亏，若现价远低于长期合同价格，则买家吃亏，不利于双方的共赢合作。因此，不能将鸡蛋放在一个篮子里，将两种进口方式结合运用，有利于分散风险，保障资源供应安全。

第三，长期以来，中国缺少能源定价的话语权以及其他价格调控能力，应利用当前能矿资源价格走低的形势，提高抵御能源和矿产资源价格波动的能力，积极争取石油等能源产品定价的话语权。为此，应加快中国石油期货交易中心的建立，开发出基于中国油品、美元或人民币计价的石油期货产品，吸引国内的生产、交易商和投资者进入，以反映中国的市场供需状况，提高在国际市场体系上的影响力。一些学者建议成立"国家战略资源稳定基金"，针对专门用于稳定石油、矿产等战略资源价格的对冲，以避免未来国际油价上涨或者美元大幅贬值的风险影响。①此外，中国还应继续加强与国际能源署和石油输出国组织等国际或区域性能源机构的合作，共同推动全球能源治理结构的重建和优化。因此，中国应该增加油气资源的储备和应急能力，将石油战略储备提高到相当于 90 天进口量的水平，2030 年提高到 120 天；鼓励各类企业参与石油战略储备体系建设，建立国家、企业和社会多层次的石油储备体系。

第四，中国应加大国内油气资源的勘探开发，尽量减缓能源自给率的进一步下降。为此，中国应实施针对石油、煤炭等主要化石能源的消费总量控制，保持稳定的供应能力，使中国的石油保持一定的储采比，争取实现 2 亿吨原油稳产 20 年，同时将 2020 年石油消费量控制在 5.5 亿吨，2030 年控制在 6.5 亿吨左右；力争到 2020 年中国煤炭消费总量达到峰值，不突破 30 亿吨标煤（约折合 45 亿吨原煤）。中国还应继续制定节能的约束性目标，进一步提高能源效率，到 2015 年、2020 年、2030 年分别实现能效追赶、接近、同步国际先进水平的目标。目前，中国已经实现了煤制油、煤制甲醇和甲醇制烯烃技术的突破，掌握了运输燃料和化工产品两个方向的战略性替代技术，因此要发展一定规模的煤制油和煤化工，实现这两大战略性技术的规模化、商业化生产。中国要坚持已经提出的绿色低碳的工业化、城镇化道路，力争在 2020 年实现单位 GDP 能耗比 2010 年下降 35%，2030 年单位 GDP 能耗较 2020 年再下降 30%。

第五，中国应进一步扩大参与俄罗斯、澳大利亚能矿市场的投资、产业和

---

① 刘文财：《借鉴国际经验教训 对冲油价波动风险》，《中国证券报》2015 年 1 月 12 日。

股权的合作。中国企业投资俄罗斯和澳大利亚等国的实践表明，中国政府一直采用利率、信贷、资金扶持、财政补贴等政策，为本国企业营造良好的条件，中国与俄、澳等国在能矿资源产业各环节的合作，能够带动与两国及周边的区域合作。从产业环节的角度看，能矿产业的勘探开发、贸易、道路、基础设施、管线运输等上、中、下游环节，均可成为中国与俄、澳进行合作的领域。在上游领域，中国的资本、技术具有一定的优势与互补性；中游领域中的运输及其安全是各方共同的关注点；下游的供应市场和高附加值产业合作，则可将中俄与中澳企业的利益捆绑在一起，或参股、并购，或成立合资公司共同开发资源，使得中国企业对资源投资的方式灵活多样。

第六，面对国际能源格局的变化，应继续深化中国与俄罗斯、澳大利亚的国际能源双边、多边合作。中国通过各种双边或多边的资源合作机制或平台，灵活运用以资源换资源、以资金换资源、以贷款换资源、以市场换资源、以技术换资源等手段，建立并加强同其他国家的资源双边乃至多边合作。在中俄合作中，两国的合作机制对中俄能源合作起到巨大的推动作用。包括不断形成并在发展着的这样的一些机制：中俄总理定期会晤机制、睦邻相处合作机制、高层对话谈判机制、贸易协调磋商机制和中俄地区合作机制等。在新的合作机制上，两国成立副总理级的中俄投资合作委员会、中俄经济合作战略性项目高级别监督工作组和能源领域工作组，以及建立中国和欧亚经济联盟在海关领域的合作机制。

中国与澳大利亚的双边机制包括："中澳年度战略对话机制"、"中澳高层经济合作对话机制"、"中澳能源资源合作双边对话机制"、"中澳气候变化伙伴关系"等；多边合作机制有"亚太清洁发展和气候伙伴计划"等。截至 2014 年，中国已连续 5 年成为澳大利亚最大贸易伙伴、最大出口市场和最大进口来源国。随着中澳两国间的贸易持续增长，中国对澳投资尤其是对其能矿领域的投资大幅增加。在此背景下，经过 10 年的不懈努力、22 轮的谈判，2014 年 11 月，中澳自由贸易协定终于结束了实质性谈判，并于 2015 年 6 月签署协定，2015 年 12 月 20 日正式进入双边自由贸易协定的实施阶段。根据双方约定，在贸易领域，澳大利亚对中国所有产品关税最终降为零，中国对澳大利亚绝大多数产品关税也将降为零；在投资方面，双方在协定生效日起互相给予最惠国待遇，与此同时，将大幅降低企业投资审查门槛，加大企业投资的市场准入机会、可预见性以及透明度。这些对中澳两国未来的资源合作无疑是非常利好的因素。

主要参考文献

陈清泰:《中国能源发展战略与政策研究》,经济科学出版社 2004 年版。

陈玉荣:《俄罗斯"现代化外交"评析》,《国际问题研究》2011 年第 4 期。

崔民选:《能源蓝皮书:中国能源发展报告(2010)》,社会科学文献出版社 2010 年版。

丁佩华:《俄罗斯外交曲线与外交变数》,《世界经济研究》2003 年第 11 期。

高际香:《俄罗斯对外经济关系研究》,中华工商联合出版社 2007 年版。

国土资源部信息中心:《国土资源形势分析报告 2012》,地质出版社 2012 年版。

国务院办公厅:《能源发展战略行动计划(2014—2020 年)》,国务院办公厅 2014 年版。

侯敏跃:《中澳天然气合作的现状与问题》,《华东师范大学学报》(哲学社会科学版)2012 年第 1 期。

侯敏跃、韩冬涛:《中俄、中澳能源合作比较研究——合理性、有效性、可持续性探析》,《俄罗斯研究》2012 年第 1 期。

胡珺:《中澳能源资源合作再上新台阶》,《中国能源报》2013 年 4 月 15 日。

黄佳音:《创新思路　推进中俄油气合作》,《国际石油经济》2013 年第 7 期。

黄梅波、魏嵩寿、谢琪:《澳大利亚经济》,经济科学出版社 2011 年版。

蒋莉等:《试析俄罗斯国家发展战略》,《现代国际关系》2006 年第 4 期。

李翀:《论国际贸易中的超绝对利益》,《国际贸易问题》2005 年第 3 期。

李翀:《超比较利益学说的构建》,《学术月刊》2010 年第 3 期。

李福川:《俄白哈关税同盟及对上海合作组织的影响》,《俄罗斯中亚东欧市场》2011 年第 7 期。

李新:《中国与俄罗斯在中亚的经济利益评析》,《俄罗斯中亚东欧研究》2012 年第 5 期。

李兴:《普京欧亚联盟评析》,《俄罗斯研究》2012 年第 6 期。

李中海:《俄罗斯经济外交:理论与实践》,社会科学文献出版社 2012 年版。

林雪丹、段聪聪:《俄罗斯将向中国供应天然气》,《环球时报》2013 年 3 月 25 日。

陆南泉:《中俄能源合作新机遇》,经济观察网,见 http://www.eeo.com.cn/2014/0505/260107.shtml。

鲁华:《澳大利亚专家谈中国能源问题》,《能源政策研究通讯》1989 年第 6 期。

马凯:《中国能源政策与中澳能源合作》,国家发改委主任马凯在博鳌亚洲论坛 2005 年年会上的演讲,见 http://www.sdpc.gov.cn/nyjt/nyzywx/t20050810_41380.htm。

南开大学经济研究所世界经济研究室:《澳大利亚经济》,人民出版社 1975 年版。

庞大鹏:《国家利益与外交决策——普京执政以来的俄罗斯外交》,《世界经济与政治》2003 年第 2 期。

庞昌伟:《俄罗斯油气资源及中俄油气合作》,《俄罗斯学刊》2013 年第 4 期。

彭源长:《努尔·白克力:主动适应新常态 力推能源生产消费革命》,见 http://news.xinhuanet.com/energy/2015-03/04/c_127543698.htm。

戚文海:《中俄能源合作——战略与对策》,社会科学文献出版社 2006 年版。

[俄]斯·日兹宁:《俄罗斯能源外交》,王海运译,人民出版社 2006 年版。

宋 魁:《跨世纪中俄资源合作》,哈尔滨出版社 2000 年版。

孙永祥:《高瞻远瞩策划中俄能源合作》,国务院发展研究中心欧亚社会发展研究所网站,2013 年 5 月 31 日,见 http://www.easdri.org.cn/_d276151729.htm。

唐小松:《澳大利亚能源新战略评析》,《国际观察》2010 年第 3 期。

田春荣:《2011 年中国石油和天然气进出口状况分析》,《国际石油分析》2012 年第 3 期。

田春生主编:《俄罗斯经济外交与中俄合作模式》,中国社会科学出版社 2015 年版。

[俄]外交与国防政策委员会:《未来十年:俄罗斯的周围世界——梅普组合的全球战略》,万成才译,新华出版社 2008 年版。

王海运:《中俄能源合作的有利因素与制约因素》,《俄罗斯学刊》2011 年第 3 期。

王海运、许勤华:《能源外交概论》,社会科学文献出版社 2012 年版。

王俊峰等:《中俄能源合作的新战略与新思考》,《中国地质大学学报》(社会科学版)2014 年第 4 期。

王树春:《经济外交与中俄关系》,世界知识出版社 2007 年版。

夏义善:《中俄能源合作的现状和前景》,《和平与发展》2007 年第 3 期。

夏义善:《中国国际能源发展战略研究》,世界知识出版社 2009 年版。

新华网:《中华人民共和国与俄罗斯联邦关于全面战略协作伙伴关系新阶段的联合声明》,见 http://news.xinhuanet.com/world/2014-05/20/c_110779577.htm。

徐向梅:《当代俄罗斯经济外交研究》,外交学院博士论文,2008 年版。

徐小杰:《新世纪的油气地缘政治——中国面临的机遇与挑战》,社会科学文献出版社1998年版。

杨洁勉:《论"四势群体"和国际力量重组的时代特点》,《世界经济与政治》2010年第3期。

尹锋、樊婷、贾新宏:《铁规则:力拓"间谍门"背后的经济战争》,中华工商联合出版社2010年版。

袁新华:《俄罗斯的能源战略与外交》,上海人民出版社2007年版。

曾兴球:《中俄油气合作现状和发展前景》,《国际石油经济》2010年第11期。

张曙光:《中国经济外交战略考察》,《文汇报》2012年8月20日。

张幼文:《中国经济外交论丛》,经济科学出版社2009年版。

赵华胜:透析俄罗斯与上合组织的关系,《国际问题研究》2011年第1期。

赵可金:《经济外交的兴起:内涵、机制与趋势》,《教学与研究》2011年第1期。

郑羽、柳丰华:《普京八年:俄罗斯复兴之路(2000—2008)》外交卷,经济管理出版社2008年版。

郑羽、庞昌伟:《俄罗斯能源外交与中俄油气合作》,世界知识出版社2003年版。

中国对外经济贸易年鉴编辑委员会:《中国对外经济贸易年鉴》,中国经济出版社历年卷。

中国能源年鉴编辑委员会:《中国能源年鉴2005/2006》,科学出版社2007年版。

中华人民共和国国家统计局:《国际统计年鉴》,中国统计出版社历年卷。

中华人民共和国国家统计局:《中国能源统计年鉴》,中国统计出版社历年卷。

中华人民共和国国家统计局:《中国统计年鉴》,中国统计出版社历年卷。

中华人民共和国国土资源部:《中国矿产资源报告2012》,地质出版社2012年版。

中华人民共和国国土资源部:《中国矿产资源报告2014》,地质出版社2014年版。

中华人民共和国国务院新闻办公室(中国国新办):《中国的能源状况与政策》,中国国新办2007年版。

中华人民共和国海关总署:《中国海关统计年鉴》,《中国海关》杂志社历年卷。

中华人民共和国商务部:《国别贸易投资环境报告2014》,上海人民出版社2014年版。

Alan Trengove, *Adventure in Iron: Hamersley's First Decade*. Melbourne: Stockwell Press, 1976.

Arif Syed, Jane Melanie, Sally Thorpe & Kate Penney, *Australian Energy Projections to 2029—30*, Canberra: Australian Bureau of Agricultural and Resource Economics, 2010.

Australian Bureau of Statistics(ABS), "100 years of change in Australian industry," January 2005, ABS Cat NO. 1301.0.

British Petroleum(BP), *BP Statistical Review of World Energy*, London: BP, various years.

Bureau of Resources and Energy Economics(BREE), *Energy in Australia*, Canberra: Commonwealth of Australia, various years.

Bureau of Resources and Energy Economics(BREE), *Resources and Energy Statistics 2011*, Canberra: BREE, 2011.

Bureau of Resources and Energy Economics(BREE), *Resources and Energy Quarterly 2013—09*, Canberra: Commonwealth of Australia, 2013.

Bureau of Resources and Energy Economics(BREE), *Australian Energy Update July 2014*, Canberra: Commonwealth of Australia, 2014.

Department of Foreign Affairs and Trade(DFAT), Australia, *Composition of Trade Australia*, various years.

Department of Foreign Affairs and Trade(DFAT), *The APEC Region Trade and Investment 1999*, Canberra: Commonwealth of Australia, 2000.

Department of Foreign Affairs and Trade(DFAT), *Trade in Primary and Manufactured Products Australia 2012*, DFAT, 2013.

Department of Resources, Energy and Tourism(DRET), Australia, *Energy White Paper 2012: Australia's Energy Transformation*, Canberra: DRET, 2012.

Department of Resources, Energy and Tourism(DRET), Geoscience Australia & BREE, *Australian Gas Resource Assessment 2012*, Canberra: DRET, Geoscience Australia & BREE, 2012.

Department of the Prime Minister and Cabinet(DPMC), *Securing Australia's Energy Future*, Canberra: DPMC, 2004.

East Asia Analytical Unit, DFAT, *Iron & Steel in China & Australia*, Canberra: Commonwealth of Australia, 1995.

Economic Analytical Unit, DFAT, *China Embraces the World Market*, Canberra: Commonwealth of Australia, 2002.

Economic Analytical Unit, DFAT, *China's Industrial Rise: East Asia's Challenge*, Canberra: Commonwealth of Australia, 2003.

Economic Diplomacy, Trade Advocacy and Statistics Section, DFAT, *Australia's*

Trade with East Asia 2013, Canberra: DFAT, 2014.

Economic Diplomacy, Trade Advocacy and Statistics Section, DFAT, *Composition of Trade Australia 2013—14*, Canberra: DFAT.

Energy Information Administration (EIA), *Countries Analysis Briefs*, *Australia*, Washington, D.C.: EIA, June 2013.

Foreign Investment Review Board (FIRB), Australia, *Foreign Investment Review Board Annual Report*, Canberra: Commonwealth of Australia, various years.

Geoff Armitage, *Resources and Energy Statistics 2012*, Canberra: BREE, 2012.

Geoff Armitage, *Resources and Energy Statistics 2013*, Canberra: BREE, 2013.

Geoscience Australia, *Australia's Identified Mineral Resources 2012*, Canberra: Geoscience Australia, 2013.

Geoscience Australia & Australian Bureau of Agricultural and Resource Economics, *Australian Energy Resource Assessment*, Canberra: Geoscience Australia, 2010.

Global LNG, "World's LNG liquefaction plants and regasification terminals," http://www. globallnginfo. com/World% 20LNG% 20Plants% 20&% 20Terminals. pdf, August 2013.

International Energy Agency(IEA): *World Energy Outlook 2014*, Paris: IEA, 2014.

James L. Hay, "Challenges to liberalism: the case of Australian energy policy," *Resources Policy*(34), 2009, pp.142—149.

Jonathan Stern(ed.), *Natural Gas in Asia*: *The Challenges of Growth in China*, *India*, *Japan and Korea*, New York: Oxford University Press, 2008.

Kevin Rudd, "The Australian economy in transition: Building a new national competiveness agenda," a National Press Club address, http://australianpolitics.com/2013/07/11/kevin-rudd-national-press-club-address.html.

Michael Wesley, *Power Plays*: *Energy and Australia's Security*, Barton: Australian Strategic Policy Institute, 2007.

Nienke Oomes and Katerina Kalcheva, "Diagnosing dutch disease: Does Russia have the symptoms?" IMF Working Paper, 2007.

Nikolai Petrov, Russia in 2020: Scenarios for the future, http://carnegieendowment.org/2011/11/21/russia-in-2020-scenarios-for-future/8kik.

OECD Nuclear Energy Agency (NEA) and International Atomic Energy Agency (IAEA), *Uranium 2011*: *Resources*, *Production and Demand*, Paris and Vienna: OECD

NEA and IAEA，2012.

OECD Nuclear Energy Agency（NEA）and International Atomic Energy Agency（IAEA），*Uranium 2014：Resources，Production and Demand*，Paris and Vienna：OECD NEA and IAEA，2014.

Office of the Chief Economist（OCE），Department of Industry，*Resources and Energy Statistics 2014*，Canberra：OCE.

Richard H. Snape，Lisa Gropp and Tas Luttrell，*Australian Trade Policy 1965—1997：A Documentary History*. St Leonards：Allen & Unwin，1998.

U.S. Department of the Interior & U.S.Geological Survey（USGS），*Mineral Commodity Summaries 2013*，Reston，Virginia：USGS，2013.

W. Max Corden，"The dutch disease in Australia policy options for a three-speed economy，" Australian National University Working Paper，2011.

Xueli Huang & Ian Austin，*Chinese Investment in Australia：Unique Insights from the Mining Industry*，London：Palgrave Macmillan，2011.

后　记

本书是教育部人文社会科学重点研究基地(华东师范大学俄罗斯研究中心)重大课题“中俄与中澳资源合作模式的比较研究”(课题批准号11JJDGJW006)的最终研究成果,由华东师大英语系主任、澳大利亚研究中心副主任、俄罗斯研究中心兼职研究员侯敏跃教授主持完成。参与本研究课题的主要成员包括国务院发展研究中心欧亚社会发展研究所田春生教授、华东师大澳大利亚研究中心讲师杨佩桦博士、首都经济贸易大学经济学院讲师郝宇彪博士、华东师大澳大利亚研究中心黄丽博士。

本课题立项后,课题组成员进行了积极的讨论,对于课题进展、研究步骤与思路取得了共识和提高。为了更好地完成本课题,课题组成员积极参与相关学术研讨会和活动,走访了俄、澳驻华外交机构和工商代表处,以及国内一些科研单位、行业协会,为本课题的研究打开了思路。在对课题内容进行资料收集、整理和阅读的基础上,课题组成员根据本课题的内容,确立了研究的主题、成果的构成、本专著的架构、各部分的分工等。经过课题组成员的不懈努力,除推出本专著外,课题组还超额完成阶段性研究计划,取得的阶段性成果包括:公开发表的论文10篇,其中CSSCI核心期刊论文5篇,CSSCI扩展版期刊论文1篇;《中澳资源贸易与投资关系研究》专著一部。

由于经济、社会、文化、政治等因素的影响,中俄、中澳之间的资源合作中始终存在一些问题和挑战,需要中国给予充分关注与加强研究。希冀本专著的出版,对中俄、中澳资源合作的未来发展带来积极的现实意义。

理论问题是本项目重点研究对象之一。本专著以俄、澳两国资源经济为个案,对一些重要的经济理论问题,包括“资源诅咒论”、“资源附庸论”、“荷兰病"、资源禀赋的作用、资源经济与市场经济关系等，展开了探讨、研究与比较，并尝试以"超绝对利益"的理论视角，对中俄与中澳资源合作进行解读，提出本专著的研究结果与看法。

澳大利亚与俄罗斯的国情不同，资源条件和禀赋程度有差异，这既是本课题需要研究的问题，也是本课题的难点。有鉴于此，课题组成员加强经济理论学习，加深与相关专业的中、俄、澳三国高校教师和研究人员对话和交流，重点探索俄、澳两国资源经济的特点和异同，研析和比较中国与俄、澳两国资源合作面临的困难和存在的问题，以及有效的解决方案，为中国加强与两国的合作提出积极有益的建议。因而，本专著的创新和深化研究之处，在于对两种不同的资源禀赋及其中国与俄罗斯和澳大利亚的资源合作加以分析比较，探析他们的合作特点及其对中国的作用和影响。

本书的撰写分工为：导论：侯敏跃、田春生、黄丽；第一章：侯敏跃、田春生、杨佩桦；第二章：田春生、郝宇彪；第三章：侯敏跃、杨佩桦；第四章：侯敏跃、田春生、黄丽、郝宇彪；第五章：侯敏跃、田春生、杨佩桦、郝宇彪；第六章：侯敏跃、田春生、杨佩桦。侯敏跃教授负责全书的通稿、删减、补充、修改、调整和定稿。

本书的最终完成得到了华东师大社科处、俄罗斯研究中心和澳大利亚研究中心的大力支持和帮助，本书的出版得到上海社会科学院出版社的鼎力相助，在此一并致以诚挚的谢意。

尽管我们不遗余力而为之，但在信息收集和整理，在撰写和研析等方面，不免有遗漏和欠缺，敬请学界同仁和广大读者批评指正。

图书在版编目(CIP)数据

中俄与中澳资源合作比较研究/侯敏跃等著.—上海：上海社会科学院出版社，2016

ISBN 978-7-5520-0868-5

Ⅰ.①中…　Ⅱ.①侯…　Ⅲ.①能源经济-经济合作-中国、俄罗斯②能源经济-经济合作-中国、澳大利亚
Ⅳ.①F426.2②F451.262③F461.162

中国版本图书馆CIP数据核字(2016)第106122号

中俄与中澳资源合作比较研究

著　　者：侯敏跃　田春生　等
责任编辑：应韶荃
封面设计：范昊如　易　梅
出版发行：上海社会科学院出版社
　　　　　上海顺昌路622号　邮编200025
　　　　　电话总机021-63315900　销售热线021-53063735
　　　　　http://www.sassp.org.cn　E-mail:sassp@sass.org.cn
照　　排：南京理工出版信息技术有限公司
印　　刷：上海信老印刷厂
开　　本：720×1020毫米　1/16开
印　　张：18.25
插　　页：2
字　　数：285千字
版　　次：2016年7月第1版　2016年7月第1次印刷

ISBN 978-7-5520-0868-5/F·417　　定价：65.00元
